公認心理師の基礎と実践 12

野島一彦・繁桝算男 監修

発達心理学

本郷一夫 編

遠見書房

巻頭言

心理学・臨床心理学を学ぶすべての方へ

　公認心理師法が2015年9月に公布され，2017年9月に施行されました。そして，本年度より経過措置による国家資格試験が始まります。同時に，公認心理師の養成カリキュラムが新大学1年生から始まります。

　現代日本には，3万人を割ったとは言えまだまだ高止まりの自殺，過労死，うつ病の増加，メンタルヘルス不調，ひきこもり，虐待，家庭内暴力，犯罪被害者・加害者への対応，認知症，学校における不登校，いじめ，発達障害，学級崩壊などの諸問題の複雑化，被災者への対応，人間関係の希薄化など，さまざまな問題が存在しております。それらの問題の解決のために，私たち心理学・臨床心理学に携わる者に対する社会的な期待と要請はますます強まっています。また，心理学・臨床心理学はそのような負の状況を改善するだけではなく，より健康な心と体を作るため，よりよい家庭や職場を作るため，あるいは，より公正な社会を作るため，ますます必要とされる時代になっています。

　こうした社会状況に鑑み，心理学・臨床心理学に関する専門的知識および技術をもって，国民の心の健康の保持増進に寄与する心理専門職の国家資格化がスタートします。この公認心理師の養成は喫緊の非常に大きな課題です。

　そこで，私たち監修者は，ここに『公認心理師の基礎と実践』という名を冠したテキストのシリーズを刊行し，公認心理師を育てる一助にしたいと念願しました。

　このシリーズは，大学（学部）における公認心理師養成に必要な25科目のうち，「心理演習」，「心理実習」を除く23科目に対応した23巻からなります。私たち心理学者・心理臨床家たちが長年にわたり蓄えた知識と経験を，新しい時代を作るであろう人々に伝えることは使命であると考えます。そのエッセンスがこのシリーズに凝縮しています。

　このシリーズを通して，読者の皆さんが，公認心理師に必要な知識と技術を学び，国民の心の健康の保持増進に貢献していかれるよう強く願っています。

　　2018年3月吉日

　　　　　　　　　　　　　　　　　　監修者　野島一彦・繁桝算男

はじめに

　「発達」と聞くと，赤ちゃんから成人までの時期における変化をイメージする人もいるかもしれません。たしかに，この時期に起こる変化も発達には違いありませんが，発達心理学が扱う発達は人の一生における変化です。すなわち，発達は受精直後から始まり，死に至るまでの心と体の変化のプロセスです。その点で，発達には何かを獲得していくだけでなく，何かを失っていく過程も含まれます。しかし，高齢者になったからといって，すべての能力が失われていくわけではありません。経験を通して豊かになった知識は熟達化され，英知となることも知られています。また，高齢者になるに従って，自分の生活をより充実したものだと捉える傾向が増すことも知られています。これは，エイジング・パラドクスといわれる現象です。

　それでは，発達心理学を学ぶということはどのようなことでしょうか。大きく4つあります。第1に，個々人の発達の多様性を学ぶということです。「何歳になったら○○ができる」といった発達の標準的年齢を知ることも大切ですが，標準的年齢は多くの人の平均です。すべての人が標準的年齢通りに発達するわけではありません。むしろ，発達の標準的年齢通りに発達する人の方が少ないと考えられます。

　第2に，人の発達に影響を与える要因を知るということです。一般に，人の発達に影響を与える要因としては遺伝と環境が考えられます。しかし，遺伝と環境の関係は単純ではありません。どの能力を取り上げるか，どの年齢段階かということによって，遺伝と環境の関わり方が違うと考えられます。また，ある種の遺伝的特徴をもっているとある種の環境を引きつけやすいといったような関係もあります。

　第3に，発達を時間的な連続の過程として理解することです。すなわち，現在の発達は過去の発達から影響を受けると同時に未来の発達に影響を与えます。しかし，初期に劣悪な環境で育つと後の発達はうまく進まないわけではありません。その後，適切な働きかけがなされれば，十分に回復します。その点で，どの人も逆境に立ち向かう力，すなわちレジリエンスをもっています。

　第4に，発達の遅れや歪みについて知ることです。その際，発達の遅れや歪みをその個人にとって固定的なものとして捉えるのではなく，変化する可能性があるものだと理解し，支援することが重要となります。すなわち，人は常に変化に

対して開かれた存在だということです。

　この本で発達心理学を学ぼうとしている人の多くは，公認心理師を目指す人でしょう。公認心理師には，人を尊重する基本的態度と多様な知識とが求められます。そのような観点から，本書を通して，人の発達に対する理解を深めていただければと思います。また，本書は，平成30年版公認心理師試験出題基準で示されるブループリント（公認心理師試験設計表）の「発達」領域の小項目（キーワード）を網羅しています。その点で，公認心理師試験に備えるうえでも有効なテキストとして編集されています。本書を通して発達心理学を学ぶ学生が，試験に合格し，人に対する深い理解に基づく臨床活動に従事する公認心理師として活躍することを期待しています。

　最後になりますが，本書の企画段階から完成まで迅速かつ丁寧に対応してくださったちとせプレスの櫻井堂雄さんに深く感謝します。

2018年7月

本郷一夫

目　　次

はじめに　5

第1章　発達の過程と変化のメカニズム……………………………………… 11
本郷一夫

Ⅰ　発達とは　11／Ⅱ　発達を規定する要因　13／Ⅲ　初期環境の影響　17／Ⅳ　発達へのアプローチ　19

第2章　知覚・認知の発達　……………………………………………… 26
進藤将敏

Ⅰ　新生児期・乳児期の知覚の発達　26／Ⅱ　知覚の発達の測定法　29／Ⅲ　認知の発達　32

第3章　言語・コミュニケーションの発達　……………………………… 41
小泉嘉子

Ⅰ　コミュニケーションの種類　41／Ⅱ　乳児期のコミュニケーション──前言語的コミュニケーション　41／Ⅲ　幼児期のコミュニケーション──言語的コミュニケーション　45／Ⅳ　学童期のコミュニケーション　51

第4章　知能の発達　………………………………………………………… 54
平川昌宏

Ⅰ　知能とは　54／Ⅱ　知能の諸理論　54／Ⅲ　知能の発達的変化　58／Ⅳ　知能の測定と評価　60

第5章　運動の発達　………………………………………………………… 67
澤江幸則・増田貴人

Ⅰ　現代社会における運動との関係　67／Ⅱ　運動発達の捉え方　68／Ⅲ　運動発達と他の発達領域との関連　71／Ⅳ　運動のぎこちなさとDCD　74

第6章　感情の発達　………………………………………………………… 80
平川久美子

Ⅰ　感情とは　80／Ⅱ　感情の機能　81／Ⅲ　感情の分化・発生としての感情の発達　81／Ⅳ　感情に関する知識やスキルの獲得としての感情の発達　83／Ⅴ　感情制御の発達　85／Ⅵ　感情理解の発達　86／Ⅶ　感情表出の発達　87／Ⅷ　感情と社会性の発達　89

第7章　気質と性格の発達　………………………………………………… 92
糠野亜紀

  Ⅰ　性格とは　92／Ⅱ　気質とは　93／Ⅲ　気質に対する考え方と測定する方法　94／Ⅳ　気質の安定性　99／Ⅴ　性格を捉える　101

第8章　遊びの発達 …………………………………………… 106
飯島典子

  Ⅰ　遊びとは何か　106／Ⅱ　遊びの発達　110

第9章　親子関係の発達 ………………………………………… 119
八木成和

  Ⅰ　アタッチメントの成立　119／Ⅱ　アタッチメントのタイプと測定方法　123／Ⅲ　親が子どもに及ぼす影響　126／Ⅳ　子どもが親に及ぼす影響　128／Ⅴ　母親‐父親‐子どもの三者関係　129

第10章　仲間関係・きょうだい関係の発達 …………………… 133
高橋千枝

  Ⅰ　仲間関係の成立　133／Ⅱ　仲間関係への支援　138／Ⅲ　仲間関係と家族　140／Ⅳ　仲間関係の役割　143

第11章　自己の発達 …………………………………………… 147
鈴木智子

  Ⅰ　自己の理論と概念　147／Ⅱ　乳幼児期の自己の発達　149／Ⅲ　自己概念――自尊感情，自己価値，自己肯定感，有能感　152／Ⅳ　児童期の自己の発達　154／Ⅴ　青年期以降の自己の発達　155

第12章　発達障害と非典型発達 ………………………………… 158
相澤雅文

  Ⅰ　発達障害の基礎的理解　158／Ⅱ　非典型発達（非定型発達）の諸相　161／Ⅲ　発達障害と虐待　174

第13章　青年期の発達 ………………………………………… 178
吉中　淳

  Ⅰ　発達課題について　178／Ⅱ　アイデンティティと心理社会的モラトリアム　181／Ⅲ　キャリアの視点から　186／Ⅳ　まとめ　191

第14章　成人期・高齢期の発達 ………………………………… 194
稲垣宏樹

  Ⅰ　成人期・高齢期における「発達」とは　194／Ⅱ　成人期における発達課題　196／Ⅲ　加齢による身体機能の変化　199／Ⅳ　加齢による知的機能の変化　202／Ⅴ　社会的環境・社会的関係の変化　207／Ⅵ　老いへの心理的適応　209

索引　215／執筆者一覧・編者略歴　巻末

公認心理師の基礎と実践

第 12 巻　発達心理学

第1章 発達の過程と変化のメカニズム

本郷一夫

Keywords 遺伝と環境の相互作用，進化発達心理学，行動遺伝学，エピジェネティックス，インプリンティング，DOHaD仮説，ライフサイクル，ピアジェ，ヴィゴツキー，ブロンフェンブレンナー

I 発達とは

1．発達の定義

 発達は，一般的に「受精してから死に至るまでの心身の変化の過程」と定義される。この表現には3つの意味が含まれている。
 第1に，「受精してから」という部分にあるように，生まれてから（母胎の外に出てから）発達が始まるのではなく，母胎にいるときから発達は始まっているということである。近年，胎児の発達について多くの知見が蓄積され，いくつかの新生児反射はすでに胎児期から始まっていることが知られている。また，視覚を除けば，他の感覚系は出生前に機能的に成熟した状態にある。たとえば，耳は受精後24週頃には完全に機能するようになり，27週目以降には胎児は外界の音に対して反応するようになる（Vauclair, 2004）。しかし，外界の音は母胎と羊水によって大幅に弱められているとともに胎児の脳はまだ成熟していないため，胎児期に音楽を聴かせると子どもの音楽的感性が育つといった胎教の効果については疑問視されている。
 第2に，「死に至るまで」という部分は，成人期から中年期，老年期を経て死に至るまでの期間も発達に含まれるということを意味している。身体が大きくなり，できることも増える乳児期，幼児期，児童期，青年期までの期間に起こる変化だけを発達と捉えるのではなく，発達は一生涯にわたると考えられる。
 とりわけ，老年期までの連続的変化を強調する学問領域は生涯発達心理学（life-span developmental psychology）と呼ばれる。生涯発達心理学は，1960年代に

高齢者に対する関心の高まりなどを背景に生まれた学問領域であり，とくに成人期以降の発達の過程を明らかにしようとした。しかし，近年では，発達の対象には老年期まで含まれるという認識が広まってきたこともあり，発達心理学の中に生涯発達心理学が含まれると捉えられることが多い。

　第3に，「変化の過程」という部分である。第2の意味と関連して，できることが増える，すばやくできるということだけが発達ではなく，いままでできていたことができなくなる，ゆっくりとしかできなくなるといった変化，すなわち喪失や退化も発達に含まれるということである。このような，一生の変化の過程は，ライフサイクルと表現される。ライフサイクルは，人の一生の生活に見られ，一定の順序で起こる出来事（出生，成長，成熟，結婚，老衰，死亡など）のことを指す（Levinson, 1978）。しかし，寿命の延びや結婚しない人，結婚しても子どもをもたない夫婦など個人や家族の生活スタイルの多様化により，人の人生を一般的な段階として描くのが難しくなってきた。そこで，個人の生涯にわたって辿る人生行路を指し示す言葉として，ライフコースという概念が提案されるようになった。

2．発達と適応

　発達と適応はしばしば同義だと捉えられることがある。しかし，発達すればするほど適応的な生活が可能かというと必ずしもそうではない。たとえば，進化心理学，進化発達心理学の観点から次のような例が紹介されている（Humphery, 2002）。ベネズエラにはココ・デ・モノという木がある。この木がつける実のさやはあまりにも複雑なので，非常に器用なサルだけがそれを開けて，中の美味なアーモンド状のナッツを得ることができる。しかし，このナッツを食べたあと，サルの毛は抜け落ち，まもなく死ぬ。これは器用ではないサルの方がむしろ生き残るということを示したエピソードである。進化論の中には「適者生存」という考えがあるが，「適者」とは何かを考えさせられる例であろう。すなわち，単純にある能力が高い個体ほど適者であるとはいえないということである。それは，人の発達についてもあてはまる。その点で，人の発達を支援するということは，単純に欠けている能力を獲得させたり，遅れている能力を促進させたりすることだけではないと考えられる。むしろ，その能力を獲得することによって，あるいはまわりの環境が変化することによって，その人とその人を取り巻く人々の生活がどのように豊かになるのかという点から発達支援を捉え直してみることが重要になる。

第1章 発達の過程と変化のメカニズム

　また，加齢による変化だけではなく，発達には常に獲得と喪失という2つの側面がつきまとう。たとえば，言語獲得の面では，子どもが発する喃語(なんご)には世界中の言語で用いられる音の要素が含まれているといわれる。しかし，子どもがその国の言葉を話せるようになる（獲得）とその国の言葉に含まれない音声を話せなくなる（喪失）。また，自閉的傾向を示す子どもの中には，カレンダーの日付計算や直感像記憶などに特異な能力をもっている子どもがいる。しかし，まわりの大人との愛着関係がつき始める（獲得）とそれまでもっていた特異な能力がうまく発揮できなくなる（喪失）といった現象が観察されることがある。その点で，人間は獲得と喪失の2側面を繰り返しながら，発達していく存在だといえるだろう。

■ II　発達を規定する要因

1．遺伝論と環境論

　発達は何によって決まるかということについては，古くからさまざまな議論がなされてきた。それは「遺伝か環境か」あるいは「成熟か経験か」という形で問われてきた。成熟論者として知られるゲゼル Gesell は，経験よりも遺伝的発生過程を強調した。そして，双子の一方が感染症で隔離されたのをきっかけに階段登りの実験を行い，「訓練は成熟を凌駕することはできない」ことを主張した。すなわち，発達は生まれつきもっていた性質が徐々に現れてくるものだと捉えられる考え方である。一方，1ダースの赤ん坊と，彼らを育てるための特殊な環境が与えられれば，祖先の才能にかかわらずその子たちを医者，法律家，芸術家，泥棒にさえすることができると主張したのは行動主義（behaviorism）の主唱者であるワトソン Watson である。ワトソンは，児童期であっても成人期であっても，学習のみが心理学的機能の個人差のすべてを説明しうると考えた。極端にいえば，人間は白紙の状態（タブラ・ラサ：tabula rasa）で生まれ，後の経験こそが発達を決めると考えた。

　このような「生まれ（nature）か育ち（nurture）か」といった論争は，昔から繰り返され，さまざまな問題を引き起こしてきた。これに関連して，遺伝あるいは環境の優位性を示そうとした研究の中には事実を歪めた報告があることが指摘されている。たとえば，①劣悪な環境に育った子どもの家系を調査したカリカック家の話（家系法），②一卵性双生児と二卵性双生児を同じ環境で育てた場合と生後間もない頃から異なる環境で育てた場合とを比較し，遺伝と環境の関わりを検討したバート Burt の研究（双生児法），③狼に育てられた子どもアマラとカマ

13

ラの話（特異な環境で育った事例）などは，現在ではねつ造が疑われている（本郷，2008）。

2．遺伝と環境の関わり

　現実には，人間の発達が遺伝，あるいは環境だけで説明できるわけではない。遺伝的要因と環境的要因のどちらも関与していると考えるのが妥当であろう。しかし，遺伝と環境がどのように関わるのかという点については，いくつかの考え方がある。

　第1に，環境閾値説が挙げられる。これはジェンセン Jensen によって提唱された考え方である。ある遺伝的要素が発現するためには，最低限の環境（閾値）が必要であり，その後の発達は遺伝的要素によって決まるという考え方である。一度性質が発現するとその後は環境の影響を受けないという点で，遺伝論に近い考え方である。

　第2に，輻輳説が挙げられる（シュテルン Stern）。人の行動は，遺伝＋環境によって決まるという考え方である。すなわち，知能，性格特徴ごとに遺伝の割合と環境の割合が決められるという考え方であり，次の相互作用説と対比する場合は加算説（遺伝＋環境）といわれることもある。

　第3に，相互作用説が挙げられる。これは，広くは遺伝と環境の関わりによって発達がなされるという考え方である。遺伝と環境の関わり方については違いがあるが，多くの研究者の説がここに分類できるであろう。輻輳説との違いを強調する場合，相互作用説は遺伝×環境という形で表されることがある（乗算説）。すなわち，いくら遺伝的要素の割合が高くても一切環境が与えられなければ（環境0）であれば，遺伝（80）×環境（0）＝0と表されるように人間の行動は発現しないと考えられる。逆に，いくら十分な環境が与えられても遺伝的要素がなければ，行動として表れないということになる。その点では，遺伝論と環境論のどちらに近いわけでもないが，多くの場合，環境の役割を強調する研究者によってとられてきた立場である。表1には，これらの説，論がまとめられている。

　上記の3つの考え方は，遺伝と環境の両方の役割を認めているが，遺伝と環境は独立した要因であるという考え方である。しかし，遺伝と環境が必ずしも独立ではなく，ある遺伝特性をもっているとある環境を引きつけやすいといったことがあることも指摘されている。たとえば，遊牧や狩猟を中心とした生活環境の中では，大きな声で泣く子どもの方がまわりの大人に気づかれやすく，生存確率も高くなるといったことが報告されている。その点で，近年では，遺伝と環境の相

第1章 発達の過程と変化のメカニズム

表1 人間の発達における遺伝と環境の捉え方

論・説		遺伝と環境の捉え方	代表的な研究者
環境重視 ↑↓ 遺伝重視	環境論（経験論）	人の発達は，もっぱら環境によって決まるとする考え。極端な考えとして，人間は白紙の状態（タブラ・ラサ）で生まれると捉えられる。	ワトソン スキナー
	相互作用説	人の発達は，遺伝と環境の相互作用によって決まるという考え。輻輳説と対比する場合，発達＝遺伝×環境（乗算説）と表現されることもあるが，必ずしもかけ算の関係になっているとは限らない。	ピアジェ ヴィゴツキー
	輻輳説	人の発達は，遺伝と環境の組み合わせによって決まるという考え。相互作用説と対比する場合，発達＝遺伝＋環境（加算説）と表現される。	シュテルン バルテス
	環境閾値説	遺伝的要因が働くためには，最低限の環境（閾値）が必要だとする考え方。人間が発達するためには最低限の環境は必要であるが，その後の発達は遺伝的要素によって決まるという点で，遺伝論に近い。	ジェンセン
	遺伝論（成熟論）	人の発達は，もっぱら遺伝によって決まるとする考え。発達は遺伝的特徴がしだいに現れてくるものだと捉えられる。	ゲゼル

乗作用が着目されるようになってきた。

また，遺伝と環境の両方の役割を認めるとしても，その行動に対する寄与が年齢によって異なると考えたのがバルテス Baltes である。彼は，図1に示すように，乳児期では遺伝的要因（年齢・成熟的要因）の寄与が高く，加齢に伴って個人の経験や個人を取り巻く環境的要因（個人的要因）の割合が大きくなるといった仮説的な生涯発達プロフィールを描いた。

3．行動遺伝学

近年，人の行動に対する遺伝の影響を明らかにしようとする行動遺伝学（behavioral genetics）の立場からの研究が盛んになってきている。行動遺伝学の主要な方法論に双生児法（twin method）がある。一卵性双生児と二卵性双生児の発達を比較するという点では，古典的な双生児法との違いはないが，生育環境を「共有環境」（家庭環境のように双子が共有する環境）と「非共有環境」（双子でも異なる独自の環境）を分けて捉える。一卵性双生児は，遺伝子と共有環境を共有する。一方，二卵性双生児は共有環境については一卵性双生児と同等に共有

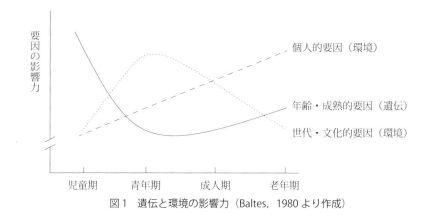
図1　遺伝と環境の影響力（Baltes, 1980 より作成）

するが遺伝子は一卵性双生児の半分しか共有しない。そこで，一卵性双生児の類似性と二卵性双生児の類似性から，遺伝，共有環境，非共有環境の影響の程度を明らかにすることを目指す（安藤，2017）。

　これに関連して，エピジェネティックス（epigenetics）の研究も盛んになってきている。遺伝子の変化と行動や性質などの表現型の変化を結びつける学問が遺伝学（ジェネティックス）である。しかし，DNA 配列に変化はないものの遺伝子の機能が変化し，それが次世代に受け継がれることがある。そのような遺伝子の変化と表現型との関係を明らかにしようとするのがエピジェネティックスであり，後生的遺伝学と呼ばれる。具体的なメカニズムとしては，遺伝情報の発現が抑制されるメチル化と遺伝情報を発現させるアセチル化がある。たとえば，過食，肥満，知的障害などの特徴があるプラダー・ウィリー症候群は，15 番目の染色体の欠失が原因とされるが，父親由来の遺伝子の働きが失われることで発症する。一方，重度の知的障害やてんかんなどの特徴が現れることが多いアンジェルマン症候群は，同様に 15 番目の染色体の欠失が原因とされるが，母親由来の遺伝子の働きが失われることで発症する。また，近年の研究では，エピジェネティックスの後天的変化には遺伝するものがあること，環境が遺伝子の発現に影響を与えることも知られるようになってきた。その点で，遺伝と環境との関係については，遺伝的特徴が特定の環境を引きつけ，環境が遺伝的要因の発現に影響を与えるといった相互規定的作用モデル（transactional model）に対する関心が高まっている。

第1章　発達の過程と変化のメカニズム

III　初期環境の影響

1．インプリンティング

　発達心理学は，時間の流れの中で人の変化を捉える学問領域である。したがって，児童期の子どもの発達に焦点をあてていても，それは乳幼児期の発達からどのような影響を受けているのかを考えるという視点をもつ。同様に，児童期の子どもの発達は青年期の発達にどのように影響を与えるのかを考えるという視点をもつ。

　このような点から，初期の環境は後の発達や行動をどのように規定するのかを検討してみることができる。ローレンツ Lorenz は，自分の目の前で孵化したハイイロガンの子ども（マルティナと名づけられた）は，ローレンツ自身を「母親」と思い込んで，彼の後をついてまわるという現象を発見した。このような現象は，孵化後一定の時期に，動いて，音が出るものに対してしか起こらないこと，一度書き込まれた記憶はその後の体験によって変更できないことから「刷り込み」「インプリンティング」（imprinting）と呼ばれた（Lorenz, 1960）。

　これに関連して，一定の年齢までに獲得しないとその後は獲得が難しい時期を臨界期（critical period）と呼ぶ。言語獲得の臨界期は 12 歳頃であると主張した研究者もいた（Lenneberg, 1967）。これは，それ以降に言語を新たに獲得した事例が報告されていないこと，脳の局在化がその時期までに完了することなどが根拠となっていた。しかし，現在では，人間の発達において厳密な意味での臨界期は存在せず，外界の刺激に対する感受性が高い時期である敏感期（sensitive period）が存在するだけだと考えられている。すなわち，一定の年齢までに学習しないとその後学習が成立しないということではなく，特定の時期に学習しておくと最も効率的に学習が進む時期が存在すると考えられている。

　これに関連してブカレスト早期介入プロジェクト（BEIP）がある。これは，ルーマニアのチャウチェスク政権の下で，劣悪な環境の孤児院（両親を失った子どもに限らず，養育が困難なために手放された子どもを養育していた施設）で生活をしていた子どもの回復計画に関する研究である。この研究から，施設で養育されるよりも里親の下で養育された方がより発達が促進されること，また早い時期に里親養育に移行した子どもの方が発達がより促進されることが示されている（Nelson et al., 2014）。これはいわゆる敏感期を扱った研究だと考えられる。

2．極低出生体重児の発達

　初期環境の影響という観点から，低出生体重児の発達の問題を考えることができる。低出生体重児は，体重2,500g未満で生まれた子どものことである。出生体重によって，1,500g未満は極低出生体重児，1,000g未満は超低出生体重児に分けられる。極低出生体重児や超低出生体重児は在胎週数が短く，早産で生まれる子どもが多い。その原因としては，胎内での低栄養，高齢出産，アルコール摂取などが挙げられている。また，医学の進歩によって，超低出生体重児の生存率も高くなってきている。とりわけ，日本は，低出生体重児の出生率が高いのにもかかわらず，乳幼児死亡率は低いといった特徴がある。

　表2には，5歳時点（修正年齢：実際に産まれた日ではなく，出産予定日を基準にした年齢）での極低出生体重児と対照群（極低出生体重児の出産予定日前後に同じ病院で正期産で出生し，性別，母親の年齢がマッチした児）の知能検査の結果が示されている。ここで示されているのはDN-CAS認知評価システムを用いて測定した結果である。DN-CAS（Das-Naglieri Cognitive Assessment System）は，著者であるダスDasとナグリエリNaglieriの名前を冠した検査であり，PASS理論を基礎としている。すなわち，P（プランニング：Planning），A（注意：Attention），S（同時処理：Simultaneous Processing），S（継次処理：Successive Processing）の4つの枠組みから知能を解釈したものである。表2には，そのうち「プランニング」「注意・コントロール」の結果が示されている。ここから，極低出生体重児群（この研究では1,250g未満）に比べて対照群（正期産で生まれた子ども）の得点が有意に高いことがわかる。また，出生時の体重や在胎週数によっても知能の得点が違うことがわかる。すなわち，出生時の体重が多い方が，また在胎週数が多い方が知能の得点が高いことがわかる。一般に，在胎週数と出生体重は相関する。そこで，重回帰分析という統計手法によって各要因の効果を検討してみると，「プランニング」と「注意・コントロール」の両方に影響を及ぼしているのは「出生体重」のみであった。このように，出生前後の状況によって後の子どもの発達が異なると考えられる。

　これに関連して，近年，DOHaD（Developmental Origins of Health and Disease）の問題に関心がもたれている。DOHaDとは，将来の健康や特定の病気へのかかりやすさは，胎児期や生後早期の環境の影響を受けているという概念である。低出生体重児は成人期に糖尿病や高血圧などのメタボリック・シンドロームを発症するリスクが高いという調査結果も報告されている。

第1章 発達の過程と変化のメカニズム

表2 1,250g未満の極低出生体重児の5歳時点におけるDN-CASの平均得点（宮城県極低出生体重児発達支援研究会，2014より作成）

指標		特徴	プランニング	注意・コントロール
極低出生体重児群	出生体重	1,000g 未満	89.31（12.78）	87.80（15.01）
		1,000g〜1,250g 未満	96.21（14.04）	97.74（18.66）
	在胎週数	25 週以下	84.60（11.83）	81.30（11.89）
		26 週以上	94.84（13.09）	95.63（16.95）
対照群			100.09（12.41）	100.33（13.71）

（注）（　）内は標準偏差。

Ⅳ　発達へのアプローチ

1．発達研究の方法

　人の発達を明らかにしようとするためには，いくつかのアプローチがある。第1に，縦断的研究法（longitudinal method）である。これは，1人，あるいは集団の行動を時間経過とともに追跡するという方法である。研究にはコスト（時間，お金，労力）もかかるが，発達の過程を詳細に描き，そのプロセスを明らかにするという点では優れている。しかし，繰り返し測定することによって，対象者の慣れ，研究者と対象者との関係性の変化などによる測定のバイアスの問題が入り込む危険性が指摘されている。

　第2に，横断的研究法（cross-sectional method）がある。これは，同時に異なる年齢群のデータを収集するという方法である。実施の容易さから研究で用いられることが多い。しかし，統計的な平均やデータのバラツキから発達を推定するため，発達のメカニズムを明らかにするという点では不十分な点がある。また，個人的特徴が描けないなどのデメリットもある。

　第3に，コホート研究法（cohort method）がある。これは，いわば複数の縦断的研究を並行して行う方法である。たとえば，2000年に10歳だった児童を10年間追跡すると同時に2010年に10歳だった児童を10年間追跡し，その発達過程を比較するといった方法である。同じ年齢であっても，どのような時代に生まれ育ったかによって人の発達のプロセスが異なると考えられる。その点で，人の発達に影響を及ぼす年齢的要因に加え，社会・文化的要因の役割を明らかにするために行われる。大規模な研究としては，イギリスの出生コホート研究が挙げら

19

れる（Peason, 2016）。この研究では，1946年3月のある週にイギリスで生まれたほぼすべての子どもの追跡から始まり，1958年，1970年，1991年，2000年に生まれた子ども計7万人を縦断的に追跡し，親の社会・経済的地位の影響，就寝時間と問題行動との関連などを明らかにしている。

これに関連して，疑似縦断的研究法（pseudo longitudinal method）がある。これは，コストや時間などの関係から縦断的研究法と横断的研究法を併せた形の方法である。たとえば，認知発達のある領域について，1つの群では3歳，4歳，5歳児を3年間かけて縦断的に追跡するのに加えて，もう1つの群では5歳児，6歳児，7歳児を縦断的に追跡することによって，最終的には3歳児〜7歳児までの変化を明らかにしようとするものである。なお，この例では，2つの群で5歳児がともに調査対象となっている。もちろん，一方の群を3歳〜5歳，もう一方の群を6歳〜8歳といった形で追跡することも可能である。ただし，5歳の年齢群を重ねておくことによって，両群のデータを合成する際にどのような配慮をすべきかといった情報が得られやすい。

2．発達の研究技法

上で述べた発達研究の方法の中で，それぞれ実験法，観察法，調査法（質問紙法），面接法，検査法などの技法を用いて研究が遂行されることになる。

実験法では，一般に何らかの操作（働きかけ）を加えた群（実験群）と何も操作を加えない群（統制群）を設定し，群間の差を比較することによって，加えられた操作の効果を明らかにするという方法がとられる。しかし，発達に及ぼす働きかけの効果を明らかにするといった場合，必ずしも統制群を設けることが望ましくない場合もある。そのような場合，操作を加える前（事前）と操作を加えた後（事後）を比較し，その操作の効果を明らかにするといった事前－事後法を用いることもある。その他，主として乳児を対象とした実験法としては選好注視法（preferential looking method）がある。これは，2つの刺激のどちらを長くあるいは多く見るかによって，乳児の興味や弁別能力を明らかにしようとする方法である。また，馴化－脱馴化法（habituation-dishabituation method）もある。乳児は，ある刺激を繰り返し提示されるとその刺激に慣れ，刺激をあまり注視（定位反応）しなくなる。すなわち，馴化が起こる。しかし，刺激を変えることにより，刺激に敏感に反応するようになる（脱馴化）。このような手続きを用いて乳児の興味や刺激の弁別能力について明らかにしようとする方法である。

観察法には，大きく2つの方法がある。自然的観察法は，観察対象者や対象者

第1章　発達の過程と変化のメカニズム

の環境に対して意図的な操作は加えず，日常生活そのものを観察する方法である。一方，特定の場面を設定したり，対象者や対象者を取り巻く環境に対して何らかの操作を加えたりしたうえで観察を行うのが実験的観察法である。実験的観察法ではターゲットとする行動を観察しやすいというメリットがあるが，あまりにも日常生活とかけ離れた状況が設定された場合，得られたデータが何を意味するのか問題となる。なお，一般に，客観性を保つため，研究者は観察対象の個人や集団と直接的な関わりをもたず観察をすることが多い。観察者が観察対象者や集団と直接関わりながら観察を行う方法は参加観察法と呼ばれる。

調査法（質問紙法）は，主として質問紙を作成し，それに回答してもらうという方法である。比較的短期間で大量のデータを収集しやすいというメリットがあるが，回答が歪みやすいというデメリットもある。言語理解が十分ではない乳幼児，児童期初期の子どもに対しては用いるのが難しい。具体的には，質問項目に対してあてはまる項目を選択させたり，質問内容に対する自分自身のあてはまり度を評定させたりする方法がある。なかでも，「強い－弱い」「明るい－暗い」などの形容詞対を用いて，対象のイメージを評定させる方法はSD法（semantic differential method）と呼ばれる。

面接法は，一対一，あるいは一対多で面接を行い，個人や集団の特徴を明らかにする方法である。あらかじめ，決められた質問項目に沿って面接を行う構造化面接，一定の質問項目は決めておくが，残りの質問は回答者の回答内容に応じて行う半構造化面接がある。また，あらかじめ決まった質問項目は用意せず，相手の話に応じて会話を進めるのが非構造化面接であり，高度な技量が求められる。

その他，標準化された検査などを用いる方法は検査法と呼ばれる。さまざまな能力や特性を測定する多くの検査が開発され，利用されている。

このような研究方法は，研究の目的，仮説，対象等によって決められることになる（本郷，2018）。

この他に発達心理学の研究法としては，量的研究法と質的研究法，規範的研究法と事例的研究法などの区分があり，発達心理学の研究法といっても多様な種類がある。これらは，どの次元に着目して分類するかの違いであり，組み合わせて用いることができる。たとえば，5歳～15歳までの10年間，3人の子どもを行動観察し，その社会的行動の量の変化を追跡することにより，社会性の発達を明らかにするという研究を考えてみよう。この場合，「縦断的研究法」というアプローチで「観察法」を用いて「事例的研究法」を「量的研究法」として行うというように記述できる。表3には，発達心理学の研究法がまとめられている。

第 12 巻　発達心理学

表 3　発達心理学の研究方法（本郷，2018 を参考に作成）

考慮する次元	研究の方法				
時間軸×社会・文化的要因	縦断的研究法　横断的研究法　コホート法　疑似縦断的研究法				
技法	実験法	観察法	調査法 （質問紙法）	面接法	検査法
	実験－統制法 事前－事後法 選好注視法 馴化－脱馴化法	自然観察法 実験観察法 （場面見本法） （時間観察法）	選択法 評定法 記述法 SD 法	構造的面接 半構造的面接 非構造的面接	WISC-IV K ABC-II DN-CAS 新版 K 式発達検査 2001
データの性質	量的研究法（数量データ），質的研究法（エピソード，会話など）				
仮説検証の方法	規範的研究法（比較的多くのデータの平均や分散などから仮説を検証） 事例的研究法（比較的少数のデータの時系列的変化と要因関係から仮説を検証）				

3．発達のグランド・セオリー——環境の役割をどう捉えるか

　グランド・セオリーとは特定の領域の発達だけではなく，さまざまな領域における発達を説明する理論を指す。発達心理学の領域では，ピアジェ Piaget とヴィゴツキー Vygotsky の理論を挙げることができるであろう。表 1 に示されるように，両者はともに遺伝と環境の相互作用を考える立場であるが，人間の発達にとって環境がどのような役割を果たすのかという点について違いがある。

　ピアジェは，子どもの発達において物的環境が重要な役割を果たすことを指摘した。すなわち，子どもは物的環境とのやりとりを通して，ある種の概念であるシェマを作り上げる。そして，そのシェマに基づきまわりの環境を理解する（同化）。しかし，自分のシェマと合わない事態に直面したとき，自分自身のシェマを変化させる（調節）。このように，同化と調節を繰り返しながら子どもは発達をしていくと考えた。いわば，子どもは自分のもっている仮説を環境にあてはめ，検証することによって発達をしていくと捉えられる。その点から，「小さな科学者」と呼ばれることもある。

　それに対して，ヴィゴツキーは，子どもの発達はむしろまわりの大人や年長者とのやりとりによって起こると考えた。そのような考えに基づいて提案されたのが発達の最近接領域（ZPD：Zone of Proximal Development）という概念である。これは，子どもが独力でできる領域と大人や年長者の助けを借りてできる領域の

第1章 発達の過程と変化のメカニズム

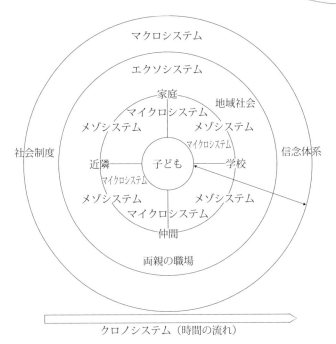

図2 ブロンフェンブレンナーの生態学的システム理論（Bronfenbrenner, 1979を参考に作成）

間の領域のことであり，教育の目標はこの領域を独力でできるようにすることだと考えた。

　このピアジェとヴィゴツキーの考え方の違いは，集団的独語の解釈を巡る論争に表れている。集団的独語というのは，子どもが集団で遊んでいるときに，他児との会話目的ではない独り言を話す現象のことである。ピアジェはこれを子どもの自己中心性の表れと捉えた。一方，ヴィゴツキーは，この現象を，子どもは思考の発達が十分でないため，本来思考で用いる言語（内言）が外に現れてしまう（外言）現象として捉えた。

　ヴィゴツキーの社会・文化的視点をさらに進めたのがブロンフェンブレンナー Bronfenbrenner の生態学的システム理論であろう。彼は，子どもを取り巻く環境の役割をマイクロシステム，メゾシステム，エクソシステム，マクロシステムという4つの環境によって説明した。図2に示すように，マイクロシステム（microsystem）は，子どもが直接関わる環境との関係であり，家庭，学校，仲間集団，近隣などとの関係がそれにあたる。このように1人の子どもは複数のマイクロシステムと関わる。メゾシステム（mesosystem）は，家庭と学校との関係な

23

第 12 巻　発達心理学

どマイクロシステム間の関係である。エクソシステム（exosystem）は，子ども
が直接関わらないがメゾシステムに影響を与える環境であり，地域社会や両親の
職場などがそれにあたる。マクロシステム（macrosystem）は社会の制度やイデ
オロギー（信念体系）が該当する。それらのシステムは時間とともに変化すると
考えられる。そこで，時間の流れであるクロノシステム（chronosystem）が後に
導入された。

　これまで見てきたように，人間の発達は遺伝的要因と環境的要因によって捉え
られるとしても遺伝と環境は単に独立した要因としてではなく，相乗的に働くと
考えられる。また，環境的要因だけを取り上げたとしても，それは人を取り巻く
直接的環境だけでなく，日常的には人が直接的に関わらない環境も人の発達に影
響を与えていると考えられる。さらに，遺伝と環境との関係，環境の役割も子ど
もの発達によって変化していくと考えられる。このような多様な関係の中で子ど
もは発達していくのである。

◆学習チェック表
□　発達の定義の意味を理解した。
□　遺伝と環境の関わりに関するさまざまな説・論について理解した。
□　初期経験がその後の発達に及ぼす影響について理解した。
□　発達研究の方法について理解した。
□　生態学的システム理論について理解した。

より深めるための推薦図書
　安藤寿康（2017）「心は遺伝する」とどうして言えるのか―ふたご研究のロジックと
　　その先へ．創元社．
　本郷一夫編著（2018）実践研究の理論と方法．金子書房．
　ピアジェ Piaget, J.・イネルデ Inhelder, B.（波多野完治・須賀哲夫・周郷博訳）（1969）
　　新しい児童心理学．白水社．
　山崎晃・藤﨑春代編（2017）臨床発達心理学の基礎．ミネルヴァ書房．

　　文　　　献
安藤寿康（2017）「心は遺伝する」とどうして言えるのか―ふたご研究のロジックとその先へ．
　創元社．
Baltes, P. B., Reese, H. W. & Lipsitt, L. P.（1980）Life-span developmental psychology. *Annual Review of Psychology*, 31; 65-110.
Bronfenbrenner, U.（1979）*The Ecology of Human Development: Experiments by Nature and Design.* Harvard University Press.（磯貝芳郎・福富護訳（1996）人間発達の生態学―発達心理学への挑戦．川島書店．）

本郷一夫（2008）教育と発達．In：本郷一夫・八木成和編著：教育心理学．建帛社，pp. 1-12.
本郷一夫（2017）生涯にわたる発達をとらえる．In：山崎晃・藤﨑春代編：臨床発達心理学の基礎．ミネルヴァ書房，pp. 2-24.
本郷一夫（2018）実践研究とは何か―支援と研究．In：本郷一夫編著：実践研究の理論と方法．金子書房，pp. 2-11.
Humphery, N. (2002) *The Mind Made Flesh: Essays from the Frontiers of Psychology and Evolution.* Oxford University Press.（垂水雄二訳（2004）獲得と喪失―進化心理学から見た心と体．紀伊國屋書店．）
Lorenz, K. (1960) *The King Solomon's Ring.* DR. G. BOROTHA.（日高敏隆訳（1970）ソロモンの指輪―動物行動学入門．早川書房．）
Levinson, D. J. (1978) *The Seasons of a Man's Life.* The Sterling Lord Agency, Inc.（南博訳（1992）ライフサイクルの心理学（上）．講談社．）
Lenneberg, E. H. (1967) *Biological Foundations of Language.* John Wiley & Sons.（佐藤方哉・神尾昭雄訳（1974）言語の生物学的基礎．大修館書店．）
宮城県極低出生体重児発達支援研究会（2014）宮城県内で出生した出生体重 1,250g 未満児の長期予後の検討．
Nelson, C. A., Fox, N. A. & Zeanah, C. H. (2014) *Romania's Abandoned Children: Deprivation, Brain Development, and the Struggle for Recovery.* Harvard University Press.
Peason, H. (2016) *The Life Project: The Extraordinary Story of Our Ordinary Lives.* Allen Lane.（大田直子訳（2017）ライフ・プロジェクト―7万人の一生からわかったこと．みすず書房．）
Vauclair, J. (2004) *Développement du Jeune Enfant: Motricité*, Perception, Cognition. Editions Belin.（明和政子監訳，鈴木光太郎訳（2012）乳児の発達―運動・知覚・認知．新曜社．）

第 2 章

知覚・認知の発達

進藤将敏

Keywords 新生児期・乳児期，知覚の発達，知覚の測定法，ピアジェ理論，ヴィゴツキー理論，心の理論，実行機能，素朴理論

I 新生児期・乳児期の知覚の発達

1. 視覚の発達

①視　　力

　新生児の視覚機能は大人に比べると視力は弱いものの，機能する状態であることが明らかとされている。視力とは一般的に，物がどの程度細かく見えるかを指す。カレッジら（Courage et al., 1990）は生後 1 カ月の新生児に対し，白黒の縞模様を刺激として用い，間隔が広い縞から細かい縞を継時的に提示することで，視力を測定した。カレッジらによると 1 カ月児の視力は成人のおよそ 4 分の 1 程度であり，脳の視覚野の大きさも相対的に小さいとされる。しかし，そのような視力であっても，自分のすぐ近くの物を知覚するには十分といえる。とくに対象物に目の焦点を合わせる能力について，乳児の段階では約 30 cm の距離に焦点が合った状態であるといわれている。この距離は，乳児を抱いたときの養育者と乳児との顔の距離とほぼ同じ程度であり，乳児にとっては養育者との相互的な関わりをするうえで適応的な意味をもつ。

②大きさと形の恒常性

　大きさの恒常性とは，対象物を見る距離に応じて網膜像（実際の見え方）が変化しても，対象物そのものの実際の大きさは変わらないという認識のことを指す。同様に，形の恒常性とは，対象物を眺める角度に応じて網膜像が変化しても実際の対象物の形状は変わらないという認識のことである。これら 2 つの知覚の恒常性が新生児に備わっていることは馴化–脱馴化法（II 節「知覚の発達の測定法」

第 2 章　知覚・認知の発達

を参照）によって実証されてきた。たとえば，大きさの恒常性について，スレイターら（Slater et al., 1990）は新生児に対して同じ立方体をさまざまな距離で提示し，続いて，大きさの異なる立方体を，見かけ上の大きさが等しくなるように提示した。その結果，新生児は大きさの異なる立方体をより注視するようになった。このことから，新生児は網膜像に映った物の大きさに反応したのではなく，実際の大きさに反応していると考えられる。

③色の知覚

　人間に見える色は一般的に，波長が 380 nm（紫色に見える）から 780 nm（赤色に見える）の範囲内であるとされる。このことから，色の知覚とは，異なる波長の光を区別できることを意味しており，この能力は生物学的に規定されるものであって，育つ文化や環境によって左右されないと言われている。色の知覚は生後 1 カ月まではかなり未熟であるが，生後 2 〜 3 カ月児になると急激に発達し，大人と同様に赤，青，黄の基本色を区別できることがわかっている。

④顔の知覚

　ファンツ（Fantz, 1958）の研究では，2 〜 3 カ月児における人の顔（模式的に描かれた顔）への好みが示されている。つまり，乳児期は視覚系の能力に限界があるとはいえ，顔を見分けるのに必要な情報を取り出していると考えられる。とくに鼻，口，2 つの目の配置は顔の知覚において重要であり，新生児はそれらの配置がばらばらで顔の体裁をなしていない顔図形よりも，正しい配置の顔図形の方をよく目で追いかけることが報告されている（Goren et al., 1975）。さらに，母親の顔をきわめて早期から認識できることもわかっている。その理由は，一般的に新生児にとって母親の顔は最初に出会う顔であるため，学習が早いためだと思われる。これに関連して，ウォルトンら（Walton et al., 1998）は生後 7 〜 24 時間の新生児に対し，5 種類の顔を継時的に短時間提示した。結果，新生児は最初に提示された顔を最も長く見た。したがって，顔の学習は生まれてすぐに，かつ短時間で形成されると考えられる。

2．聴覚の発達

①言語の知覚

　聴覚は生後からすでに機能している。とくに言語に関していえば，新生児は母国語の音声に対して敏感に反応し，曲の演奏による音よりも人の声の方を好むこ

となどが示されている。メーレルら（Mehler et al., 1988）は吸啜法（Ⅱ節「知覚の発達の測定法」を参照）を用いて，生後4日の新生児が母国語の方を外国語よりも好む（母国語を聞いたときにより強い吸啜反応を示す）ことを明らかにした。さらに新生児にとって，言語を区別する重要な手がかりは，音声のリズムやイントネーションといった韻律情報であることもわかっている。また，フランス語圏の新生児に対し，聞いたことのない2つの言語（日本語とオランダ語）を区別できるかどうかを検討した研究では，新生児は話し手の声に関係なく言語の違いそのものを区別できることが示されている（Ramus et al., 2000）。その他の研究においては，新生児が /ba/ と /pa/ といった音節単位の違いを検出できることも報告されている（Eimas et al., 1971）。

②乳児期特有の能力

　音素の弁別に関しては全般的に乳児の方が大人より優れており，大人は母国語で用いられていない音素の知覚は困難であるが，乳児においてはその能力がある。たとえば英語にはない音素をもつネイティブアメリカンの言語の複数の音素について，英語を母国語とする6カ月児のほとんどはそれらを区別できたのに対し，英語を母国語とする大人ではほとんどできなかった（Werker et al., 1984）。しかし，そのような外国語の弁別能力は，10カ月頃になるとしだいに消失する。つまり，人間は生まれて最初のうちは，あらゆる言語に対応する能力を備えているが，その後，特定の言語処理に専門化するようになると考えられる。

3．触覚・味覚・嗅覚の発達

①触　　　覚

　新生児は生後すぐに物の形に関する情報を触覚により知覚できることが知られている。ストレリら（Streri et al., 2000）は新生児に三角錐や円柱を触らせたところ，新生児は形状がまっすぐか曲がっているかといった特性に基づいて形を弁別できることを明らかにした。また，その他にも，新生児がおしゃぶりの形状に応じて吸い方を変えることや，物を握る際に物の材質に応じて手の力を調整することなどもわかっている。

②味覚・嗅覚

　味覚と嗅覚を担当する神経組織は胎児期から機能しており，胎児は母胎内の羊水を通じて味や匂いを体験している。味覚について，新生児を対象にしたこれま

第 2 章 知覚・認知の発達

での研究では，甘いものに対する好みが早期からあることだけでなく，苦味，酸味といった他の基本的な味に対しても，生後すぐから表情に反応（しかめっ面など）が表れることがわかっている。嗅覚についても同様で，新生児は生後からすでに匂いに反応を示し，とりわけ母親の匂いや甘い匂いに対して好みを示す（McFarlane, 1975）。

4．感覚モダリティ間知覚——異なる知覚情報を対応づける能力

知覚経験のほとんどは味と匂い，景色と音といった複数の情報が合わさることによって成り立っている。このような異なる知覚情報を対応づける能力を感覚モダリティ間知覚という。たとえば，目の前に見えている物には触れることができる，と認識することは感覚モダリティ間知覚が成立しているということであり，ある知覚（視覚）が別の知覚（触覚）と協応関係にあることを意味する。新生児の場合，動く物体に対して手を伸ばしたり（視覚と触覚の協応），音源を視覚的に探索したりする（視覚と聴覚の協応）。

II 知覚の発達の測定法

1．観察法

乳幼児研究が本格的に始まったのは 19 世紀であり，観察法は当時の研究方法の主流であった。観察法は単に行動を見るだけのものではなく，研究の目的や観察したい事項に従って設定されなければならない。たとえば，観察者が乳児からおもちゃを取り上げ，それを敷物の下に隠した場合，乳児は敷物の下を探索するのか，それともおもちゃが本当になくなったかのような振る舞いをするのかなどといった仮説のもとで実施される必要がある。このように，観察法は乳児の知覚能力を調べることや，発見するための有効な手段の 1 つであるが，この方法にも限界はある。たとえば，母親が乳児と一緒にある課題に取り組む状況を，ビデオカメラで撮影する状況とそうでない状況を設定した場合，母親の乳児に対する行動はカメラを設置した場合において，より乳児に対して行動を促しやすいことがある。このように，自然な行動を観察したいにもかかわらず，人の行動は観察者の意図や期待によって知らず知らずのうちに，または直接的に影響されてしまうことがある。

2. 実験法

①選好注視法

　新生児には色のコントラストが強い部分を注視し，物の輪郭に沿って目を動かす傾向がある。このような傾向は知覚の発達を調べるうえで有効な指標であり，選好注視法と呼ばれる（Fantz, 1958）。この方法では2つの視覚刺激を左右に同時に並べて提示し，実験者は2つの刺激の間にある覗き窓から乳児の視線の向きを記録する。このとき，左右の好みの要因を排除するため，提示する位置は試行ごとに入れ替えていく。ファンツによれば，一方の刺激を見つめる時間が，注視時間全体の半分よりも有意に長ければ，その刺激を好んでいると見なせる。この方法により，乳児は模様が描かれた図よりも，人の顔を模した図の方を好むことが明らかとなった。

②新奇選好法

　選好注視法では，2つの刺激のどちらか一方を注視すれば，乳児はそれに好みを示した（つまり，2つの刺激を区別していた）と見なしていた。しかし，選好注視法の問題は，たとえ乳児が好みをもたなかったとしても，それが2つの刺激を区別できなかったことを意味するとは必ずしもいえない点にある。この問題を解決するために考案された方法が新奇選好法である（Fagan, 1972）。この方法は2つの段階からなる。最初の段階では，乳児を刺激に慣れさせるために，刺激を複数回提示する。次の段階では，それまで提示しなかった新奇の刺激を提示する。もし，乳児が新奇の刺激を注視したなら，2つの刺激を区別した（弁別した）という解釈ができる。

③馴化 – 脱馴化法

　馴化と脱馴化とは，たとえば，訪れた店の中でかかっているBGMについて，最初のうちはその音に対して注意が向くが，しだいに気にならなくなる。このとき，音に対して馴化したという。そして，BGMがまた別の音に切り替わったとたん，再び音への注意が喚起される。脱馴化とは，そのような新たな刺激に対して注意が増加し，反応することを指す。馴化 – 脱馴化法は心拍数の変化，視線の動きなどさまざまな指標を活用して行うことができる。たとえば，乳児に対する視覚刺激として映像を提示したとき，乳児がしだいに映像に対して注意を向けなくなったならば，その乳児は映像を記憶した（馴化した）ことを示している。そして，

第 2 章 知覚・認知の発達

引き続き新しい映像を提示したとき，乳児の注意が高まる（脱馴化した）ならば，乳児は 2 つの映像の違いを検出したことになる。視覚的馴化については，生後 1 週間の新生児でも可能であることがわかっており，年齢に伴い，馴化までの時間も短くなっていく。すなわち，馴化は年齢による情報処理能力の発達指標にもなる。

④吸啜法

乳児の口唇の活動として，吸啜反射を利用した方法も知覚発達の測定において信頼性が高い。吸啜には，陰圧（吸い込む力）と陽圧（口や舌による押し出す力）の 2 つの成分があり，吸啜法は陰圧を利用する。研究では圧力センサーにつながった実験用の乳首を用い，吸啜の頻度と強さが測定される。たとえば，新生児が母国語と外国語のどちらを好むのかを調べる際，母国語を聞いたときに吸啜反応が強まると，新生児は母国語の方を好んでいると解釈される（Mehler et al., 1988）。また，馴化 – 脱馴化法と組み合わせた方法もある。通常，吸啜の頻度は刺激に馴化してくると減少し，刺激への興味が増すと（脱馴化すると）増加する。

⑤脳活動の測定

機能的磁気共鳴画像（functional Magnetic Resonance Imaging：fMRI）による脳活動の測定では，血流量の変化が指標となる。ある認知活動を行う際には，脳の活動領域に多量の血液（つまり酸素）を送り込む必要があることから，血流量は脳神経の発火活動と相関関係をもつ。fMRI の大きな特徴は，複数の連続した脳画像を作成することで神経活動の変化を捉えることができることである。たとえば，乳児の言語的能力を調べるため，乳児に言語刺激を聞かせたときの脳活動を測定することで，特定の脳の部位が活性化されるかどうかを検証することができる。さらに，新生児や乳児を実験対象にする場合，新たな方法として近赤外線分光法（Near-Infrared Spectroscopy：NIRS）がある。近赤外線光を照射することで，頭皮面の数 cm 下で生じている血管拡張の変化を検出することができる。fMRI は実験参加者に台の上で横になってもらい，大きな音が鳴る装置の中に長時間拘束することになるため，実験の実施が容易ではないことが多々ある。しかし，NIRS は音がせず，fMRI ほど実験参加者を拘束しないため，新生児や乳児に対して利用しやすい。また，fMRI は神経活動を画像として捉えることは可能でも，時間的な変化を詳細に捉えることは難しい。この限界を補う方法として，脳波（Electroencephalogram：EEG）の活用が挙げられる。EEG は頭皮につけた電

⑥条件づけ法

　条件づけ法に関して，とりわけ乳幼児研究で大きな成果をあげているのは，道具的条件づけ（オペラント条件づけ）の応用である。道具的条件づけの基本となるのは，人間は報酬につながる行動は繰り返し，つながらない行動は繰り返さないという傾向である。たとえば，乳児にとって哺乳瓶から顔をそむける行動はミルク（報酬）を得ることにつながらないので頻度は少ないが，哺乳瓶へ顔を向ける行動は報酬を得ることにつながるため，頻繁に行われることになる。その他の応用として，乳児におしゃぶりをくわえてもらい，おしゃぶりを吸う速さを速くすると母親の声が聞こえ，遅くすると知らない女性の声が聞こえるような実験も可能である。そうすることで，もし，乳児が母親の声を好むのであればおしゃぶりを速く吸う反応が頻繁に見られると考えられる。

III　認知の発達

1．ピアジェの発達理論

①理論の概要

　認知の発達に関する研究の多くは，ピアジェ Piaget の研究を出発点としているといわれている。ピアジェは自著『知能の誕生』（Piaget, 1936）の中で，乳幼児を含む子どものことを，能動的に周囲に働きかけることでみずから知識を作り上げる存在であると捉えている。たとえば，乳児はいろいろな物を次々につかんではそれを落とすが，落とすときには目の上から，あるときには腕を斜めに伸ばしながら，はっきりと落とす位置や方向を変えたりする。また，物が新たな場所に落ちたときにはそこに何度も続けて数回落とし，別のやり方に変えたりすることも観察されている。このことから，子どもは単なる試行錯誤的に行動しているのではなく，何らかの仮説を立てながら，それに基づいて行動していると考えられる。そのため，人間は乳児期からみずから積極的に周囲に働きかけ，知識を構築していく存在だと見なされている。つまり，ピアジェの考え方は，生物は周囲と関わり合いをもちながら環境に適応するように発達していく，といった個体と環境の相互作用を重要視している。

第2章　知覚・認知の発達

②最も重要な点

　ピアジェ理論には段階発達と呼ばれる，各段階の発達的な特徴について記述したものをイメージするかもしれない。しかし，ピアジェ理論で最も重要な点は「適応」と「体制化」である。ピアジェによると，これらは認知発達のどの段階においても不変である。

　まず「適応」という概念は，生物がどのようにして環境に適応するのかに着目している。そこで，適応過程における同化と調節について考慮しなければならない。同化とは，生物が食物を摂取し，環境をみずからの中に取り込む概念である。乳児の認知発達の場合，子どもが新しい情報を自分がすでにもっている認識の枠組みに合うように変形させて取り込むことを意味している。例として，吸啜反応のような感覚運動が挙げられる。すなわち，乳児は母親の乳首に向けていた吸啜反応をおしゃぶりなどの玩具にも適用することで，同じやり方で吸うことができる。続いて，調節とは生物が自分の既有の認識を新しい経験に合わせていくことで，認識の枠組みを変更することを指す。たとえば，乳児はある物体に対していつものやり方で「つかむ」という行動ができなかった場合，そのやり方を修正し，別の方法によるつかみ方を試みようとするだろう。このように，同化は周囲の環境を自分に合わせることであり，調節は周囲の環境に自分を合わせていくことである。したがって，「適応」とは，同化と調節を繰り返す過程のことを指している。

　次に「体制化」とは「適応」を通じて獲得してきたさまざまな認識の枠組みが結びつき，1つの機能的なまとまりになることを指す。この体制化によって認識がより複雑化し，より柔軟な行動もとれるようになる。「適応」が生物と外界との相互作用の側面を扱っているのに対し，「体制化」は生物の内的側面を扱っている。このことから，認知発達は「適応」と「体制化」の過程によって生じるといえる。

③段階発達

　ピアジェ理論において，適応と体制化の過程は発達のどの時期においても不変である（繰り返される）と考えられている。その意味で，発達は連続性をもつといえる。しかし，一方でピアジェは不連続的な発達の考え方として，段階発達を提唱している。すなわち，人間の思考は感覚運動期，前操作期，具体的操作期，形式的操作期の4つの段階を経て発達していく。段階発達が不連続的であるのは，ある段階から次の段階への移行が急激に生じる変化として見られ，各段階の性質

表1　感覚運動期の特徴

段階	月齢	発達の特徴
第1段階	0～1カ月	反射の発達
第2段階	1～4カ月	第一次循環反応
第3段階	4～8カ月	第二次循環反応
第4段階	8～12カ月	第二次循環反応の協応
第5段階	12～18カ月	第三次循環反応
第6段階	18～24カ月	洞察，象徴機能の発生

が質的に異なっているからである。

　感覚運動期を除く各段階には「操作」という概念があるが，操作とは実際に手や口を動かさなくても思考によって情報を集めたり，分類したりする知的操作のことを指す。したがって，前操作期とはそのような操作ができる前の段階であり，具体的操作期とは具体的な物があるときに限り，うまく思考できる段階のことである。そして，形式的操作期とは抽象的な事象や概念について思考できる段階のことを表している。本章では，新生児期および乳児期に関連する感覚運動期の主な特徴について紹介したい（段階発達の全容について学びたい場合は，ピアジェ（2007）を参照するとよい）。

　感覚運動期について，ピアジェによると，この時期の子どもは心の中での思考ができないため，物をつかむ，触るなどといった行動そのものが思考である。身体感覚を使うことによって認識を発達させていき，しだいに心の中で思考ができるようになると想定されている。ピアジェは感覚運動期を6つの段階に分類している（表1）。

　第1段階（0～1カ月頃）は生得的な反射を同化し調節する段階であり，たとえば吸啜反射において，乳児は吸うという行動を乳首以外の対象物に適用させたり，対象物に応じて吸い方を変えたりする。続く第2段階（1～4カ月頃）では手と口が協応することで，親指を吸うという新たな行動が獲得される。ここで重要なのは，第2段階における行動が，偶然指が口に触れたことがきっかけで生じた場合，乳児はその偶然的な行動を繰り返し反復するようになることである。このような「自分自身の身体に対して」行われる反復行動は第一次循環反応と呼ばれる。第3段階（4～8カ月頃）では，乳児はある目的のために手段を選択するようになる。たとえば，音を鳴らすために物をつかむといった意図性が見られる（ピアジェはこれを知能の誕生と見なした）。自分の行動（つかんで叩く）によっ

第 2 章　知覚・認知の発達

て生じる結果（音が鳴る）を何度も反復させることを第二次循環反応という。第4段階（8～12 カ月頃）に入ると、第二次循環反応同士が協応し、物と物の関係性を考慮した行動が生じる。たとえば、ひものついた箱をとるためにひもを引っ張るといったように、行動の目的と手段を分けて考え、新しい状況に遭遇しても既存の手段を適用するようになる。第5段階（12～18 カ月頃）になると、物の新しい特性を探すようになり、新しいやり方で外界に働きかけるようになる（第三次循環反応）。たとえば、重力を考慮することで、物を投げる位置や力加減を調整する行動が見られる。このように、以前までは物と自分といった関係でしか認識できなかったが、この段階では物と重力といった客観的な認識が生じるようになる。そして、第6段階（18～24 カ月頃）において、象徴機能が発生するようになる。ピアジェによると、この変化は質的変化であり、乳児は新しい状況に遭遇したときに利用できそうな認識の枠組みを心の中に浮かべることができるようになる。この発達は、現前しない対象物を喚起する能力（表象）の表れであり、ごっこ遊びや描画、遅延模倣（知覚したものを一定時間経過後でも再現する能力）を可能にする。

2．ヴィゴツキーの発達理論

①理論の概要

　ピアジェ理論は、子どもはみずから周囲に働きかけることによって自力で発達するという考えであるのに対し、ヴィゴツキー Vygotsky は社会、文化、歴史を構成する他者の影響が子どもの発達において重要であると考えている。ヴィゴツキーが提唱した有名な理論としては、発達の最近接領域が挙げられる（Vygotsky, 1982）。

②発達の最近接領域

　発達の最近接領域に関する理論では、子どもの発達水準を2つの基準に分けて考える。1つは、子どもの現在の発達水準であり、子どもが自分1人の力でできる水準のことを指す。もう1つは発達しつつある水準であり、子どもが自分1人だけではできないが、他者の助けがあればできる水準のことを指す。つまり、後者の発達しつつある水準とは潜在的な発達のことを意味している。たとえば、足し算を習っている子どもが1桁の足し算は自力ででき、2桁の足し算は教師の助けを借りればできるが、3桁以上となると助けやヒントがあってもできない、となると2桁の足し算が発達しつつある水準となる。このような、すでに発達してい

る現在の水準とこれから発達しつつある水準の間の領域のことを発達の最近接領域という。ヴィゴツキーの考えは，子どもは他者の力を借りることで現在の自分以上の力を発揮でき，その後は自分1人でできるようになる可能性をもっているということである。そして，この考え方には2つの重要な点がある。1つは，子どもよりも能力のある他者こそが子どもの発達を促すことができる点である。もう1つは，子どもの潜在的な発達を評価すべきという点である。したがって，子どもの発達を支援するためには，親や教師といった社会の構成員は，子どもの現在の発達水準に合わせた働きかけではなく，常に発達しつつある最近接領域を考慮した働きかけをする必要がある。

③思考の道具としての言語

　ヴィゴツキーの考えでは，「道具」と呼ばれるものが重視されている。道具とは，工具のような物理的な道具のほか，言語といった心理的な道具が含まれる。これらの道具は，人間の歴史や社会が作り出し，蓄積してきたものであり，私たちの思考を支えていると考えられる。とくに，ヴィゴツキーは思考の発達における言語の役割に着目しており，なかでも言語における精神間機能から精神内機能への発達的移行の重要性について述べている。ヴィゴツキーによると，言語ははじめ，精神間機能として表れる。すなわち，同じ社会や文化に属する大人と乳児の「間」に生じる言語的なコミュニケーションにより，乳児には外的に言語が与えられていく。そして，幼児期中頃には子どもは言語を思考するための道具として使うようになる。つまり，言語は子どもの中に内化され，精神内機能としての役割をもつようになる。つまり，言語といった精神機能は他者との社会的なやりとりを通じて外から与えられ（精神間），しだいに子どもの中に内化（精神内）していくことを意味する。このように，ヴィゴツキーは他者（あるいは社会）との関わりの中で子どもの思考が発達することを強調している。

3．心の理論

　心の理論とは，他者の行動の背景にある心的状態を推測するための理論である。ここでいう心的状態とは他者がもっている知識，欲求，信念などを意味しており，私たちは日常生活の中で相手の考えていること（心的状態）を推測し，それに基づいて相手が次にどのような行動をとるのかを予測している（このような心の働きをメンタライゼーションと呼ぶ）。

　心の理論がいつ獲得されるかを調べる代表的な課題として，サリー・アン課題

第2章 知覚・認知の発達

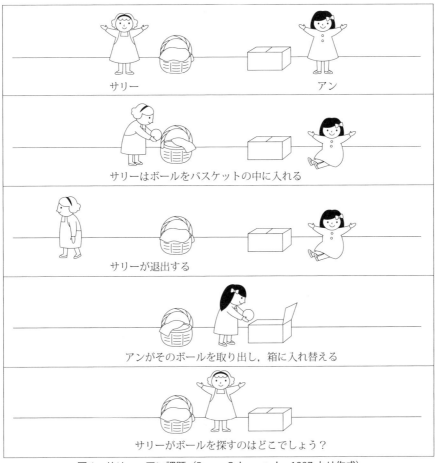

図1 サリー・アン課題（Baron-Cohen et al., 1997より作成）

(Baron-Cohen et al., 1985) が挙げられる（図1）。この課題では，はじめに登場人物の1人であるサリーがボールをバスケットの中に入れ，部屋を退出する。その後アンがそのボールを取り出し，箱に入れ替える。そして，サリーが帰ってきてボールを探そうとする。このとき，サリーはバスケットと箱のどちらを探すだろうか。この課題に正答するには，サリーの心的状態を理解する必要がある。つまり，サリーはアンがボールを入れ替えたことを知らないため，バスケットの中にボールがあると信じている。そのため，サリーはバスケットを探すはずである。この課題を幼児に提示すると，2，3歳では正答率は低いが，4歳半頃には高い正答率を示すことが知られている。

4. 実行機能

　実行機能とは，目標志向的な行動や注意制御に関わる認知機能のことを指す。つまり，目標到達のために，意識的に行動を制御する能力である。実行機能は広範な認知機能を含んでおり，具体的には，抑制，更新，切り替えの3要素によって構成される。抑制とは，不必要な情報を抑制する能力であり，更新とは保持されている情報を更新する能力である。そして，切り替えとは，課題を柔軟に切り替える能力のことを指す。このような実行機能の発達を調べる課題として DCCS (Dimensional Change Card Sort) 課題 (Zelazo et al., 1996) がある。この課題では，色や形などの2つの次元を含むカードが用いられる。たとえば「黄色い車」と「緑の花」のカードと，色と形の組み合わせが異なった「緑の車」と「黄色い花」のカードを提示し，それらをルールに従って分類するように求める。すなわち，第1段階では色（または形）で分類させ，第2段階では形（または色）で分類させる。第1段階のルール（たとえば色で分類）から第2段階のルール（たとえば形で分類）に切り替えるためには，以前のルール（色で分類）を抑制し，現在のルール（形で分類）へと情報を更新したうえで，反応を切り替えなければならない。このような課題において，3歳児では第2段階になっても第1段階のルールで分類してしまう（以前のルールに固執する）が，4歳児になるとルールの切り替えができるようになる。一般的に，実行機能は3歳から6歳までの間に著しい発達が見られるとされる。

5. 素朴理論

　素朴理論とは，子どもの知識が個別的，断片的な集合ではなく「理論」と呼べるような体系化された知識となっていることを指す。その知識は素朴に子どもがもっているものであって，学校で教わったものではない。たとえば，生物に関する素朴理論として，生物と無生物の区別は就学前児でもできることが明らかとされており，とくに自力で動く動物と自力では動けない無生物の区別については7カ月児でも可能であることが報告されている。また，5歳頃になると，自力で動くことができない植物であっても，動物と同じように「成長する」点に着目することで生物カテゴリーへ分類し，無生物と区別できるようになる（稲垣，1995）。このように，子どもの素朴理論は，仮説検証的な洗練されたものとまではいかないが，因果的推論を行っている点で科学理論に似ている。その意味で子どもは因果的説明の枠組みを備えた「理論」と呼べる知識をもっていると考えられる。

第2章 知覚・認知の発達

◆学習チェック表
□ 新生児期・乳児期における知覚発達の特徴と測定法について理解した.
□ 認知発達に関するピアジェ理論およびの概要について理解した.
□ 認知発達に関するヴィゴツキー理論の概要について理解した.
□ 心の理論,実行機能,素朴理論のそれぞれの概要について理解した.

より深く進めるための推薦図書
　岩立志津夫・西野泰広編(2011)発達科学ハンドブック第2巻　研究法と尺度.新曜社.
　根ヶ山光一・仲真紀子編(2012)発達科学ハンドブック第4巻　発達の基盤―身体,認知,情動.新曜社.
　ピアジェ Piaget, J.(中垣啓訳)(2007)ピアジェに学ぶ認知発達の科学.北大路書房.

文　献

Baron-Cohen, S., Jolliffe, T., Mortimore, C. & Robertson, M.(1997) Another advanced test of theory of mind: Evidence from very high functioning adults with autism or Asperger Syndrome. *Journal of Child Psychology and Psychiatry*, 38; 813-822.
Baron-Cohen, S., Leslie, A. M. & Frith, U. (1985). Does the autistic child have a "theory of mind"? *Cognition*, 21; 37-46.
Courage, M. L. & Adams, R. J.(1990) Visual acuity assessment from birth to three years using the acuity cards procedure: Cross-sectional and longitudinal samples. *Optometric and Vision Science*, 67; 713-718.
Eimas, P. D., Siqueland, E. R., Jusczyk, P. et al.(1971) Speech perception in infants. *Science*, 171; 303-306.
Fagan, J. F.(1972)Infants' recognition memory for faces. *Journal of Experimental Child Psychology*, 14; 453-476.
Fantz, R. L.(1958) Pattern vision in young infants. *Psychological Record*, 8; 43-47.
Goren, C. C., Sarty, M. & Wu, P. Y. K.(1975) Visual following and pattern discrimination of face-like stimuli by newborn infants. *Pediatrics*, 56; 544-549.
稲垣佳世子(1995)生物概念の獲得と変化―幼児の「素朴生物学」をめぐって.風間書房.
McFarlane, J. A.(1975)Olfaction in the development of social preferences in the human neonate. *Parent-infant interaction*, Ciba Foundation Symposium No. 33, pp.103-117.
Mehler, J., Jusczyk, P., Lambertz, G. et al.(1988) A precursor of language acquisition in young infants. *Cognition*, 29; 143-178.
Piaget, J.(1936) *La naissance de l'intelligence chez l'enfant*. Delachaux et Niestlé.(谷村覚・浜田寿美男訳(1978)知能の誕生.ミネルヴァ書房.)
ピアジェ Piaget, J.(中垣啓訳)(2007)ピアジェに学ぶ認知発達の科学.北大路書房.
Ramus, F., Hauser, M. D., Miller, C. T. et al.(2000) Language discrimination by human newborns and cotton-top tamarins. *Science*, 288; 349-351.
Slater, A., Mattock, A. & Brown, E.(1990) Size constancy at birth: Newborn infants responses to retinal and real sizes. *Journal of Experimental Child Psychology*, 49; 314-322.
Streri, A., Lhote, M. & Dutilleul, S.(2000) Haptic perception in newborns. *Developmental Science*, 3; 319-327.

Vygotsky, L. S.(1982)Мышление и Речь. Вкн.: Выготский, Л. С., Собрание сочинений,т.2, М., Педагогика.（柴田義松訳（2001）思考と言語．新読書社.）

Walton, G. E., Armstrong, E. S. & Bower, T. G. R.(1998)Newborns learn to identify a face in eight/tenths of a second? *Developmental Science*, 1; 79-84.

Werker, J. F. & Tees, R. C. (1984) Cross-language speech perception: Evidence for perceptual reorganization during the first year of life. *Infant Behavior and Development*, 7; 49-63.

Zelazo, P. D., Frye, D. & Rapus, T. (1996) An age-related dissociation between knowing rules and using them. *Cognitive Development*, 11; 37-63.

第3章　言語・コミュニケーションの発達

言語・コミュニケーションの発達

小泉嘉子

Keywords　前言語的コミュニケーション，言語的コミュニケーション，二項関係，三項関係，喃語，1語文，2語文，言語獲得装置，言語獲得援助システム

I　コミュニケーションの種類

　他者とやりとりを行うコミュニケーションには，発話や文字といった言葉を使用してやりとりを行う言語的コミュニケーションと，言葉以外の身振り，表情，視線などを使用して感情や態度を伝える非言語的コミュニケーションに分けられる。言語的コミュニケーションは，音を作る仕組みや音の分類に関するもの（音声・音韻），語や文の構成や文法に関するもの（形態・統語），語や文の伝達内容に関するもの（意味），語や文の使われ方に関するもの（語用）に分類される。また，言葉をまだ使うことができない乳児期の非言語的コミュニケーションを，前言語的コミュニケーションと呼ぶ。

II　乳児期のコミュニケーション──前言語的コミュニケーション

1．叫喚とクーイング（0〜4カ月頃）

　音声とは言葉を伝える音のことである。音声を作る（構音）ためには，肺からの息の流れ（呼気），呼気が閉鎖した声帯を出ることで声帯を振動させて音を作ること（発声），その音を鼻・口・喉といった空間で共鳴させ，さらに下あご，くちびる，舌などを動かして共鳴や呼気の流れを変化させさまざまな音を作ること（調音），の3つが必要となる。しかし新生児は，大人に比べて声帯が短く，鼻腔，口腔，咽頭といった空間が狭いため，呼気や舌などを使って音声を作ることはできず，不快なときに泣いたり（叫喚発声），母音（日本語の母音は「あいうえお」）のような音を発したりする。生後1カ月頃から養育者の髪型などを手がかりに顔

41

の識別をしはじめ，養育者に向けて微笑（対人的微笑）したり笑ったりする。2カ月頃になると，クーイング（非叫喚発声）と呼ばれる「アウ」「グー」「クー」などの母音や子音を含んだ音を発するようになり，養育者の顔に注意を向けクーイングを使用して発話交代（ターン・テイキング）を行う様子が見られる。このように養育者とやりとりを楽しむといった「人－人」関係のことを二項関係という（図1）。

2．声遊びと喃語（4〜10カ月）

生後4カ月頃から子どもは「声遊び」をしているかのように「キー」といった高い声，うなり声のような低い声など，さまざまな声を発する（小椋，2015）。またこの時期に「アー，アー」のような1音節の子音を含まない過渡的喃語も出現する。6カ月頃になると，「バ，バ，バ」といった母音と子音を組み合わせた規準喃語，さらに「ババ，ババ」「ババババ」といった同一音声が繰り返される反復喃語，「バマ，バマ」といった異なる音を組み合わせた非反復喃語を発する。このような喃語の発達には，笑いと身体動作の同期が密接に影響しているという（正高，1996）。3カ月頃から笑いの呼気の周波数が足の動きの周波数に同期し，5カ月頃からは笑いと手の動きの周波数が同期するようになる（図2）。また6カ月頃からリズミカルな手足の動きと過渡的喃語とが同期し，規準喃語が現れると手足との同期が消失する。このような笑いや過渡的喃語と手足の同期によって，細かい周期の呼気の連続反復が可能になり，より言葉に近い規準喃語などの発声が可能になると考えられる。

喃語の獲得が行われる5カ月頃には，おもちゃなどに興味をもって手を伸ばすなど「人－物」の2項関係も見られるようになる（図1）。

3．ジャーゴン期（10カ月〜1歳）

①ジャーゴン

10カ月頃になると，「バブグ」のようにさまざまな母音と子音を組み合わせた多様喃語が現れる。また，会話のようなイントネーションに聞こえるが発話に意味のないジャーゴンや，同じ文脈で使用され自分独自の発声表現で意図を伝えようとする原言語が現れるようになる。

②音韻と韻律の知覚

10カ月頃には文化や言語環境の影響を受けた音韻や韻律の知覚理解の発達も

第3章　言語・コミュニケーションの発達

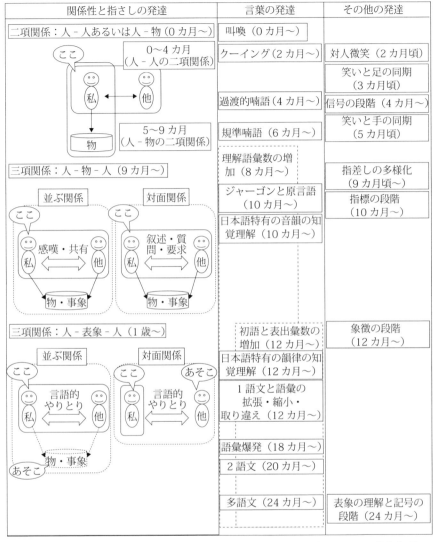

図1　言葉の発達と関係の発達（関係性と指さしの発達は，やまだ，2017より筆者作成）

見られる。音韻とは母語話者が認識する音（音素）のことを指す。たとえば英語母語話者はRとLを別の音として区別するが，日本語母語話者は同じ音と認識している。日本語を母国語とする子どもは，生後6～8カ月頃にはこの2つを識別するが，10～11カ月頃にはしだいに識別しなくなるという。韻律とは語のアクセント，抑揚，強調などの音声の特徴のことを指す。たとえば「朱鷺」と「時」

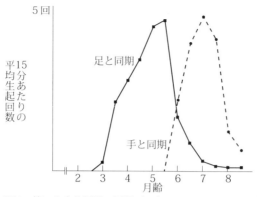
図2　笑いと身体運動の同期（正高，1996，p.105より）

はアクセントの位置によって意味が異なり，「突起」と「時」は促音（小文字の「つ」の音）の有無によって意味が異なる。このような子どもの促音の知覚理解は12カ月から，アクセントの理解は12カ月以降に可能になることから，日本語特有の韻律の知覚理解がこれらの時期に獲得されると考えられる（麦谷，2009）。

③三項関係

　音声や音韻などの理解はそれぞれの言語環境の中で養育者などとのやりとりを経験しながらしだいに獲得される。たとえば，9カ月頃には面白い物を発見したときに「みて！」と指さしを行い養育者と驚きを共有する「並ぶ関係」や，遊具を指差して「あれが欲しい！」と要求したり「あれなに？」と質問したりする「対面関係」が見られるようになる（図1）。このような「人-物-人」の三項関係に見られる指差しは，いままさに目の前にある物を指し示すことはできるが，目の前にないものを示すことができないため，「ここ」に限定される。

4．言語獲得装置と言語獲得援助システム

　チョムスキー（Chomsky, 1975）は，すべての人間の言語に共通な規則の体系として普遍文法を提唱し，普遍文法を獲得するための仕組み（言語獲得装置）が生まれつき子どもに備わっていると考えた。これに対してブルーナー（Bruner, 1983）は，言語を獲得するためには親がもつ子どもの言葉の発達を助ける仕組み（言語獲得援助システム）が必要であると考えた。たとえば，乳児がクーイングを使って養育者とやりとりを行うとき，養育者は乳児に対して，大人と会話をするような方法とは異なる特徴的な発話の仕方を行い，子どもの言語理解を支え

第3章 言語・コミュニケーションの発達

る足場作りを行う。このような特徴的な発話を対乳児発話（ベビー・トーク）と呼ぶ。対乳児発話には，特異な強調が用いられる，疑問文が多く疑問文以外でも上昇音階で終わる文が多い，1つひとつの文の境界に休止がおかれる，ゆっくり話す，ある語が長く伸ばされる，簡単な文を用いる，などの特徴がある（本郷，1980）。これらの特徴には，養育者に子どもの注意を引きつけ，文の境目など文の構造について情報を得やすくし，やりとりの順番の手がかりを与えるという機能があるという。

III 幼児期のコミュニケーション――言語的コミュニケーション

言語的コミュニケーションの発達については，小椋ら（2016）の日本語版マッカーサー乳幼児言語発達質問紙（JCDIs）の調査結果が参考になる。そこでこれらを参考に言語的コミュニケーションについて概観する。

1．能記と所記

語とは意味のあるまとまりの最小単位を指し，語彙とは特定の言語で使用される語の全体を指す。オグデンとリチャーズ（Ogden et al., 1923）は，意味の三角形を用いて，身振りや言語などの象徴（シンボル）とそれが指している指示物とは直接結びつくのではなく，イメージ（表象）を媒介することによって結びつくとしている（図3）。1歳半頃になると，子どもは目の前にない車をイメージして積み木のおもちゃを車に見立てて遊んだりするようになる。このように目の前にない指示物（意味されるもの：所記）をイメージして，そのイメージを言葉や物（意味するもの：能記）などで代表させることを象徴機能という。ピアジェ（Piaget, 1948）は，象徴機能には4つの発達段階があるとしている。

①信号の段階
　ピアジェの娘である生後4カ月のジャクリーヌは哺乳瓶を見せると口を開けるようになった。これは哺乳瓶という先行する視覚的情報（能記）が信号のように働いて口を開ける（所記）という反射を引き起こしていることを示しているという。

②指標の段階
　また別の娘である生後10カ月のルシアンヌはあやしていた人が離れるそぶり

図3 オグデンとリチャーズの基本三角形（Ogden et al., 1923, 翻訳書 p. 56 より筆者作成）

を見せたり後ろを振り返ったりすると，その人がそばにいるのにうなり声を挙げた。これは他者が振り向く（能記）という視覚情報がその人がいなくなること（所記）を予期するための「指標」として理解されていることを示すという。

③象徴の段階

子どもは6カ月以降に目の前にある物を布などで隠しても探し出すことができるといった物の永続性の理解を獲得しはじめ，1歳頃には目の前にいない親の身振りなどをまねするといった延滞模倣を行うようになる。また積み木を車に見立てて遊ぶなど，積み木（能記）によって目の前にない車（所記）を表現（象徴）するようになる。この頃には「ブーブー」などの幼児語（能記）を使って車（所記）を表すようになるが，この段階の言葉は実物の車と幼児語の「ブーブー」との間には車のエンジン音という音の類似性があるため，まだ能記と所記とは十分に分化されていない。

④記号の段階

1歳半頃になると，目の前にない物や過去の出来事や事物などをイメージ（表象）することができはじめる。また，2歳頃には「クルマ」という言葉で実物の「車」を表すようになるが，この段階では実物の車と言葉の「クルマ」との間には音や形態の類似性はなく，2つを結びつけるものは車の概念的イメージだけとなる。

2．語彙の理解と表出の発達（8カか月～1歳半）

語彙の理解については，8, 9カ月頃から養育者が日常の中でよく発話する物の

第3章 言語・コミュニケーションの発達

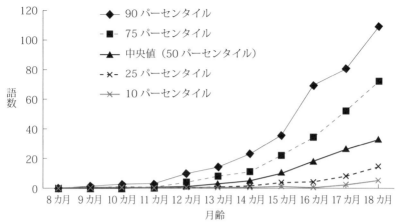

図4 月齢ごとの表出語彙数のパーセンタイル値（小椋ら，2016，p. 82 より）

名前（マンマ，ワンワンなど），挨拶や動作を表す言葉（バイバイ，おいで，ちょうだいなど），人を表す言葉（自分の名前，ママ，パパなど）の意味を理解し始めるようになる。このような理解語彙数は 8 カ月から 16 カ月頃にかけて急速に増えていく。語彙の表出については，1 歳を過ぎた頃からしだいに「マンマ」（食べ物）のように言葉に意味をもたせて発語するようになる（初語）。この初語は物の名前（マンマ：食べ物，ワンワン：イヌなど），挨拶や動作を表す言葉（バイバイ，ねんね）などが多い。図 4 は月齢ごとの表出語彙数のパーセンタイル順位別の図である。パーセンタイル順位とは，子どもの得点を大きさの順に並べた際に，ある子どもが集団の中でどの順位にいるかを表す指標である。たとえば，12 カ月の子どものパーセンタイル順位が 50 パーセンタイルだった場合，その子どもより得点が低い子どもが 50％いることを表している。表出される語彙数について，50 パーセンタイル児は 12 カ月で 1 語，15 カ月で 10 語，18 カ月で 32 語以上となるが，25 パーセンタイル児は 50 パーセンタイル児と比べ，2，3 カ月遅れとなり，表出語彙数の増加の速度は個人差が大きいことがわかる。

3．1 語文と語彙爆発（1 歳半〜）

① 1 語文

　1 歳半頃の子どもが使用する表出語彙は数が限定されるため，子どもは限られた語彙を使ってコミュニケーションをとろうとする。たとえば「マンマ」という 1 語を「大好きなおかあさん」「おかあさんこれとって」のように，文の機能があるかのように使用するようになるが，このような語の使用の仕方を 1 語文という

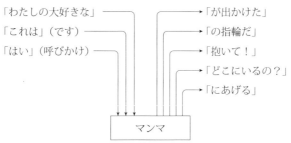

図5 「1語文」が表現するもの（村田, 1973, p. 292 より筆者作成）

（図5）。また，同じ時期には「ワンワン」がイヌだけでなく四本足で歩く動物全般を指すようになるなど1語の適用が過度に拡張される語彙拡張，逆に四本足で歩く動物全般を指していた「ワンワン」が白いイヌにのみ限定されるなど1語の適用が過度に制限される語彙縮小，「ニャンニャン」がウサギにのみ誤って使用されるなど1語を異なる物に適用してしまう語彙取り違えが見られるが，語彙数が増加するに従い消えていく（村田, 1977）。

②語彙爆発

1歳以降に月齢が進むにつれ表出語彙数は7, 8語ずつ増えていくが，1歳半頃から「これなに」のように物の名前を知りたがるようになるため，表出語彙数は急激に増加し100語を超える子どもが多く見られるようになる。このように急激に表出語彙数が増えることを語彙爆発（ボキャブラリースパート）という。

それでは，表出語彙数が増加していくなかで語彙の意味の獲得はどのようにして行われるのだろうか。カルナップ（Carnap, 1956）は語の意味を外延・内包という2つに分けている。外延とはその語が適用される個体の集合のことであり，内包とはその語が表している性質のことだという。たとえば，イヌの外延は「チワワ，ダックスフンド，コリー」などイヌの種類が挙げられるが，イヌの内包は「四本足，しっぽがある」などのイヌの属性を表す。しかし子どもは最初から語の外延・内包を理解しているわけではない。養育者が庭に飛んでいるチョウを指しながら「ほら，チョウチョよ」と子どもに向かって言った場合，子どもはなぜ指ではなく，チョウの羽などの部分ではなく，チョウが飛ぶという属性ではなく，チョウ全体の名称だと理解するのだろうか。これについて針生ら（2000）は，子どもが新しい語を耳にしたとき特定の可能性だけを考えるといった制約が存在するとしている。たとえば，2歳頃の子どもはチョウに対して養育者から新しい語

第3章 言語・コミュニケーションの発達

(「ほら，チョウチョさんよ！」)が提示されたとき，その部分(羽)や属性(飛ぶ)ではなくチョウ全体を指していると想定する(事物全体原理)。また3歳児はその語(チョウチョ)を目の前にいたチョウだけでなく，形状が似ている他のチョウやガにも適用する(形状類似バイアス)。また，養育者が新しい語(「トンボさんもいるよ」)を提示し，指し示した方向にチョウとトンボがいた場合，子どもは1つの物には1つの名称しか認めないといったように，既知物(チョウ)ではなく未知物(トンボ)を指す名称だと理解する(相互排他性原理)。5歳頃になると，形状が似ているといった外延だけではなく，チョウの属性(羽がある，飛ぶ)などの内包によって分類するようになる(分類学的カテゴリー原理)。以上のような語彙の意味の獲得における制約原理は，20カ月頃から語彙爆発の頃までには働きはじめるという。

一方，トマセロ(Tomasello, 2000)は，子どもは大人との相互作用の中で大人の意図を読み取るといった社会認知的スキルを獲得し，これが語を理解するときに制約のように働くとしている。たとえば母親が「お豆を食べましょうね」といって豆を口元までもってきながら自分の口をパクパクさせ食べるジェスチャーをした場合，子どもは母親の行動の意図(豆を食べさせたい)を理解し，母親の発話内容(「お豆をたべましょうね」)はこの意図に関連していると仮定し，新規語(豆)を理解するようになる。これらの研究から，子どもは大人の意図と発話を結びつけて語の意味を推測したり，語の意味理解に制約理論を使用して語の意味を推測したりするようになり，そのため，2歳頃には語彙の理解数・発話数が一気に増大するようになると考えられる。

4．2語文・多語文 (1歳半～3歳)

①2語文と助詞・助動詞の使用

語の増加とともに1歳8,9カ月頃から「これ　うさぎ」「さかな　たべた」のように2語をつなげた発話(2語文)を行うようになり，2歳頃には80％の子どもが使用するようになる。綿巻(1993)によれば，この頃最も多く使われる2語文は「これ＋モノの名称」(「これ　うさぎ」)，次に「行為者－行為」(「フミちゃん　かえった」)であり，これらは1歳10カ月～2歳で最も多く使用されている。また助詞は2歳半頃までに10個程度と徐々に増加するが，助動詞は5個程度とゆっくり増加する。

②多語文

　子どもは2歳頃より助詞を使用しない「ぱぱ　やる」のような2語文のようではなく，「ぱぱと　やる　これ」のように格助詞（……と）などを使った2語文や3語文の発話を行うようになる。しだいに発話の形態の長さ（平均発話長）が長くなり，3語以上の語と助詞をつなげた多語文の発話も行うようになる。またこの時期は「なに」といった単純な質問ではなく，「どうして」のように理由を聞きたがるようになる。しかし大人が「昨日は何をして遊んだ？」などと過去について質問しても，まだ目の前にない事物や出来事などについて説明できない。

5. 語彙の多様化と読み・書きの始まり（3〜6歳）

　3歳頃になると，日常生活での経験が語彙の獲得を促進するようになるため，動詞や形容詞などの使用も増加する。養育者がその日にあったことなどを質問すると，3歳頃から「あのね，そしてね」といった言葉を使い時間的順序で文を構成して話しはじめ，3歳後半になると「じゃなくて」などの表現を使い自分の発言を訂正し正確に伝えようとするようになる（大久保，1971）。ただし，幼児の記憶容量の参考となる数字系列の記憶容量は3歳で3数，5歳で4数，6歳以降に5数の記憶が可能となり，文字系列の記憶容量は4歳で数語，8歳で10文字以上となる。そのため，記憶容量の影響を大きく受けるエピソード記憶（みずからの過去の出来事の記憶）の語りについては，4歳過ぎまで話の内容に間違いが多く，現実にあった出来事だけでなくそうでない出来事（想像上の話や絵本などで見聞きした内容）までも過去の出来事として話すことがある（上原，2008）。

　4歳半近くになると文字への興味が強くなり，絵本の読み聞かせなどした際に自分の知らない語が登場すると，言葉の意味だけでなく事柄なども質問するようになる。5歳になると，絵本を読んだり自分の名前を書いたりと急速に文字の読み書きができるようになる。島村ら（1994）の調査によると，4歳の清音（「あ」から「を」の音），撥音（「ん」の音），濁音（濁点「゛」がつく音），半濁音（半濁点「゜」がつく音）の平均読字率が50％を越えるのは4歳8カ月，75％を越えるのは5歳3カ月，清音，撥音，濁音，半濁音の平均書字率が50％を越えるのは5歳9カ月，75％を越えるのは6歳7カ月であった。このことから，5歳の子どもの多くがひらがなを読むことができ，6歳の子どもの多くがひらがなを書くことができると考えられる。

　このような言語の発達は認知の発達と影響し合い関連しながら発達していく（発達連関）。たとえば自分の体を中心とした空間を表す語彙の理解については，

第3章 言語・コミュニケーションの発達

「もって行く」などのみずからの動作を表す動詞の理解が獲得されることで，3歳頃から上下が，4歳頃から遠近が，4歳半頃から左右が理解できるようになるという（小山，2012）。一方，4歳頃に自分の名前をひらがなで書くと鏡に映したような鏡映文字を書くことがあるが，この鏡映文字は左右を理解すると書かなくなるという（宇野，2002）。

Ⅳ 学童期のコミュニケーション

1．思考の道具としての言葉へ

3～4歳頃の子どもは仲間集団の中で，誰かに何かを伝えるためのものではない，独り言のような会話をすることがある。ピアジェ（Piaget et al., 1966）はこのような発話を「自己中心的言語」と名づけ，1人のときに行われたり（独語）集団の中で行われたり（集団的独語）すると説明とした。そして子どもは幼児期における自分自身のために話す自己中心的言語から，児童期における他者とのやりとりのために話す社会化された言語へと発達すると述べている。これに対してヴィゴツキー（Vygotsky, 1956）は，言葉の本来の機能は周囲に働きかける社会的なものであると考えた。そして，幼児期の社会的な言語（外言）が，自己中心的言語という過渡的過程を経て，6歳以降には思考の道具として使用される内言と，より洗練された伝達手段として使用される外言とに分化するとしている。このことから，6歳以降になると自分の考えを整理して，相手にわかりやすく伝えることができるようになる。

2．一次的言葉から二次的言葉へ

前言語期には聞くことが中心となるが，幼児期には話すこと・聞くことが中心となり（一次的言葉），そして児童期には話す・聞く・読む・書くという4つの活動が行われつつも圧倒的に聞く・読む活動が多くなる（二次的言葉）といったように，言葉の使用が変化していく（岡本，2005）。秋田（1997）は幼児，小学生，中学生の読書意識（読書にはどのようなよいことがあるか）について調査している。幼児では「面白い」という内的意義と「親にほめられる」という外的意義が多く見られた。これは幼児期に親と絵本を読むことが多く，また親も絵本を読むことを推奨していることが影響していると考えられる。しかし自分で本を読むことができる小学生から中学生にかけては，「気分転換」という内的意義が多く，「空想や感動できる」「考えを深め知識を得る」という内的意義が高学年ほど

増加し「国語の成績が上がる」「先生や親にほめられる」という外的意義は減少していた。小学生になると読むことを楽しむだけでなく，読むことで得られる内的効果（知識の増加，気分の解消）を認識していることがわかる。

　以上のように，子どもの言葉の獲得は，音を発すること（発声）を獲得しつつさまざまな言語以外の手段を用いて人とやりとりを行う前言語的コミュニケーションの段階から，言葉を発すること（発音）や言葉の意味を理解することを通して自由に会話を行ったり，文字を使って他者とやりとりを行ったりといった言語的コミュニケーションの段階へと発達していくことである。またこのような言葉の獲得には，他者とやりとりを行うことに喜びを感じるといった感情理解の発達，いまここにないものをイメージし言葉を使って相手に伝えるといった認知の発達などとも密接な関係がある。

◆学習チェック
- □　前言語的コミュニケーション，言語的コミュニケーションの違いを理解した。
- □　子どもの言語発達とその他の領域との関連性について理解した。
- □　二項関係から三項関係への発達について理解した。

より深めるための推薦図書

岩立志津夫・小椋たみ子（2017）よくわかる言語発達 改訂新版．ミネルヴァ書房．

広瀬友紀（2017）ちいさい言語学者の冒険―子どもに学ぶことばの秘密．岩波書店．

正高信男（1995）0 歳児がことばを獲得するとき．中央公論社．

やまだようこ（1987）ことばの前のことば―ことばが生まれるすじみち 1．新曜社．

文　　献

秋田喜代美（1997）読書の発達過程―読書に関わる認知的要因・社会的要因の心理学的検討．風間書房．

Bruner, J. S.（1983）*Children's Talk: Learning to Use Language*. Oxford University Press.（寺田晃・本郷一夫訳（1988）乳幼児の話しことば―コミュニケーションの学習．新曜社．）

Carnap, R.（1956）*Meaning and Necessity* (Enlarged Ed.). The University of Chicago Press.（永井成男・内田種臣・桑野耕三訳（1974）意味と必然性．紀伊國屋書店．）

Chomsky, N.（1975）*Reflections of Language*. Pantheon Books.（井上和子・神尾昭雄・西山佑司訳（1990）言語論―人間科学的省察．大修館書店．）

針生悦子・今井むつみ（2000）語彙学習メカニズムにおける制約の役割とその生得性．In：今井むつみ編：心の生得性―言語・概念獲得に生得的制約は必要か（認知科学の探究）．共立出版，pp. 131-171.

本郷一夫（1980）言語獲得における母親の談話の役割．東北心理学研究，4; 27-32.

小山正（2012）言語獲得初期における空間語彙と動詞の理解との関連―ダウン症の事例から．音声言語医学，53(2); 148-152.

正高信男（1996）笑いの発達．In：正高信男編：赤ちゃんウォッチングのすすめ（別冊発達第

第3章 言語・コミュニケーションの発達

19巻).ミネルヴァ書房,pp. 102-107.
麦谷綾子(2009)乳児期の母語音声・音韻知覚の発達過程.ベビーサイエンス,8; 38-49.
村田孝次(1973)言語発達. In:藤永保編:児童心理学.有斐閣,pp. 277-323.
村田孝次(1977)幼児の言語発達.培風館.
Ogden, C. & Richards, I. (1923) *The Meaning of Meaning*. Routledge & Kegan Paul.(石橋幸太郎訳(2001)意味の意味 新版.新泉社.)
小椋たみ子(2015)ことばの発達の準備期(前言語期)/ことばの発達の道筋. In:小椋たみ子・小山正・水野久美:乳幼児期のことばの発達とその遅れ―保育・発達を学ぶための基礎知識.ミネルヴァ書房,pp. 15-90.
小椋たみ子・綿巻徹・稲葉太一(2016)日本語マッカーサー乳幼児言語発達質問紙の開発と研究.ナカニシヤ出版.
岡本夏木(2005)第31回 日本コミュニケーション障害学会学術講演会 特別講演3 話しことばと書きことば.コミュニケーション障害学,22(3); 195-198.
大久保愛(1971)幼児言語の発達.東京堂出版.
Piaget, J. (1948) *La naissance de l'intelligence chez l'enfant*, 2nd Edition.(谷村覚・浜田寿美男訳(1978)知能の誕生.ミネルヴァ書房.)
Piaget, J. & Inhelder, B. (1966) *La Psychologie de l'Enfant.Presses*. Universitaires de France.(波多野完治・須賀哲夫・周郷博訳(1969)新しい児童心理学.白水社.)
島村直己・三神廣子(1994)幼児のひらがなの習得.教育心理学研究,42; 70-76.
Tomasello, M.(2000)語意学習におけるプラグマティックス. In:今井むつみ編:心の生得性―言語・概念獲得に生得的制約は必要か(認知科学の探究).共立出版,pp. 55-78.
上原泉(2008)短期記憶・ワーキングメモリ/エピソード記憶・意味記憶. In:太田信夫・多鹿秀継編:記憶の生涯発達心理学.北大路書房,pp. 21-37.
宇野忍編(2002)授業に学び授業を創る教育心理学 第2版.中央法規.
Vygotsky, L. S. (1956) Избранные Психоиогические Исследования.(柴田義松監訳(2001)思考と言語 新訳版.新読書社.)
綿巻徹(1993)一歳から二歳までの言語獲得. In:無藤隆編:現代発達心理学入門(別冊発達15).ミネルヴァ書房,pp. 147-157.
やまだようこ(2017)前言語期のコミュニケーション. In:秦野悦子・高橋登編:言語発達とその支援(講座・臨床発達心理学5).ミネルヴァ書房,pp. 63-89.

第4章

知能の発達

平川昌宏

Keywords 知能の2因子説と多因子説，知能構造モデル，CHC理論，知能の鼎立理論，多重知能理論，流動性知能と結晶性知能，加齢に伴う知能の相対的安定性と変化，知能検査と発達検査，知能指数，偏差知能指数

I 知能とは

　知能とはいったい何なのだろうか。これまで多くの心理学者が知能についてさまざまな定義を行ってきた。田中ら（1988）はそれらの定義を整理し，知能についての定義は①抽象的な思考能力，②学習する基礎能力，③新しい環境への適応能力，④総合的，全体的能力，⑤知能検査によって測定されるもの，という5つの内容に大別できるとしている。また，辰野（1995）は知能の広義の定義として知的適応能力，つまり，新しい問題や境遇に対して思考的に適応する能力と見なされる傾向があることを指摘している。

II 知能の諸理論

1．知能の2因子説と多因子説

　スピアマン（Spearman, 1914）は，因子分析に基づき，個人の知能は潜在的な一般因子（g因子）と個々の課題に特殊な知能因子（s因子）の和によって示されると考えた（2因子説：Two Factor Theory）。これに対し，サーストン（Thurstone, 1938）は，「言語理解」「数的能力」「空間関係」「知覚速度」「語の流暢性」「記憶」「帰納的推理」という7つの独立した能力により知能が構成されると考えた（多因子説：Multiple Factors Theory）。

2．知能構造モデル

　ギルフォード（Guilford, 1967）は，知能構造モデル（The Structure-of Intellect

第4章 知能の発達

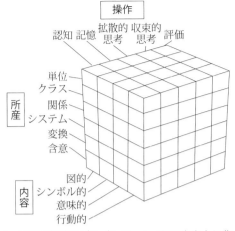

図1 知能の構造モデル（Guilford, 1967 をもとに作成）

Model）を提唱し，さまざまな知的能力を内容（content），操作（operation），所産（product）という3次元で整理した。そして，内容には「図的」「シンボル的」「意味的」「行動的」の4種類，操作には「評価」「収束的思考」「拡散的思考」「記憶」「認知」の5種類，所産には「単位」「クラス」「関係」「システム」「変換」「含意」の6種類が含まれるとし，それぞれの組み合わせ（4×5×6 = 120 種類）で知能の因子を説明した（図1）。

3．CHC 理論

　CHC 理論（The Cattell-Horn-Carroll Theory）は2つの異なる心理測定学的研究が起源となっている（Kaufman et al., 2013）。1つ目は，キャッテル Cattell により唱えられホーン Horn が拡張した流動性（Gf）−結晶性（Gc）理論である。キャッテルは，人間の知的能力が流動性知能と結晶性知能の2次元で説明できると考えた。流動性知能とは推論を用いて新規の課題を解く能力であり，生物学的神経学的要因や環境との相互作用の中で生じる偶発的な学習の影響を受ける。一方，結晶性知能とは獲得された知識に基づく能力であり，教育や教養などの文化的適応を反映している。さらにホーンは流動性（Gf）−結晶性（Gc）理論に基づきながら知能の因子数を拡張していった。（Kaufman et al., 2013）。

　もう一方はキャロル Carroll が唱えた3階層理論（Three-Stratum Theory）である。キャロルは，知的能力を，スピアマンの2因子説の g 因子に対応する一般能力（第3層），特定領域におけるさまざまな行動に影響を及ぼす基本的な知的能

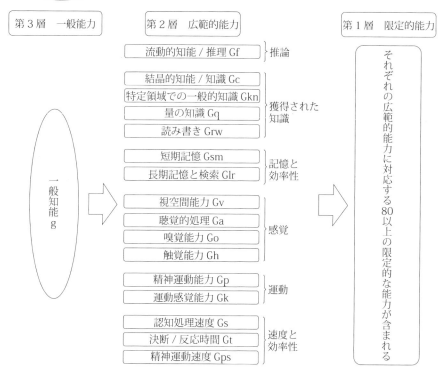

図2 CHC理論 (Flaganan et al., 1997をもとに作成)

力である広範的能力 (第2層), 広範的能力に含まれる限定的能力 (第1層) という3つの階層に整理した。

そして, 1990年代後半にこれらの理論を融合したCHC理論が唱えられるようになった (三好ら, 2010)。現在のCHC理論では16種類の広範的能力と80を超える限定的能力が含まれる (図2)。

CHC理論は, 人間の知能に関する包括的で実証的な心理測定学的理論である (Kaufman et al., 2013)。また, 大六 (2016) は, 21世紀以降に開発された知能検査の多くがこの理論に準拠しているとしている。そして, この理論が, さまざまな知能検査などに共通の基盤を用意するものであり, 複数の検査を統合的に実施し解釈するクロスバッテリー・アプローチ (cross-battery approach) にとって強力な論理的・実践的基盤となっていることを指摘している。

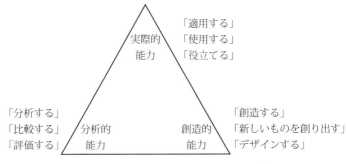

図3　鼎立理論（Sternberg, 2003 をもとに作成）

4．知能の鼎立理論

　スターンバーグ Sternberg によって唱えられた知能の鼎立理論（Triarchic Theory）では，知能を分析的能力，創造的能力，実際的能力の３つの能力から構成されると考える（Sternberg, 2003）。分析的能力は個人内の基本的な情報処理プロセスであり，問題解決を計画，モニター，評価するメタ認知過程，メタ認知過程を実行する実行過程，問題解決の方法を学習する知識獲得過程の３つの過程から成り立っている。創造的能力とはこれまでに直面したことのない新奇な問題を解決しようとする際に用いる能力である。さらに実際的能力とは日常の文脈の中での問題解決能力である（図3）。

　スターンバーグ（Sternberg, 2005）は，知能を特定の社会文化的な文脈の中でその人自身の目標を達成する能力としている。そしてそのために，自身の強みを活用し，弱みを補ったり修正したりしながら，分析的能力，創造的能力，実際的能力を組み合わせて自身を取り巻く環境に適応するだけでなく，時には，環境を形成したり，選択したりすることが大切だとしている。

5．多重知能理論

　ガードナー（Gardner, 1999）は知能が単一の構成概念ではなく，異なるシステムを有する複数の知能が存在すると考え，多重知能理論（Multiple Intelligences Theory）を唱えた。ガードナーは表１に示す比較的独立した７つの知能が相互に働くことによって知的活動が作り出されると考えた。この理論は従来知能検査が扱ってきた範囲よりも広い範囲で知能をとらえている（Deary, 2001）。ただし，神経心理学や進化心理学，論理学的分析，発達心理学，実験心理学，精神測定学

表1　多重知能理論で挙げられている諸知能（Gardner, 1999に基づき作成）

言語的知能	話し言葉と書き言葉への感受性，言語を学ぶ能力，目的達成のために言語を用いる能力
論理-数学的知能	問題を論理的に分析したり，数学的な操作を実行したり，問題を科学的に究明する能力
音楽的知能	音楽的パターンの演奏や作曲，鑑賞のスキルを伴う能力
身体運動的知能	問題を解決したり何かを作り出すために，体全体や身体部位（手や口など）を使う能力
空間的知能	広い空間パターンを認識して操作する能力や比較的狭い範囲のパターンについての能力
対人的知能	他人の意図や動機づけ，欲求を理解して，その結果，他者とうまくやっていく能力
内省的知能	自分自身を理解する能力。自分自身の欲望や恐怖，能力も含めて，自己の効果的な作業モデルをもち，それらを自分の生活を統制するために効果的に用いる能力

から間接的に導かれた理論であり，十分に実証的な根拠がないという批判も存在する（村上，2007）

III　知能の発達的変化

1．発達を通した知能の個人差の相対的安定性

　異なる年齢で知能検査を行いその結果について相関分析を行った研究において，知能の相対的な一貫性が高いことが示されている。つまり，ある年齢において知能が比較的高い人は，時期を経ても知能が比較的高い傾向にあることが明らかになっている。たとえば，フックストラら（Hoekstra et al., 2007）はオランダにおいて縦断的研究を行い，5歳，7歳，10歳，12歳，18歳時点での言語性能力および非言語性能力の相関を分析した。その結果，どの時点間でも比較的高い安定性があることが示された。また，ディアリら（Deary et al., 2004）は11歳児の知能検査の結果と80歳の知能検査の結果には0.60～0.70の相関が見られたことを示している。

　フックストラら（Hoekstra et al., 2007）は知的能力の相対的な安定性について，

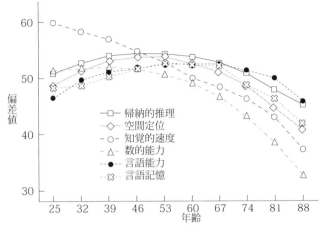

図4 シアトル縦断研究における各能力の縦断的データ（Shaie, 1994 をもとに作成）

①同様の遺伝的，もしくは，環境的要因が，発達を通して相対的な重要性は変化するものの，知能に対して影響を及ぼしている。このような同一の構造が知能の安定性を生じさせる。
②遺伝的そして環境的要因が経験に影響を及ぼし，その影響が後の年齢にもち越される。それまでの経験に基づいて後の出来事が経験され，結果として知能の安定性が生じる。

といった発達的メカニズムが考えられることを指摘している。

2．加齢に伴う知的能力の変化

シャイエ Shaie は知能の発達に関して大規模なコホート研究を行った（シアトル縦断研究）。縦断的分析から基本的な知的能力によって加齢による変化が異なることが明らかとなった。つまり，「知覚的速度」が加齢に伴い大きく減退していくのに対し，「数的能力」は 60 歳代から減退し始めること，さらに，それ以外の 4 つの能力（「帰納的推理」「空間定位」「言語能力」「言語記憶」）については 53 歳まで加齢に伴う減退は見られず，この年齢以降ゆるやかな減退を示すことを明らかにした（Shaie, 1994；図4）。

ディアリ（Deary, 2001）は加齢に伴う知能の変化についてシアトル縦断研究を含むいくつかの研究を概観し，結晶性知能については老年になっても比較的衰えが見られないのに対して，流動性知能については 30 代でピークを迎え，それ以降加齢とともに衰えが見られるとしている。

3．知的能力の世代間差

シャイエ（Shaie, 1994）では，各知的能力の世代間差についても検討がなされており，「帰納的推理」と「言語記憶」において世代が進むにつれテストの得点が高くなることが示されている。これに関連して，知能指数（IQ）の値が世代が進むにつれて高くなる現象が明らかとなっている（Flynn, 1987）。この現象のことをフリン効果という。たとえば，6歳から15歳の日本人を対象にしたウエクスラー式知能検査の知能指数（IQ）は1951年よりも1975年の方が20ポイント高くなっていることが示されている。ディアリ（Deary, 2001）によるとフリン効果に対する説明は大きくは2種類に大別される。まず1つ目は世代が進むにつれて実際に知的能力が向上しているとするものである。そして，もう一方は，実質的に知的能力の向上が生じたわけではなく，社会環境の変化に伴い人々が知能検査で行うような課題に慣れた結果，知能検査の値が高くなったというものである。

IV　知能の測定と評価

1．知能検査

知能検査とは個人の知能を測定するための検査である。最初の知能検査は1905年にフランスの心理学者ビネーBinetと精神科医のシモンSimonによって開発された。彼らの目的は，知能の測定ではなく，特別な教育が必要な知的発達が遅れた子どもを識別することであった。それ以降，さまざまな知能検査が作成されている。日本で市販されている主だった知能検査を表2に示した（2018年3月現在）。

知能検査は，実施方法に基づいて個別式と集団式に分類できる。個別式とは検査を受ける対象者と検査者が面接形式で用意された課題を行う検査であり，この種の検査では対象者の知能の特徴を詳細に理解できる反面，実施に際して検査者や対象者の負担が比較的大きく，検査者の習熟が必要となる。集団式とは一度に多くの対象者に対して行うことができる検査である。また，集団式知能検査は，その内容からA式とB式，さらにAB混合式（もしくはC式）に分類できる。A式では文字や文章を用いて問題が示される。一方，B式では主に絵や図形・数字などが用いられる。AB混合式（C式）は，A式とB式の両方の形式を含んだものである。

第4章　知能の発達

表2　日本で市販されている主だった知能検査（2018年3月現在）

	検査名	適応年齢
個別式知能検査	田中ビネー知能検査V	2歳～
	ウエクスラー式知能検査	WPPSI-Ⅲ知能診断検査（2歳6カ月～7歳3カ月） WISC-Ⅳ知能検査（5歳0カ月～16歳11カ月） WAIS-Ⅲ成人知能検査（16歳～89歳）
	日本版 K ABC-Ⅱ	2歳6カ月～18歳11カ月
	DN-CAS 認知評価システム	5歳0カ月～17歳11カ月
	レーヴン色彩マトリックス検査	45歳以上
	DAM グッドイナフ人物画知能検査	3歳～8歳6カ月
	ノンバーバル検査	2歳～8歳
集団式知能検査	TK式新幼B新幼児用知能検査	4歳～6歳
	TK式　田中B式知能検査	小学1・2年生～中学3年生・高校生
	田中AB式知能検査	小学校5・6年生～高校生
	東大A-S知能検査	L版（小学2～4年生1学期）／H版（小学4年生～高校生） S版（中学1年生～高校3年生）
	京大NX知能検査	5歳～
	新 S-S 知能検査	幼児用（4～6歳）／小1用（小学1年生・新入生）
	就学児 M-S 知能検査	5～6歳（小学校就学予定児童）
	脳研式知能検査	成人
	キャッテル CFIT	7歳3カ月～

　また，知能検査の中には知能を構成する諸能力について詳細に測定可能な検査も存在する。たとえば，ウエクスラー児童用知能検査の第4版（WISC-Ⅳ）では，「言語理解指標（VCI）」「知覚推理指標（PRI）」「ワーキングメモリ指標（WMI）」「処理速度指標（PSI）」という4つの指標について測定が可能となっている（Wechsler, 2010）。この種の検査を実施することで，対象者の知的能力の個人内差についての情報を得ることができる。

2．知能検査の結果の表示方法

①精神年齢

　精神年齢（Mental Age：MA）は，対象者の知的発達の水準を年齢で示した値である。その求め方には，各年齢層で標準となる課題を数題用意しておき，何歳水準

の課題まで合格することができたかによって求める方法と合格した課題の数や合格数に基づき算出した得点によって求める方法の2種類がある(田中ら,1988)。

② 知能指数

知能検査の結果,同じ精神年齢の値が得られたとしても,対象者の検査実施時の年齢(生活年齢:CA)が異なれば,精神年齢の評価も異なったものとなる。この点を考慮して考案されたのが知能指数(Intelligence Quotient:IQ)である。知能指数(IQ)は

$$知能指数(IQ) = \frac{精神年齢(MA)}{生活年齢(CA)} \times 100$$

の式で求められる。つまり,この値が100より大きければ大きいほど,生活年齢に比べて精神年齢がより高い水準にあることを意味する。なお,知能指数(IQ)という用語は上の式で求められる値を差す場合と,下に述べる偏差知能指数も含めて広く用いられる場合がある。

③ 偏差知能指数

上述の知能指数(IQ)は年齢の増加に伴い知的能力が向上することを前提としており,児童期以降知的能力の向上がゆるやかになったり,低下が見られるようになった場合,この値で個人の知能を適切に評価することができない。また,児童期以前において数値の振れ幅が非常に大きいことも指摘されている(村上,2007)。そこで考案されたのが偏差知能指数(Deviation Intelligence Quotient:DIQ)である。この値は,知能検査によって得られた点数が,同一年齢集団内においてどの程度の位置(順位)にあるのかを示す値である。対象者の得点を平均100,標準偏差15の正規分布(図5)にあてはめられるように変換した値であり,

$$偏差知能指数(DIQ) = \frac{対象者の得点 - 当該年齢集団の得点の平均}{当該年齢集団の得点の標準偏差} \times 15 + 100$$

という式で算出される。つまり,対象者の知能検査の得点が該当する年齢集団の平均と同じ場合に偏差知能指数は100となり,100より大きければ大きいほど知的水準が高いことを意味する。

なお,偏差知能指数に類似した数値として知能偏差値(Intelligence Standard Score:ISS)がある。この値は対象者の得点を平均50,標準偏差10の正規分布にあてはめられるように変換した値である。

第4章 知能の発達

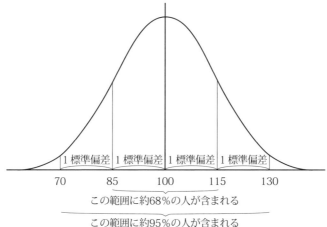

図5　偏差知能指数で想定されているIQの分布

3．発達検査

　発達検査とは，子どもの心身の発達状態を理解するために考案された検査である。実施方法については個別式知能検査のように面接によって用意された課題を決められた教示のもとで行っていく直接検査の他に，保護者等からの聞き取りによって実施可能な間接検査もある。さらに，発達検査の中には，子どもの心身のいくつかの側面や領域に関する項目を含み，総合的な発達の状態や各領域間の発達のバランスについて把握が可能な検査がある。たとえば，新版 K 式発達検査 2001 では，「姿勢・運動（P−M）」「認知・適応（C−A）」「言語・社会（L−S）」という3領域で子どもの発達についての情報を得ることができる。この種の検査には，新版 K 式発達検査 2001 の他に，遠城寺式乳幼児分析的発達検査法（①移動運動，②手の運動，③基本的習慣，④対人関係，⑤発話，⑥言語理解の6領域），乳幼児精神発達診断法（津守・稲毛式）（①運動，②探索，③社会，④生活習慣，⑤言語など5領域），KIDS 乳幼児発達スケール（①運動，②操作，③言語理解，④言語表出，⑤概念，⑥社会性〔対成人〕，⑦社会性〔対子ども〕，⑧しつけ，⑨食事の9領域）などが含まれる。また，言語，運動，社会生活能力などの特定の側面・領域に関してその発達状態を詳細に把握することが可能な検査も存在する。

　検査結果については，精神年齢（MA）や知能指数（IQ）に対応する発達年齢（Developmental Age：DA）や発達指数（Developmental Quotient：DQ）で示され

る。

4．知能の測定・評価の際の留意点

　知能検査によって知能を測定するうえで，また，検査結果を評価・解釈するうえで，その知能検査のマニュアルを熟読し，測定の手続きに習熟すること，また，その検査が知能を構成する能力の中のどのような能力を測ることができるのかを理解することが必要不可欠である。ウエクスラー（Wechsler, 2010）は，「認知能力検査の結果は，知能を構成する全体の一部を反映するにすぎない」（p. 4）と述べている。したがって，各検査が知能のどの部分を反映するかによって，示される検査結果が変わることも考えられる。また，CHC理論のところで述べたクロスバッテリー・アプローチにおいて，複数の検査を統合的に実施し解釈する際にも，この点についての理解は重要になるであろう。

　次に，知能や発達の評価にあたっては，それらの個人内差を把握することが重要である。つまり，個人の中でどのようなことが苦手でどのようなことが得意か，また，心身の各領域でバランスのとれた発達をしているかといった観点から知能や発達を評価することが重要である。小林（2016）は，近年知能検査が，障害の有無やレベルの判定を行うためのツールという役割から，子どもの認知特性を理解し適切な支援につなげるための情報を得るツールとしての役割に比重がおかれるようになってきていると指摘している。この観点からも，知能検査や発達検査において同年齢集団内での水準を示す個人間差だけではなく個人内差を評価することが重要になるだろう。

　さらに，検査中の対象者の態度や様子，検査が行われた状況，検査者との関係といった情報も検査結果の解釈にあたって考慮する必要がある。たとえば，検査を実施した際に，ある検査項目が不通過であった場合でも，まったくその課題を行うことができないのか，もう少しでできそうなのかによって，また，集中して課題に取り組んでいたのか，疲れや検査環境などのために集中できない状況だったのか等によって不通過の意味することが異なる。一方通過であった場合でも，試行錯誤的に課題に取り組んだのか，あらかじめ解決の見通しをもちスムーズに解決に至ったのかによって通過の意味することが異なるであろう。さらに，課題に取り組んでいる際の特徴的な反応，情緒的反応の有無とその内容等についても対象者への関わりや支援を考えるうえで重要な情報になる。

　最後に，対象者の日常の姿や対象者を取り巻く環境を理解したうえで知能検査や発達検査の結果を解釈することが重要である。日常生活における対象者の姿と

第4章 知能の発達

知能検査や発達検査で示される姿が必ずしも一致するわけではない。むしろそのズレ自体が対象者の知能や発達を評価し，関わりや支援を考える際に重要な手がかりとなると考えられる（平川，2007）。さらに，上述したようにスターンバーグ（Sternberg, 2005）は，知能を特定の社会文化的な文脈の中でその人自身の目標を達成する能力とし，適応，形成，選択といった自身を取り巻く環境とのさまざまな関わりを重要視している。この観点に立てば，知能や発達の評価においても，知能や発達を対象者個人の閉じた能力として評価するのではなく，環境との相互作用，そして，その結果として現れる日常の姿や行動を踏まえたうえで評価することが重要であろう。

◆学習チェック
□ 知能の諸理論について，その特徴と他の理論との差異を理解した。
□ 知能の発達的変化について，その特徴を理解した。
□ 知能指数や偏差知能指数について，その数値の意味を理解した。
□ 知能や発達の測定，およびその評価を行う際の留意点を理解した。
□ 読者自身の知能観を見直し，説明できるようになった。

より深めるための推薦図書

ディアリ Deary, I. J.（繁桝算男訳）（2004）知能（1冊でわかる）．岩波書店．
村上宣寛（2007）IQってホントは何なんだ？―知能をめぐる神話と真実．日経BP社．
辻井正次（監修）（2014）発達障害児者の支援とアセスメントのガイドライン．金子書房．

文　献

大六一志（2016）CHC（Cattell-Horn-Carroll）理論と知能検査・認知検査―検査結果解釈のために必要な知能理論の知識．LD研究, 25; 209-215.
Deary, I. J.（2001）*Intelligence: A Very Short Introduction*. Oxford University Press.（繁桝算男訳（2004）知能（1冊でわかる）．岩波書店．）
Deary, I. J., Whiteman, M. C., Starr, J. M. et al.（2004）The impact of childhood intelligence on later life: Following up the Scottish Mental Surveys of 1932 and 1947. *Journal of Personality and Social Psychology*, 86; 130-147.
Flanagan, D. P. & McGrew, K. S.（1997）A cross-battery approach to assessing and interpreting cognitive abilities: Narrowing the gap between practice and cognitive science. In: D. P. Flanagan, J. L. Genshaft & P. L. Harrison (Eds.): *Contemporary Intellectual Assessment: Theories, Tests, and Issues*. Guilford Press, pp. 314–325.
Flynn, J. R.（1987）Massive IQ gains in 14 nations: What IQ tests really measure. *Psychological Bulletin*, 101; 171-191.
Gardner, H.（1999）*Intelligence Reframed: Multiple Intelligences for the 21st Century*. Basic Books.（松村暢隆訳（2001）MI―個性を生かす多重知能の理論．新曜社．）

Guilford, J. P. (1967) *The Nature of Human Intelligence.* McGraw-Hill.
平川昌宏（2007）知能. In：本郷一夫編著：発達心理学―保育・教育に活かす子どもの理解. 建帛社, pp. 53-62.
Hoekstra, R. A., Bartels, M. & Boomsma, D. I. (2007) Longitudinal genetic study of verbal and nonverbal IQ from early childhood to young adulthood. *Learning Individual Differences*, 17; 97-114.
Kaufman, A. S. & Kaufman, N. L.（日本版 KABC-II 制作員会訳編）(2013) 日本版 KABC-II マニュアル. 丸善出版.
小林玄（2016）多角的アセスメントの臨床的有効性についての考察―検査行動チェックリストとテストバッテリーを用いた事例解釈. 立教女学院短期大学紀要, 47; 51-65.
三好一英・服部環（2010）海外における知能研究と CHC 理論. 筑波大学心理学研究, 40; 1-7.
村上宣寛（2007）IQ ってホントは何なんだ？―知能をめぐる神話と真実. 日経 BP 社.
Shaie, K. W. (1994) The course of adult intellectual development. *American Psychologist*, 49; 304-313.
Spearman, C. (1914) The theory of two factors. *Psychological Review*, 21; 101-115.
Sternberg, L. L. (2003) *Cognitive Psychology*, 3rd Edition. Wadsworth.
Sternberg, L. L. (2005) The theory of successful intelligence. *Interamerican Journal of Psychology*, 39; 189-202.
田中敏隆・田中英高（1988）知能と知的機能の発達―知能検査の適切な活用のために. 田研出版.
辰野千壽（1995）新しい知能観に立った知能検査基本ハンドブック. 図書文化.
Thurstone, L. L. (1938) *Primary Mental Abilities*. University of Chicago Press.
Wechsler, D.（日本版 WISC-IV 刊行委員会訳編）(2010) 日本版 WISC-IV 知能検査―理論・解釈マニュアル. 日本文化科学社.

第5章　運動の発達

運動の発達

澤江幸則・増田貴人

Keywords　運動発達，複指向型運動発達モデル，機能間連関，DCD，運動発達支援

I　現代社会における運動との関係

　今日の科学技術の発展に伴い，我々人類における生活様式は変わった。車の登場により，これまで自分の足で移動するのに多くの時間を要していた場所に短時間で移動することが可能となった。また家庭の中では，乾燥機までついた全自動洗濯機や，留守中に部屋中のゴミを集積する全自動掃除機，食材を入れてボタンを押すだけで温かい食事を用意してくれるレンジなど，体力や運動スキルを使わずとも簡単に家事が行えることが当たり前となってきた。買い物も，コンピュータ上のインターネットを使い，家に居ながら指先一つで玄関までモノが届く（澤江ら，2014）。いまや，端末に声をかけるだけで，こうした家電が使用できるようになった。我々人類は，日常的な運動を必要最小限に抑えることに注力しようと科学技術を発展させようとしている気がする（茅原，2011）。

　ところで，運動発達を考える際，多くの人たちは，オリンピック種目やプロ野球，サッカーＪリーグで展開されているような，いわゆる競技性に特化したスポーツを想像するかもしれない。また現在，体力が優れている子どもとそうでない子どもの二極化（体力の二極化）現象が指摘されているが，その背景には，運動をする子どもとそうでない子どもの格差が広がっていることに目が向けられている（文部科学省，2010）。しかし，運動はアスリートといった特別な人たちだけのものとして捉えるのではなく，そうではない「普通」の人たちの，上述した日常場面の中で運動がどのように関連し，そこにどのような意味があるのかを発達科学の中で考えていかなければならないのではないかと考えている。

II　運動発達の捉え方

　そこでまずは運動がどのように発達しているのかを概略的に整理してみたい。生まれたての赤ちゃんは，新生児反射というシステムに支配され，その運動は随意的に動かすことを困難とさせている。こうした身体反応は，大脳皮質による制御を受けていくなかで制御され，この先の身体的体験の基盤となっていくのである。そして年齢と経験，他の発達システムなど，さまざまな要素が重層的，力動的に関連することで，運動の表出バリエーションは広がりを示すようになる。当然，個人によって生来的特性や環境は異なるため，その要素間の相互作用はさらに複雑に影響し合う。そのために運動特性には個人内差と個人間差が生じる。それらの個人差が，社会の中で個性として認識もしくは受容される一方で，社会システムの中での機能化，すなわち個の運動特性が社会の中で統合されていくようになると考えている。社会に統合されるべき運動特性は，その個人がおかれている社会文化的背景によって異なるため，同一的なものである必要はない。したがって，その発達過程の中では，ある種汎用的な社会的ニーズに応えるための基盤的運動能力を育てておかなければならないと考える。

　そうであるにもかかわらず，私たちが観念的に描いている運動発達モデルは，図1に示すような，1つの指向性に囚われたものである。本来，このモデルは，運動スキルの巧緻さが段階を追って育つことを示したものであるが，多くの人は，このモデルのように，トップアスリートがもつ高い運動スキルを目指すことが運動発達の目標ではないかと考えているかもしれない。

　この単指向型運動発達モデルへの反省は1970年後半からあったと思われる。その中の1つとして近藤（1984）は，基本運動の技能の獲得後の就学以降の発達段階で，スポーツ的，ゲーム的活動の運動技能に加え，日常生活，仕事の技能，表現の技能への複数の指向性をもたせた複指向型運動発達モデルを示したのである（図2は，近藤（1984）ほかを参照に作図された複指向型運動発達モデルである）。

　すなわち，運動発達の可能性は，一部の限定的領域，たとえば，スポーツ活動領域に寄与しようとするものではない。それは，生活というさまざまな複合的要因との関連を想定しながら，そして個がおかれている生活環境や社会文化的背景との相互作用を通して個別的に拡充していくものではないかと考えるのである。

　こうした複指向型運動発達モデルは，残念ながら青年期以降が想定されていな

第5章　運動の発達

図1　単指向型運動発達モデルのイメージ（Gallhue，1982などを参考に作成）

い。とくに，前述した運動発達における社会への統合段階を考えた場合，青年期以降の発達様相を含めて描く必要がある。澤江ら（2014）は，これまでの運動発達に関する知見などを参考に，青年期以降の運動発達課題を加えた運動発達モデルを示した。

　すなわち，子どもの多くは誕生後からの乳児期の間，限られた活動範囲の中で，みずからの手や足の存在を発見するとともに，それらを随意的に動かすことに精を出す。言い換えれば，この時期は，さまざまな運動機能が発生する段階と表現することができる。そして幼児期になると，その時期までに機能化された運動様式を基盤に，修飾的な動きを発展するようになる。たとえば，歩くという移動運動様式に「速く」が修飾されることで「走る」という動きに発展する。同様に上方向に移動する動きは「跳ぶ」（jumping）などの動きへと発展する。このようにこの時期は基盤的な運動スキルに「多様性」を伴うようになる。その後，多様化された運動スキルは，社会の中の自己の一部として強く認識されるようになるのか，運動の得手不得手や，好き嫌いが明確になる。ガラヒュー（Gallhue，1982）によれば，この時期の運動は，以前の成功経験や体型，心理的・社会的・文化的要因の影響を受けて個性化されていくのではないかと示唆されている。こうして個性化された運動特性を認識し，成人期以降とくに，我々は自分たちの運動状況に応じた適応選択をするようになる。すなわち，職業選択において，個性化された運動特性が物差しの1つになる。またレジャーを楽しむことにおいても，海か山かなど，その内容や場所も，これまでの運動経験の如何が影響するかもしれな

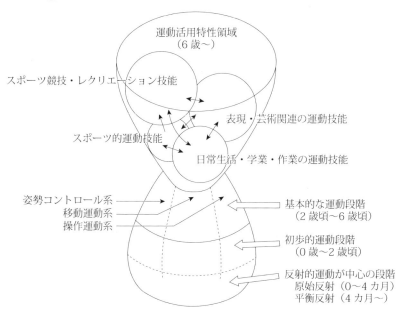

図2 複指向型運動発達モデル例（澤江，2007）

い。日常生活に目をやると，料理のレパートリーや掃除のかけ方など，その個人の運動特性が関係しているものは少なくない。つまりこの時期の運動は，そのスキル自体の向上が目的ではなく，ある一定の定型化された運動スキルをどのように物的，人的環境に適合していくかに注力されていくようになる。その意味で大きく社会環境と個の運動が統合されるというプロセスを想定して運動発達を捉えていく必要がある。

　そして，ここまでの論ですでに理解されるに至っているところではあるが，運動発達は複合的要因と関連しながら発達のプロセスを辿っている。つまり運動発達は，他の発達領域と同様に，発達の機能間連関によって生じていると考えられるのである。そこで次節から，発達の機能間連関の視点から，運動発達と他の発達領域との関連性について論じる。とくにすでに古典的に運動との関連が指摘されてきた知覚との関連性に加え，最近，有意な関連性についての知見が散見されるようになった社会性との関連について議論していきたい。

第 5 章 運動の発達

Ⅲ　運動発達と他の発達領域との関連

1．知覚と運動発達

　知覚（感覚器官を通して入ってくる感覚情報を過去の経験などと照合してそれが何であるか知る働き）は，運動と切り離されて存在するものではなく，相互にかつ複雑に作用し合っている関係にある。私たちの日常生活の中で遂行するさまざまな操作や対応，動作は，知覚情報を手がかりにして目的に合うようにコントロールされ運動として表出される。また知覚の発達も，運動を手段の 1 つとして知識や経験の獲得につなげ，その結果として学習されることから，部分的に運動に左右されているといえる。そのため，両者の相互補完的な結びつきを強調して，「知覚 - 運動」のように一体的に表現している場合もある。

　ケファート（Kephart，1971）が示した学習の発達系列においても，知覚と運動の結びつきの強さが垣間見える。つまりケファートは，乳児期や幼児期初期は身体や手指を用いた運動（粗大 - 微細運動），あるいは運動を主・知覚を従とした活動（運動 - 知覚）から周囲の環境を学んでいき，しだいに，視知覚や聴知覚，触知覚を主として操作などの運動を補足的に用いて周囲の状況を学んでいくようになり（知覚 - 運動），3 歳前後以降には見たり聞いたりするだけで何かがわかるようになる（知覚），とした。さらにその後，知覚情報を言語化してまとめたり（知覚 - 概念），言語のみを介して外界の状況を知ることができるようになり（概念化），学習が促されていく，とした。それぞれの段階が相互かつ有機的な結合関係にあるので，低次の段階でつまずくと高次の段階でも問題が生じてしまうと論じている。

　知覚 - 運動は，4 つの構成要素から学習される（Gallahue et al.，2003）。1 つ目は身体意識（body awareness）であり，身体の部位や，その部位は何ができどのように動かせるのかについての知識として，子どもの身体や運動能力についての意識の発達に大きく影響する。2 つ目は空間意識（spatial awareness）で，空間の中でみずからの身体が占める空間の大きさや身体の方向性についての意識に関わる。つまり，乳幼児期は，物を自分との関係で位置づける（主観的定位）ため，空間の大きさを見誤りやすい。しかしその後の新たな経験獲得や身体的成長とともに，空間や位置の判断を自分の身体とは独立させて考えることができる（客観的定位）ように，移行させていく。3 つ目は方向意識（directional awareness）であり，知覚 - 運動を含む活動の中で，みずからのラテラリティ（利き手の確立）

71

や客観的方向性を上下や左右，内外などの言語教示と結びつけることで，その発達が促される。4つ目は時間意識（temporal awareness）で，リズミカルに歩いたり走ったり，他者の動きやリズムに同調させたり（synchrony）することに関わる。身体意識や空間意識，方向意識，時間意識は，それぞれ知覚－運動活動により発達が促されると考えられている。

　知覚－運動の発達に関する議論は，大きく2つに集約される。一方は，健常児・者の運動発達における知覚の影響についてである。球種やフォームの微少な違いから相手の意図や動きをどう読み取るか（弁別学習）や，知覚と運動における情動や緊張などの影響（力動的知覚），特定の感覚情報が遮断されたときの知覚学習（感覚遮断），運動活動による過剰な知覚経験の影響（過剰知覚）などが論じられており，体育をはじめとする学習活動のレディネスにつながる知見として蓄積されてきている。そして，知覚－運動を重視した実践が，子どもの知覚や運動の能力を高めることがわかっている。

　他方は知覚－運動の療育への応用である。発達障害児の多くは動きのぎこちなさや書字の乱れなどを示すが，視力や聴力の検査で問題を指摘されることがないため，困難の背景に知覚の歪みがあると推測されている（Kurtz, 2008）。そのため，なかには，先述のケファートの指摘を踏まえ，より低次の知覚－運動を重視した実践が生活動作や学習活動の改善に効果的であるとする提案や実践も少なくない。ただ現時点では，知覚－運動を重視した実践が学業成績など知覚や運動以外の諸側面においてまで影響を与えているかは，科学的に支持されるに至っていないことも言及しておきたい。

2．社会性と運動発達

　社会性を「子どもが発達過程の中で，ある社会に属するうえで，備えるべきスキルや知識，態度，行動様式を獲得し，それらを環境と相互作用していく事象の性質」だとした場合，社会性に運動発達はどのように関係するのであろうか。

　ハイリーら（Hayley et al., 2014）は，とくに乳幼児期において，這うや歩く，つかむといった運動スキルは発達全体の重要な指標として認識されているが，運動は乳幼児期の子どもたちに環境に作用させることを助け，しだいに複雑な方法で環境と相互作用し，しまいには自分なりの外界に対する知識を形づけていくと示唆している。ここでいう環境とは，物理的な環境だけではなく，親や友達，教師などの人的環境を含むものと考え，運動は人が社会化していくときの重要な要因の1つであると述べているのである。

第 5 章 運動の発達

　実際にそれらの関連性を証明するいくつかの研究が報告されるようになった。たとえば，乳幼児期の運動発達が，その後の社会的スキルや仲間関係などに強く関連していることが明らかになっている。たとえば，ワンら（Wang et al., 2012）による 18 カ月から 3 歳までの子どもをもつ保護者 6 万 2,944 人に対する大規模調査（parents report）の結果によれば，18 カ月児の運動スキルとコミュニケーションスキルの発達状況が 3 歳児のコミュニケーションスキルの発達状況の予測変数になりうることがわかった。しかもとくに 18 カ月児のコミュニケーションスキルよりも運動スキルの方が予測変数として優れていることがわかったのである。また運動が得意でない子どもの仲間関係において，社会的な遊びが減り，遠慮行動が増える傾向があることが示唆されたり，発達初期の運動機能の状態が，後の社会的状況，たとえば，学業における適応行動や破壊行動，引っ込み事案行動，向社会的行動の状態を予測する因子になりうることが報告されている（Hayley et al., 2014）。

　また，乳幼児期の粗大運動の発生と，相互作用における社会的注視などを含めた対人的な社会的行動の発生との間には，統計的に有意な関係があることが報告されている。実際，それらの研究で示された運動発達と社会的行動の発達との関連性は，必ずしも比例的なものだけではなく，反比例的関係を示すものもあった。すなわち，クリアフィールドら（Clearfield et al., 2008）やカラシクら（Karasik et al., 2011）は，四つ這い動作から歩行動作への発達的移行に伴い，乳児の社会的行動が突出的に出現していたことを示したのである。その一方で，フォーゲルら（Fogel et al., 1999）は，乳児期における運動発達（たとえば，直立姿勢の保持）が母親の顔に対する注視の減少と関連していることを指摘した。この後者の結果に対して，ハイリーら（Hayley et al., 2014）は，直立姿勢を保持できた乳児は，視界変化に伴う視覚的な環境探索に夢中になると解釈していることから，社会性全般の発達としては後退やネガティブな現象ではないと考えることができる。さらに彼らは，前者の結果を含めて，四つ這い動作から歩行動作への発達的移行は，積極的な環境を探索したり，それらの経験を他者と共有しようと求めたりする多くの機会を乳児に提供しているものと説明した。

　この知見は，とりわけ発達臨床場面には重要である。なぜならば，この表面的にはネガティブに捉えられがちな発達的事象は，乳児期に閉じた話でもなければ健常といわれる子どもにだけに見られることではない。実際，澤江ら（2018）の研究によれば，運動のぎこちなさがある ASD 男児 2 名に対して，同様の課題指向型アプローチによるプログラムを実施したところ，両者に協調運動発達において

73

望ましい変化が見られたが，社会適応行動において1人は望ましい変化が見られたものの，1人は見られず，むしろ減少していた。その望ましい社会適応行動が見られなかった子どもの親から日常的な様子について聞き取ったところ，プログラム実施以前に比べ，プログラム実施に伴い，（他要因も影響し），いたずらを含めた探索行動や，パターン的でやや自己中心的な主張が増えてきたことがわかった。

すなわち，運動発達と社会性発達の単純な定量的変化に囚われることなく，その関連性の質的な意味も含めて，検討しなければならないと考えられるのである。

Ⅳ 運動のぎこちなさと DCD

ところで，「運動のぎこちなさ」を呈する子どもたちへのニーズが，最近ますます高まってきたように思われる。そこで運動のぎこちなさについて発達的に整理し，その支援のあり方について触れていく。

1．運動のぎこちなさとは

運動のぎこちなさは，期待される動作と実際の動作とが一致しないときに感じられる。そのため，同じ年代の人ができている活動をうまくできなかったときや，もしできたとしても，課題を遂行するためにより多くの時間を要したり，出来が雑だったり，動きがぎこちなかったりしたときに指摘されることになる。その程度が，学習や生活に支障をきたす水準ならば，発達支援が必要となる。

脳性麻痺や筋ジストロフィーなど，神経筋等に明白な障害が存在している場合は，たいてい運動のぎこちなさが生じている。なかには橈尺骨癒合症のように，前腕の回旋運動困難があっても肩運動で代償されてしまうような気づかれにくいケースもあるが，いずれにせよ原因が明白なので，医教連携をもとに医療的ケアを基本とした支援が考えられる。しかし，神経筋など明白な生理的原因が見つからないにもかかわらず，運動のぎこちなさが生じる場合も少なくない。その背景として，大きくまとめて3点が考えられる。

第1に，生活体験の要因である。谷田貝（2016）は，ひもを結ぶ，生卵を割る，ナイフで鉛筆を削るなど，かつては自然に体験できた動作が，技術革新や都市環境の変化，しつけの手抜きなどにより生じた生活体験不足について，長期にわたる実態調査をもとに，社会へ警鐘を鳴らしている。

第2に，本人の内向的な性格や意欲である。とくに幼児をはじめとする年少期はその傾向がより強いため，援助者が子どもに対して行う動機づけの成否で，極

第 5 章　運動の発達

表 1　DSM-5 における DCD の医学的診断基準（American Psychiatric Association, 2013）

A. 協調運動技能の獲得や遂行が，その人の生活年齢や技能の学習および使用の機会に応じて期待されるものより明らかに劣っている。その困難さは，不器用（例：物を落とす，または物にぶつかる），運動技能（例：物を掴む，はさみや刃物を使う，書字，自転車に乗る，スポーツに参加する）の遂行における遅さや不正確さによって明らかになる。
B. 診断基準 A における運動技能の欠如は，生活年齢にふさわしい日常生活活動（例：自己管理，自己保全）を著明および持続的に妨げており，学業または学校での生産性，就労前および就労後の活動，余暇，および遊びに影響を与えている。
C. この症状の始まりは，発達段階早期である。
D. この運動技能の欠如は，知的能力障害（知的発達症）や視力障害によってはうまく説明されず，運動に影響を与える神経疾患（例：脳性麻痺，筋ジストロフィー，変性疾患）によるものではない。

（出典）　日本精神神経学会（日本語版用語監修），髙橋三郎・大野裕（監訳）：DSM-5 精神疾患の診断・統計マニュアル．p. 73，医学書院，2014 より許諾を得て転載。

端な運動のぎこちなさが生じることもある。

　第 3 に，上記にあてはまらないケースである。神経筋の障害が見あたらず，本人の意欲や経験もあるにもかかわらず，深刻な運動の不器用さのために日常の学習や生活が障害されている症状である。この症状は，DCD（Developmental Coordination Disorder：発達性協調運動症）として，DSM-5 では神経発達障害の 1 つに挙げられている（表 1）。

　DCD は，運動のぎこちなさとして表面化する運動協応性（motor coordination）の著しい困難を主訴とする発達障害である。DCD 児・者の多くは，空間把握や視知覚などに弱さが目立つので，小脳の機能不全が疑われてこそいるものの，DCD の発症機序は，いまだ明らかにされていない。そのため定義でも，原因ではなく，運動のぎこちなさという特徴的な症状を診断・評価しようとしている（宮原，2017）。DCD の有病率は 5 〜 11 歳児において 5 〜 6%，男女比は 2：1 〜 7：1 と男児に多く見られる。DCD は，他の発達障害との合併が多いのも特徴的で，ASD とは境界級も含めると 80% 以上，ADHD とは 50% 以上，LD とも 17 〜 30% 程度の合併が報告されている。

　DCD 児・者の発達的問題は，年代によって変化する。幼児期や児童期のうちは，その運動のぎこちなさのために，遊びや運動，生活活動そのものがうまくこなせず失敗してしまうという直接的問題が大きい。また，本人にとってはうまくいかない困り感がありながらも，集団活動を極端に乱すほど手がかかる問題にはなりにくいため，教師・支援者にとって第一義的な問題としては捉えにくく適切な援助につながりにくい（増田ら，2013）。

思春期・青年期になると，その発達的問題は複雑化する（Kurtz, 2008）。身体運動の活動は，本人も含め誰から見てもその結果がわかりやすいため，成功したときの達成感が大きい反面，失敗したときの挫折感・無力感も大きい。これまで努力してもうまくできなかった過去の経験や援助してもらえなかったという DCD 児・者が抱えた実感の蓄積は，しだいに二次的障害としてさまざまな情緒や人格形成の歪みに発展していく。その歪みはいじめやからかいの対象になりやすかったり，自信をもって取り組めず苦手なことを避けるようになったり，あるいはわざとふざけたり大人を困らせる対応をするようになり，不適応行動や低い自己肯定感として表面化する。DCD の発達的問題は，運動発達に限らず，むしろその予後として二次的に生じる情緒・社会性への影響も大きいことから，今後十分な支援方策の蓄積が必要となっている。

2．運動のぎこちなさを対象とした運動発達支援のあり方

①アセスメント

運動のぎこちなさに対して支援する際に捉えておきたい 3 つの発達事象がある。1 つ目は，運動のぎこちなさそのもの，すなわち個体内の運動事象である。2 つ目は，運動のぎこちなさから派生したと考えられる心理的事象である。3 つ目は，上記 2 事象がベースとなって発生しうる生活適応上の問題事象である。

個体内の運動事象は，暦年齢相応の運動スキルを獲得していないものがどれだけあるのか，または運動スキルを獲得する学習メカニズムの特異性があるのかを把握しておきたい。また，そもそも運動可動域や筋緊張の強さ（弱さ），その他の整形外科的動作の特性などについての情報を医療専門職等から得ることが望まれる。

一方，前者については，運動のぎこちなさを把握するうえで妥当な運動発達アセスメントを活用する。現在，日本では標準化されていないが，海外では DCD を診断する際にも活用されている，協調運動発達スケールの世界標準の 1 つである Movement ABC-2 がある（Henderson et al., 2007）。

このアセスメントツールは，3 歳から 16 歳の子どもを対象に，協調運動発達の状態を，同年齢の子どもと比べることができる。オリジナル英語版は 1,000 人以上を対象にして標準化されている。

評価項目は，大きく 3 領域に分かれている。すなわち手指操作（Manual Dexterity）とボール運動スキル（Ball Skill），バランス運動（Static and Dynamic Balance）である。これらの実施課題内容が年齢によって異なって設定されている。

それぞれの具体的な項目内容は澤江ら（2017）などの別書を参照してほしい。

それ以外には，DCDQ 2007（Developmental Coordination Disorder Questionnaire 2007; Wilson et al., 2009）や TGMD-2（Test of Gross Motor Development Second Edition; Ulrich, 2000），BOT-2（Bruininks-Oseretsky Test of Motor Proficiency Second Edition; Bruininks et al., 2005）などある。

運動のぎこちなさから派生する心理的事象の中には，孤立や自尊心の低下，過度に低い目標設定，運動不参加などが指摘されているが，これらの心理的事象を把握しておくための方法の1つとして，岡沢ら（1996）による運動有能感尺度がある。それはとくに運動場面を想定した項目内容に構成されていて，「運動能力がすぐれていると思います。」などの4項目による身体的有能さの認知と，「練習すれば，必ず技術や記録はのびると思います。」などの4項目による統制感，「運動をしている時，友だちがはげましたり，応援してくれます。」などの4項目による受容感の3つの因子によって構成されている。

生活適応上の問題事象の中には，集団生活の中での適応感の低さや，行動問題，低い社会的コンピテンスなど，必ずしも運動場面に閉じることなく，生活の困り度合いを把握しておく必要がある。その方法の1つとしてVineland II適応行動尺度がある（辻井ら，2014を参照していただきたい）。

②支援方法

日本において運動のぎこちなさを主訴とする対象（おもに DCD の特徴を有する対象）への支援方法は必ずしも議論が十分になされているわけではない。2018年に開催された日本DCD学会第2回学術集会（青森県弘前市）における研究発表では，課題指向型アプローチや感覚統合療法，小集団指導法などの方法論が確認された。一方で世界では，膨大な先行資料をもとにしたシステマティックレビュー研究（Wilson et al., 2017など）をもとに，DCDに対する国際的な臨床実践ガイドラインが作成されている。それによれば，DCDは介入を受けるべきであるとし，支援計画を作成する際，運動以外に，生態学的特徴や心理社会的要因，自己概念などの認知特性を考慮し計画し，当事者を含めた支援策定を勧告している。また具体的な介入方法については，高いエビデンスレベルで，課題指向型アプローチを推奨している。また介入の補助として，アクション・ビデオゲームや体力トレーニングも推奨していることは興味深い。加えて介入の形態として，小集団での介入を推奨していた。

国内では筆者らによる課題指向型アプローチを中心にして運動発達支援を展開

している例は見られるが，研究ベースになった報告が少ないのが現状である。

　本章では，運動発達を一貫して，日常生活との関連，発達の機能間連関，生涯発達の3つの観点から，主に先行研究を参考にしつつ論じてきた。必ずしも十分とはいえないが，日本では立ち後れている運動発達研究を少しでも盛り上げるために，これまでの捉え方からの革新とともに，発達臨床とのつながりを意識した研究を求めていきたいと願うばかりである。

◆学習チェック
☐ 運動発達の日常生活との関連について理解した。
☐ 複指向型運動発達モデルについて理解した。
☐ 機能間連関の例として，知覚や社会性との関連性について理解した。
☐ 発達性協調運動症について理解した。
☐ 運動発達を対象とした支援方法（アセスメントを含む）について理解した。

より深めるための推薦図書

　澤江幸則・川田学・鈴木智子編（2014）〈身体〉に関する発達支援のユニバーサルデザイン．金子書房．

　ガラヒュー Gallahue, D. L.（杉原隆監訳）(1999) 幼少期の体育——発達的視点からのアプローチ．大修館書店．

　カーツ Kurtz, L. A（七木田敦・増田貴人・澤江幸則監訳）(2012) 不器用さのある発達障害の子どもたち 運動スキルの支援のためのガイドブック——自閉症スペクトラム障害・注意欠陥多動性障害・発達性協調運動障害を中心に．東京書籍．

　宮原資英（2017）発達性協調運動障害——親と専門家のためのガイド．スペクトラム出版社．

文　　献

American Psychiatric Association（2013）*Diagnostic and Statistical Manual of Mental Disorders*, 5th Edition. American Psychiatric Association.（髙橋三郎・大野裕監訳（2014）DSM-5 精神疾患の診断・統計マニュアル．医学書院．）

Bruininks, R. & Bruininks B.（2005）*Bruininks-Oseretsky Test of Motor Proficiency: Manual*, 2nd Edtion. Pearson Assessment.

Clearfield, M. W., Osborne, C. N. & Mullen, M.（2008）Learning by looking: Infants' social looking behavior across the transition from crawling to walking. *Journal of Experimental Child Psychology*, 100; 297-307.

Fogel, A., Messinger, D. S., Dickson, K. L. & Hsu, H.（1999）Posture and gaze in early mother-infant communication: Synchronization of developmental trajectories. *Developmental Science*, 2; 325-332.

Gallahue, D. L.（1982）*Understanding Motor Development in Children*. John Wiley & Sons.

Gallahue, D. L. & Cleland, F.（2003）Cognitive learning. In: D. L. Gallahue & F. Cleland (Eds.): *Developmental Physical Education for All Children*, 4th Edition. Human Kinetics, pp. 103-119.

Hayley, C. L. & Elisabeth, L. H.（2014）Review: The impact of motor development on typical and atypical social cognition and language: a systematic review. *Child and Adolescent Mental Health*, 19(3); 163–170.

Henderson, S. E., Sugden, D. A. & Barnett, A. L.（2007）*Movement Assessment Battery for Children: 2 Examiner's Manual*. Harcourt Assessment.

Karasik, L. B., Tamis-LeMonda, C. S. & Adolph, K. E.（2011）Transition from crawling to walking and infants' actions with objects and people. *Child Development*, 82; 1199-1209.

茅原拓朗（2011）身体なき心理学は可能か．In：日本心理学会編：心理学ワールド 50 号刊行記念出版．日本心理学会，pp. 287-293.

Kephart, N. C.（1971）*The Slow Learner in the Classroom*. Charles E. Merrill Publishing.

近藤充夫（1984）子どもの運動発達と運動保育．In：赤塚徳郎・調枝孝治編：運動保育の考え方．明治図書，pp. 3-7.

Kurtz, L. A.（2008）*Understanding Motor Skills in Children with Dyspraxia, ADHD, Autism, and Other Learning Disabilities: A Guide to Improving Coordination*. Jessica Kingsley Publishers.（七木田敦・増田貴人・澤江幸則監訳（2012）不器用さのある発達障害の子どもたち 運動スキルの支援のためのガイドブック―自閉症スペクトラム障害・注意欠陥多動性障害・発達性協調運動障害を中心に．東京書籍.）

増田貴人・石坂千雪（2013）「気になる子」への保育援助をめぐる保育者の認識や戸惑い．弘前大学教育学部紀要，110; 117-122.

宮原資英（2017）発達性協調運動障害―親と専門家のためのガイド．スペクトラム出版社.

文部科学省（2010）平成 22 年度全国体力・運動能力，運動習慣等調査結果．文部科学省.

岡沢祥訓・北真佐美・諏訪祐一郎（1996）運動有能感の構造とその発達及び性差に関する研究．スポーツ教育学研究，16(2); 145-155.

澤江幸則（2007）運動．In：本郷一夫編：発達心理学―保育・教育に活かす子どもの理解．建帛社，pp. 13-26.

澤江幸則・川田学・鈴木智子編（2014）〈身体〉に関する発達支援のユニバーサルデザイン．金子書房.

澤江幸則・杉山文乃・Jung Hyun Woo・稗田優志・鈴木杏奈（2018）ASD 児における運動発達と社会性との関連について（1）―運動発達支援を通した M-ABC 2 と Vineland-Ⅱの検査結果をもとにした事例.

辻井正次・村上隆（2014）日本版 Vineland-Ⅱ 適応行動尺度．日本文化科学社.

Ulrich, D. A.（2000）*Test of Gross Motor Development: Examiner's Manual*, 2nd Edition. Pro-ED.

Wang, M. V., Lekhal, R., Aarø, L. E. & Schjolberg, S.（2012）Cooccurring development of early childhood communication and motor skills: Results from a population-based longitudinal study. *Child, Care, Health and Development*.

Wilson, B. N., Crawford, S. G., Green, D., Roberts, G., Aylott, A. & Kaplan, B.（2009）Psychometric properties of the revised developmental coordination disorder questionnaire. *Physical & Occupational Therapy in Pediatrics*, 29(2); 182-202.

Wilson, P. H., Smits-Engelsman, B., Caeyenberghs, K., Steenbergen, B., Sugden, D., Clark, J., Mumford, N. & Blank, R.（2017）Cognitive and neuroimaging findings in developmental coordination disorder: New insights from a systematic review of recent research. *Developmental Medicine & Child Neurology*, 59; 1117-1129.

谷田貝公昭編（2016）不器用っ子が増えている―手と指は第 2 の脳．一藝社.

第6章

感情の発達

平川久美子

Keywords 感情の生物学的機能，感情の社会的機能，基本感情，自己意識的感情，感情知性，感情制御，表示規則，期待はずれのプレゼント課題，社会的領域理論

1 感情とは

　私たちは日々，喜びや悲しみ，怒りなどさまざまな感情を経験しながら生活している。感情の定義は研究者によってさまざまで，統一された定義というものはない。かつては感情を「特定の主観的状態」とする考え方が一般的だったといわれているが，現在では感情は主観的状態のみを指すのではなく，①神経生理的側面，②行動・表出的側面，③内的経験的側面という3つの側面をもつという点で多くの研究者間で一致している。神経生理的側面とは，身体的活動や神経生理的活動における特有の変化を指す。行動・表出的側面とは，表情や姿勢，声，運動などのモダリティにおける観察可能な表面的な変化を指す。内的経験的側面とは，自分自身が認知した神経生理的側面と行動・表出的側面についての評価および解釈を指す。たとえば，怒りが喚起されると手に汗をかいたり心拍数が上がったりする（神経生理的側面）。また，怒りが喚起されると，怒りを喚起した事象に向けて怒りの表情をしたり攻撃行動をしたりする（行動・表出的側面）。さらに，怒りが喚起されると，自分が怒っていることを自覚的に感じる（内的経験的側面）。このように，感情とは内的経験的側面だけでなく神経生理的側面や行動・表出的側面も含むものであるといえる。

　なお，感情については，日本語では「情動」や「情緒」などの用語が，英語では"emotion"や"affect""feeling"などの用語が使用されており，それぞれが異なる意味合いで用いられることもある。しかしながら，ここではそれらを厳密には区別せず，感情として表現することにする。

第6章　感情の発達

II　感情の機能

　かつて感情は，理性と対極にある非合理的なもの，認知を阻害するものとしてその否定的側面が指摘されてきた。しかしながら近年では，感情は自分と自分を取り巻く環境との関係を確立したり変化させたりするなど，その適応的な側面が強調されるようになってきた。それでは，私たちが環境に適応して生活していくうえで，感情はどのような機能を果たしているのだろうか。

　1つは，生物学的機能である。これは，感情が特定の問題に対処するのに最適な身体的準備や心理的準備を整える役割を果たしているということである。たとえば，怒りが喚起されると全身が熱くなる，心拍が速くなるなどの身体的準備が整うと同時に，闘争に向けた心理的準備が整う。感情は個体を「いても立ってもいられない」主観的情感におき，個体がそれまでどんな活動に従事していてもその活動に割り込み，現在直面している問題に優先的に注意を向けさせる（遠藤，1995）。このような生物学的機能によって，感情は個体の生き残りや繁殖を保障している。

　もう1つの機能は，社会的機能である。これは，感情が個体間でのコミュニケーションを進行させる役割を果たしているということである。ケルトナーら（Keltner et al., 1999）は二者間における感情の社会的機能として3つの機能を挙げている。第1に，感情表出を通して，他者に自分の感情や信念，意図を知らせるという情報付与機能である。第2に，他者に補足的で相互的な感情を引き起こすという感情誘発機能である。第3に，他者の行動を喚起したり抑制したりするという行為喚起機能である。このような社会的機能によって，感情は人と人との間をつなぎ，調整する役割を果たしているのである。

III　感情の分化・発生としての感情の発達

　感情の発達を考える際の重要なテーマの1つに，感情の分化・発生をどのように捉えるかということが挙げられる。ここでは感情の分化・発生に関する代表的な2つの考え方を紹介する。

　1つは，個別感情理論（discrete emotion theory）の考え方である。これは，私たちには生得的に分化している基本感情（basic emotion）が備わっており，それらは文化を超えて普遍的なものであるとする考え方である。基本感情の数や種類

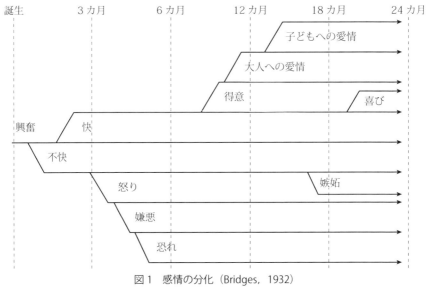

図1 感情の分化 (Bridges, 1932)

は研究者によって異なるが，イザードら (Izard et al., 1987) は基本感情として，興味 (interest)，喜び (joy)，驚き (surprise)，怒り (anger)，嫌悪 (disgust)，軽蔑 (contempt)，恐れ (fear)，恥 (shame) の8種類の感情を挙げている。しかし，誕生時に見られる表情表出は興味と嫌悪の2種類であり，驚き，悲しみ，怒り，恐れは生後7カ月頃に出現するとしている。このように基本感情の中には誕生時から表情表出によって出現が確認されるものと，成熟に伴って発達のある時期において出現するものとがあるが，いずれの感情も誕生時には完成体としてすでに備わっていると考えられている。

もう1つは，発達初期において個々の感情の分化はそれほど明確ではなく，個体発生のプロセスに沿って徐々にさまざまな感情が構成されていくとする考え方である。たとえば，ブリッジス (Bridges, 1932) は，感情は発達初期には未分化な興奮状態であり，それが徐々に枝分かれして分化していくとした (図1)。図1からわかるように，最初に分化していくのは怒り，嫌悪，恐れなどの否定的な感情であり，得意，愛情などの肯定的な感情はそれよりも遅れて分化していく。

一方，ルイス (Lewis, 1993) は，感情は運動や認知，自己の発達と密接に絡み合いながら漸次的に分岐・構成されていくという立場に立ち，成人の感情の大部分が出現し，発達する時期である生後3年間の感情発達を示している。図2には，ブリッジスと同様に，誕生時には快と苦痛という双極的な感情構造が見られ

第6章 感情の発達

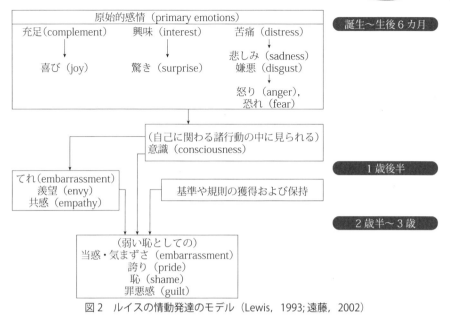

図2 ルイスの情動発達のモデル（Lewis, 1993；遠藤, 2002）

る。しかし，ルイスは環境への注意や興味は誕生時から見られることから興味を独立したものとして捉え，充足，興味，苦痛の3つを原始的感情として仮定している。その後，生後6カ月頃までに現れる喜び，驚き，悲しみ，嫌悪，怒り，恐れを一次的感情とし，1歳半を過ぎて自己意識が発達することで現れる感情を二次的感情として明確に区別している。

二次的感情の中でも，1歳半を過ぎて自己意識が発達することで生じるてれや羨望，共感を自己意識的感情（self-conscious emotions）としている。一方，2歳頃に自己評価（ある基準やルールと照らし合わせて自分の行動を評価すること）が発達することで生じる当惑・気まずさや誇り，恥，罪悪感は自己評価的感情（self-conscious evaluative emotions）としている。このようにそれぞれの感情は，生物学的な成熟や認知発達，社会化などの影響を受けて徐々に分岐・構成されていくと考えられている。

IV 感情に関する知識やスキルの獲得としての感情の発達

ここまで，感情の分化・発生としての感情の発達について述べてきたが，これらは比較的初期の感情の発達に関する議論にすぎない。感情の発達には，さまざ

感情知性
- 感情の制御・管理
  - 正負両方の感情に開かれた態度をもっていること
  - 状況に応じて感情に関与したり離れたりする能力
  - 自分や他者の感情を振り返ってチェックする能力
  - ネガティブな感情を緩和したりポジティブな感情を高めたりして，自分や他者の感情をうまく扱う能力
- 感情の理解・推論
  - 感情にラベリングを行い，その単語と感情との関係を理解する能力
  - 感情がどのような意味を伝達するかを理解する能力
  - 同時に複数の感情が生じることや複数の感情が混じり合うことなど，複雑な感情を理解する能力
  - どのような感情がどのような感情へ移行しやすいかを理解する能力
- 感情による思考の促進
  - 感情が重要な情報に注意を向けさせることによって，思考を優先させること
  - 感情に関する記憶や判断をする際の手助けをするのに十分なほど，感情が鮮明で利用可能であること
  - 気分が変わることによって考え方も変化すること
  - 感情状態によって問題への取り組み方が異なること（e.g., 喜びが帰納的推論や創造性を促進する）
- 感情の知覚・同定
  - 自分の感情を知覚・同定する能力
  - 他者の感情を知覚・同定する能力
  - 感情や感情的なニーズを表出する能力
  - 感情表出の真偽を区別する能力

図3　感情知性（Mayer et al., 1997; 遠藤，2013より作成）

まな感情を経験するようになっていくということだけでなく，どのような場面でどのような感情を経験するのか，どのような場面でどのように感情を表出するのかなど，社会の中で生活していくために必要とされる感情に関するさまざまな知識を獲得すること，そしてそれを適切に使用することができるようになっていくことも含まれると考えられる。このような感情に関する知識やスキルは，感情知性（emotional intelligence）や感情コンピテンス（emotional competence）という概念で説明されている。メイヤーら（Mayer et al., 1997）は感情知性を「感情を知覚し，思考を促進するように感情にアクセスして感情を喚起し，感情や感情に関する知識を理解し，感情的にも知的にも成長を促進するように感情を反省的に制御する能力」と定義している。そして，メイヤーらは感情知性を4本の枝に見立てて概念化し，より低次の（基本的な）心理的過程からより高次の心理的過程へと4つの構成要素が階層をなしていると仮定した（図3）。

それでは，感情コンピテンスや感情知性に示されているような感情に関するさ

第6章　感情の発達

まざまな知識やスキルはいつ頃，どのように獲得されるのだろうか。ここでは，感情制御，感情理解，感情表出に分けてその発達を見ていく。

■ V　感情制御の発達

　発達の早い段階では，さまざまな不快や苦痛に自分で対処することは難しい。そのため，養育者が子どもに対して不快や苦痛を取り除くように働きかけることで，子どもの不快や苦痛は低減される。このように感情を低減させたり増大させたりして制御することを感情制御（emotional regulation）という。感情制御には，感情の内的経験的側面を制御の対象とするものと，感情の行動・表出的側面を制御の対象とするものが含まれる。たとえば，怒りの感情を経験している場合，何か気晴らしをすることで怒っているという主観的状態を低減させることがあるだろう。これが，感情の内的経験的側面の制御である。一方，怒りは感じながらも，怒りの表情や怒りを感じさせる言動をしないようにすることもある。これは，感情の行動・表出的側面の制御にあたる。

　コップ（Kopp, 1989）によると，誕生後すぐの乳児は，頭を回す，手を口にやる，指を吸うなどの偶然生じたみずからの反射行動によって不快状態や苦痛状態を変える。生後3カ月頃になると，苦痛を緩和する手段が増え，興味のあるものを見る，不快な刺激から視線をそらすなどの行動によって，感情を制御するようになる。その後，養育者や自分が自分の感情に影響を及ぼしうることがわかるようになると，子どもは養育者に対して泣きなど自分の感情についてのシグナルを送ることによって感情制御を図るようになる。

　生後1年目の終わり頃になると，子どもは否定的な感情状態を養育者により明確に伝えられるようになり，またその欲求が満たされたかどうかも明確に伝達できるようになる。この頃になると，養育者は明示的あるいは暗示的なメッセージを用いて子どもに感情制御を教え，促すということもするようになる。

　1, 2歳になると，さまざまな認知発達により，感情は自分の行動によって制御可能であることを理解するようになる。また，制御すべき感情が生じる原因を認識しており，その原因を変化させたり取り除いたりすることによって感情を制御しようとする。さらに言語発達によって，子どもは自分の気持ちを他者に伝えたり，他者がどんな気持ちなのかを理解したりするようになる。また，どうしたら自分の感情を制御することができるかも理解するようになる。

　このように，乳児期の感情制御は，養育者が子どもに直接働きかけることによ

って子どもの感情を制御するという特徴がある。幼児期になると，養育者は子どもの感情制御を担うのではなく，子どもが自分で感情制御ができるように支援を行うようになり，子どもは自律的な感情制御が可能になっていく。

Ⅵ　感情理解の発達

　生後9カ月頃になると，乳児は自分がどのように行動したらよいかわからないような曖昧な事象に遭遇したときに，それに対処するために他者の感情表出を参照し，それを手がかりとして自分の行動を決定しようとする。これは社会的参照（social referencing）と呼ばれる。この時期の乳児は，他者の表情などの感情表出がどのような意味をもつのかを理解していると考えられる。

　言語発達が進むと，子どもは自分や他者の感情について言葉で理解したり表現したりするようになり，感情理解も顕著に発達していく。まず，3歳頃になると，喜びや悲しみ，怒りなどの感情がどのような表情と対応するかなどの感情と表情との結びつきをかなり理解できるようになる。

　また，3歳児から5歳児にかけて状況から感情を適切に推測できるようになること（菊池，2006），実際の生活場面においても，4～6歳までに友達の否定的情動の原因を説明できるようになること（Fabes et al., 1988）から，5, 6歳頃になると，感情と状況との結びつきも理解できるようになる。

　しかしながら，対人場面においては，同様の状況におかれても人によって異なる感情が喚起される場合もある。感情を推測する際に状況情報と特性情報（e.g., 好み）をどのように利用するかを調べた研究では，年少児と年中児では6割以上が状況のみに基づいて感情を推測するのに対して，年長児では状況に加えてその人の特性も考慮して感情を推測する子どもが多いことが示されている（朝生，1987）。このように，最初は状況と感情とは一対一対応の関係にあると理解しているが，その後，状況だけでなくその人の特性なども含んだ複数の情報に基づいて感情を理解できるようになっていくと考えられる。

　児童期に入ると，欲求や信念などさまざまな要素を統合したより複雑な感情理解が可能になる。たとえば，お誕生日にお父さんがケーキを買ってきてくれる状況において怒りの表情をしているという状況と表情とが矛盾する場面において，「チョコレートケーキを買って来てと頼んだのに，イチゴのケーキだったから怒っている」というように状況と表情の両方の手がかりを統合した感情理解は，小学1年生頃から見られるようになる（笹屋，1997）。

第6章　感情の発達

■ VII　感情表出の発達

　1～2歳頃になると不快な感情を表出することで身近な大人から援助を引き出そうとする行動が見られるようになる。たとえば，恐れや怒りを喚起する状況におかれた24カ月児は，恐れや怒りよりも悲しみを多く表出し，さらに母親の方を見ているときだけ悲しみを多く表出する（Buss et al., 2004）。泣きを含む悲しみの表出は養育者から援助や慰めを引き出すため，おおげさに泣くなどの感情表出は日常生活においてよく行われる。このように，状況に応じた情動表出は乳児期から可能であるが，この時期の感情表出は他者から何らかの行動を引き出すというような道具的な機能をもつものであると考えられる。その一方で，感情表出は年齢の増加ともに社会的な機能ももつようになっていく。

　感情表出はそれを知覚する人に，それを発した人の感情や信念，意図などの心的状態についての多くの情報を与えるが，日常生活において私たちは自分の感情を包み隠さず表出しているわけではない。感情を感じたままに表出することは，他者との関係の確立や維持に否定的な影響を及ぼしたり，その人が所属する社会・文化における規範に反したりする可能性がある。そのため，感情表出をその場に適切な質や量へと調節することが必要になる。表示規則（display rule）とはエクマンら（Ekman et al., 1969）が提唱した概念であり，たとえば「人からプレゼントをもらったら，たとえそれが気に入らないものであっても，がっかりした表情をしない」などのように，どのような場面でどのような感情表出をすべきであるかというような感情表出を管理するガイドラインである。この表示規則は，他者との関わりの中で学習されていく。表示規則には，①最小化（実際の感情よりも弱めて表出する），②最大化（実際の感情よりも強めて表出する），③マスキング（実際の感情ではなくニュートラルな表出をする），④代用（実際の感情とは異なる感情を表出する）という4つの方略がある（Ekman et al., 1969）。

　この表示規則に従った感情表出について実験的に検討したのがコール（Cole, 1986）である。コールは，子どもが「期待はずれのプレゼント」（a disappointing gift）をもらうという課題を設定し，そのときの子どもの感情表出を観察した。その結果，3, 4歳児でも「期待はずれのプレゼント」を受け取ったときにプレゼントの贈り主の前ではネガティブな感情表出を抑制することが明らかになった。つまり，3, 4歳児でも「人からプレゼントをもらったら，たとえそれが気に入らないものであっても，がっかりした表情をしない」という表示規則に従って感情表

87

出を行うのである。

　一方，感情表出を抑制することが求められるような仮想場面を用いた研究では，6歳頃になると実際の感情とは異なる表情をすると理解するようになること，実際の感情とは異なる表情をすることによって他者が誤った信念をもったり他者から特定の行動を引き出したりすることについても理解するようになる。たとえば，内田（1991）は期待はずれのプレゼントをもらうという仮想場面において，実際の感情とは異なる表情をする理由を尋ねた。その結果，「がっかりした顔をしたらプレゼントの贈り主が悲しい気持ちになる」など自分の感情をそのまま表出した場合の相手の気持ちに関する理由づけが5歳後半から6歳前半にかけて可能になること，それ以前は「大人がくれたものはもらう」というようなスクリプト的な理由づけが多いことを明らかにした。

　このように，表示規則に従った感情表出は3，4歳頃から可能であるが，最初は自分の感情表出が他者の感情や信念，行動にどのような影響を及ぼすかという理解に基づいてなされているわけではない。この時期は，「プレゼントをもらったらいつでも微笑む」というような単純なルールに従って，手続き的・スクリプト的に感情表出がなされていると考えられる。それが5，6歳頃になると，実際の感情と感情表出とは必ずしも一致しないことや，自分の感情表出が他者に及ぼす影響などを理解できるようになるため，それらを考慮したうえで感情表出をするようになると考えられる。したがって，幼児期後期頃にはかなり意識的，意図的な感情表出が行われるようになっていく。

　幼児期後期や児童期になると，どのような場面においてどのような感情表出を行うかは，その動機の影響を受けるようになる。感情表出を抑制する動機に関しては，おもに2種類の動機について研究がなされてきた。1つは，相手を傷つけたくないなど他者を守ることを目的とする向社会的動機（prosocial motives）である。もう1つは，自分が傷つきたくないなど自分を守ることを目的とする自己防衛的動機（self-protective motives）である。たとえば，幼児は向社会的動機場面よりも自己防衛的動機場面の方が偽りの悲しみ表出をする（実際は悲しくないのに悲しみの情動表出をする）と理解していることが示されている（溝川，2007）。一方，児童は自己防衛的動機場面よりも向社会的動機場面の方が感情表出を抑制すると理解していることが示されている（Gnepp & Hess, 1986）。また，児童は両親よりも友達に対して感情表出を抑制すると理解している（Zeman et al., 1996）というように，感情表出をする相手との関係によっても異なる感情表出がなされるようになる。

第6章 感情の発達

 これらの感情表出は,実際の感情の表出を抑制し,それとは異なる感情表出をするものであり,エクマンら（Ekman et al., 1969）が示した方略のうち「最小化」「マスキング」「代用」にあたる。しかしながら,日常生活においては「最大化」のように実際の感情よりも強めて感情表出を行うこともある。このような,主張的な感情表出も幼児期後期に発達することが明らかになっている。平川（2014）は年中児,年長児,小学1年生を対象に,主人公が友達から被害を受ける状況で,主人公が友達に加害行為をやめてほしいと伝えたいという動機をもっているという仮想場面を提示し,主人公はどんな表情をするかを尋ねた。その結果,年中児から年長児にかけて怒りの主張的な感情表出をするようになると理解していること,また小学1年生頃になると表情と言語という感情表出の2つのモダリティの相補的な関係を理解し,感情表出を行うようになると理解していることが示されている。

 このように,幼児期から児童期にかけては抑制的な感情表出だけでなく,主張的な感情表出もまた行われるようになっていく。また,表情や言語など複数のモダリティ間でバランスをとりながら感情表出を行うようになっていく。状況や相手,動機など複数の要因を考慮した柔軟な感情表出が可能になっていくといえるだろう。

VIII 感情と社会性の発達

 これまで述べてきたように,私たちは年齢とともにさまざまな感情を経験するようになり,感情に関するさまざまな知識やスキルを獲得していく。このような感情の発達は,社会的なルールを守って行動したり,他者と対立するような場合でも協調的に問題を解決したりするなど,道徳性や協調性などと関連すると考えられる。

 道徳的な行動や判断をするためには,善悪を判断する規範,社会的なルール,公平性などさまざまな基準や規則を獲得することが必要となる。たとえば,チュリエル（Turiel, 1983）は,道徳的な行動や判断の基盤となる社会的認知は,道徳領域,社会的慣習領域,個人領域という3つの独立した思考領域から構成されるとする社会的領域理論を提唱した。この理論によると,道徳領域は盗みや暴力のようにその行為自体に善悪を規定する要素があるため,社会的文脈や他者の期待,規則とは無関係に良い,悪いが判断される。一方,社会的慣習領域は,その行為自体には善悪を規定する要素はなく,特定の社会や文化にある規則に従って

良い，悪いが判断される。幼児の規範意識について検討した森川ら（2016）は，3歳から4，5歳にかけて道徳の違反（e.g., 人に砂を投げる）や社会的慣習の違反（e.g., 公園にゴミを散らかす）など社会規範を明確に理解するようになること，幼児では道徳の違反と社会的慣習の違反に対して異なる理由づけを行うことを示した。

　一方で，とりわけ共感や恥，罪悪感などの感情は，道徳的な行動や判断を動機づけるものとして，道徳性の発達において非常に重要な役割を果たしているといわれている。たとえば，6歳児になると違反に対する責任を受容し，被害者に対して罪悪感を認識して，誠実な謝罪をすることが可能になる（中川ら，2005）。

　以上のように，ある種の基準や規則を獲得することで生じる感情がある一方で，ある種の感情が社会的行動を制御するというように，感情と社会性は密接に関連し合いながら発達していくと考えられる。

◆学習チェック
□　感情の生物学的機能と社会的機能について理解した
□　基本感情と自己意識的感情について理解した。
□　表示規則について理解した。

より深めるための推薦図書

エクマン Ekman, P.・フリーセン Friesen, W. V.（工藤力監訳）（1987）表情分析入門—表情に隠された意味をさぐる. 誠信書房.

遠藤利彦（2013）「情の理」論—情動の合理性をめぐる心理学的考究. 東京大学出版会.

ルイス Lewis, M.（高橋惠子監訳）（1997）恥の心理学—傷つく自己. ミネルヴァ書房.

長谷川真里（2018）子どもは善悪をどのように理解するのか？—道徳性発達の探究. ちとせプレス.

文　　献

朝生あけみ（1987）幼児期における他者感情の推測能力の発達—利用情報の変化. 教育心理学研究, 35; 33-40.

Bridges, K. M. B.（1932）Emotional development in early infancy. *Child Development*, 3; 324-341.

Buss, K. A. & Kiel, E. J.（2004）Comparison of sadness, anger, and fear facial expressions when toddlers look at their mothers. *Child Development*, 75; 1761-1773.

Cole, P. M.（1986）Children's spontaneous control of facial expression. *Child Development*, 57; 1309-1321.

Ekman, P. & Friesen, W. V.（1969）The repertoire of nonverbal behavior: Categories, origins, usage, and coding. *Semiotica*, 1; 49-98.

遠藤利彦（1995）．乳幼児期における情動の発達とはたらき．In：麻生武・内田伸子編：人生への旅立ち―胎児・乳児・幼児前期（講座生涯発達心理学2）．金子書房，pp. 82-98

遠藤利彦（2002）発達における情動と認知の絡み．In：高橋雅延・谷口高士編：感情と心理学―発達・生理・認知・社会・臨床の接点と新展開．北大路書房，pp. 2-40.

遠藤利彦（2013）「情の理」論―情動の合理性をめぐる心理学的考究．東京大学出版会．

Fabes, R. A., Eisenberg, N., McCormic, S. E. et al.（1988）Preschoolers' attributions of the situational determinants of others' naturally of emotions. *Developmental Psychology*, 24; 376-385.

Gnepp, J. & Hess, D. L.（1986）Children's understanding of verbal and facial display rules. *Developmental Psychology*, 22; 103-108.

平川久美子（2014）幼児期から児童期にかけての情動の主張的表出の発達―怒りの表情表出の検討．発達心理学研究，25; 12-22.

Izard, C. E. & Malatesta, C. Z.（1987）Perspectives on emotional development: Differential emotions theory of early emotional development. In: J. D. Osofsky (Ed.): *Handbook of Infant Development*, 2nd Edition. Wiley, pp. 495-554.

Keltner, D. & Haidt, J.（1999）Social functions of emotions at four levels of analysis. *Cognition & Emotion*, 13; 505-521.

菊池哲平（2006）幼児における状況手がかりからの自己情動と他者情動の理解．教育心理学研究，54; 90-100.

Kopp, C. B.（1989）Regulation of distress and negative emotions: A developmental view. *Developmental Psychology*, 25; 343-354.

Lewis, M.（1993）The emergence of human emotions. In: M. Lewis & J. M. Haviland (Eds.): *Handbook of Emotions*. Guilford Press, pp. 223-235.

Mayer, J. D. & Salovey, P.（1997）What is emotional intelligence? In: P. Salovey & D. J. Sluyter (Eds.): *Emotional Development and Emotional Intelligence: Implications for Educators*. Basic Books, pp. 3-31.

溝川藍（2007）幼児期における偽りの悲しみ表出の理解．発達心理学研究，18; 174-184.

森川敦子・渡辺大介・畠山小百合ら（2016）子どもの規範意識の発達に関する研究―幼児の善悪判断の理由付けに焦点づけて．比治山大学紀要，23; 121-131.

中川美和・山崎晃（2005）幼児の誠実な謝罪に他者感情推測が及ぼす影響．発達心理学研究，16; 165-174.

笹屋里絵（1997）表情および状況手掛かりからの他者感情推測．教育心理学研究，45; 312-319.

Turiel, E.（1983）*The Development of Social Knowledge: Morality and Convention*. Cambridge University Press.

内田伸子（1991）子どもは感情表出を制御できるか―幼児期における展示ルール（display rule）の発達．日本教育心理学会第33回総会発表論文集，109-110.

Zeman, J. & Garber, J.（1996）Display rules for anger, sadness, and pain: It depends on who is watching. *Child Development*, 67, 957-973.

第7章

気質と性格の発達

糠野亜紀

Keywords 気質，性格，気質の次元，気質の安定性，ニューヨーク縦断研究，乳児行動質問表（IBQ-R），新生児行動評価（BNBAS），自己記入式質問紙（TCI），ビッグファイブ

I 性格とは

　その人特有の性質を表す用語として「性格」や「人格」という言葉が使われる。「性格」（character）という言葉は，「刻み込む，彫り込む」というギリシャ語が語源となっている。一方，「人格」（personality）という言葉は，演劇などで使用された仮面を意味する，ラテン語のペルソナ（persona）に由来するといわれている。語源から考えると，「性格」は「刻み込む」という言葉からも，「あまり変化しない，一貫しているその人の行動傾向」という意味合いを含んでいる。「人格」は「仮面」という語源からもわかるように，ある程度の一貫性をもちながらも，職業や立場などの影響を受け，生活の場で表面に現れている自分という意味合いが含まれている。しかし，「性格」「人格」という2つの言葉を厳密に区別するのは難しく，ほぼ同じ意味で用いられることが多い。

　「人格」という言葉には「徳のある人」「品格」といった価値的な意味が含まれることから，心理学では，性格という訳語に比べて人格という訳語の使用が減っている。また，同じような現象や構造が研究者によって「パーソナリティ」といわれたり「性格」といわれたりするなど，心理用語として用いられる場合の意味合いは大きく違わないことからも，「パーソナリティ」とカタカナ表記されることが多くなった[注1]（渡邊，2013）。

　人それぞれの心理的特性である「パーソナリティ」に関して明確に定義されているわけではないが，研究者で共通している点としては，①環境への適応機能に

注1）　ただし，公認心理師カリキュラム等検討会報告の到達目標では，「人格」と表記されている。

関する全体的な特徴で，②知能・感情という要素も含み，③さまざまな状況においてある程度一貫性をもち[注2]，④時間の経過によって，大きく変化はしない[注3]と考えられている（木島，2000）。

ⅠⅠ 気質とは

　生まれて間もない新生児であっても，そこには個性が存在する。寝ている時間の長さの違いや，泣きの強さなどにも違いがある。少しの物音でも目を覚ます新生児もいれば，少々の音では目覚めない新生児もいる。新生児や乳児であっても，行動特徴においてさまざまな側面で個人差が見られる。こうした乳幼児の行動上の個人差を「気質」（temperament）という概念で考えるようになった。生後の「環境」にほとんど触れていない段階における行動の特徴は，生得的で生物学的な基礎に基づくものという考え方が基本になっている。

　しかし，発達初期における子ども自身がもつ個人差要因に関心がもたれ，実証的な研究が始まったのは，比較的近年のことで，1960年代以降活発に展開されるようになった。気質を捉える視点として，どれほど活発に活動するかという「活動性」，泣きや笑いの強さや泣きやすいかどうかなどの「情緒性」が取り上げられることが多い。つまり，生まれて間もない頃から見られるその子なりの行動特徴や情動的特徴である。生得的な基盤をもつ個人の行動特徴であり，時間が経過してもある程度の一貫性をもつと考えられているが，養育者などの「重要な他者」との関係や，家庭や地域などの「社会環境」との相互作用によって影響を受け，気質は変容していく。菅原（2002）は，「環境から一方的にパーソナリティを刻み込まれる存在から，発達初期より行動特徴に関する『初期値』をたずさえて登場し，環境との相互作用の中でより能動的にパーソナリティを形成していく存在へと乳児観が変化」してきていると述べている。こうして形成されるのが，その人独自の性格である。

　多くの研究者による気質の定義から考えると，「①比較的安定的で，パーソナリティ特性の根幹をなす」「②幼少期の早い段階から現れる」「③動物研究において対応関係をもつ行動特性がある」「④自律神経系や内分泌系といった生理学的反応もしくは大脳生理学的，遺伝的な諸要因と関連している」「⑤人生経験などの環境刺激と遺伝子型の相互作用によって変化する」という特徴が挙げられる（高

　　注2）　通状況的一貫性（cross-situational consistency）。
　　注3）　継時的安定性（temporal stability）。

橋，2013）。

III 気質に対する考え方と測定する方法

上述したように，乳児期における気質はその後の発達において環境との相互の関係の中で影響し合いながら変化しつつ，のちの性格を形成する基礎となる。気質を捉える視点としていくつかの研究を紹介する。

1．トマスとチェスの考え方と測定方法

トマス Thomas とチェス Chess は，生後 2, 3 カ月の乳児の親に面接調査を実施して，その内容から，気質の側面として 9 つの次元を示した。140 人以上の行動特徴のデータをもとに，縦断的に行われた研究である（ニューヨーク縦断研究：New York Longitudinal Study）。彼らは，子どもの行動に見られる個人差を気質として概念化し，何ができるかという能力や，なぜ行動するかという動機の問題ではなく，どのように行動するかという子どもの現象学的な行動スタイルや行動的個性に着目している（トマスら，1981）。

測定尺度は，睡眠や排泄といった生理的特徴や，訪問者や医者などのへの反応といった対人的な様子，光や音への反応といった敏感さなど，乳児の日常生活全般にわたる項目について被験児の行動様式を尋ね，回答内容の分析から 9 つの気質次元を設定した。表 1 はその 9 つの次元を示している。

トマスとチェスは子どもが示す 9 つの次元について観察し，その程度によって，3 つのタイプに分類した。すなわち，「扱いやすい子どもたち」（easy children），「時間がかかる子どもたち」（slow-to warm-up children），「気難しい子どもたち」（difficult children）の 3 つである。

3 つのタイプに見られる各次元の程度を表 2 に示している。「扱いやすい子どもたち」の特徴は，授乳時間や回数，寝る時間や夜中に起きる時間など生理的なリズムが安定しており，環境が変わってもあまり泣かず，気分が安定していてあまりぐずらない。トマスとチェスの研究では，約 40％の子どもがこのタイプであった。「時間がかかる子どもたち」の特徴は，行動を始めるのに時間がかかったり，新しい環境へ慣れるのに時間がかかる。約 15％の子どもがこのタイプであった。最後の「気難しい子どもたち」は，泣きが激しく，お風呂や食事をすると泣いて嫌がり，寝たり起きたりする時間のように生理的なリズムが不規則である。約 10％の子どもがこのタイプであった。

第7章　気質と性格の発達

表1　トマスとチェスによる乳児の気質分類（鈴木，1990; 三宅，1990をもとに筆者が作成）

9次元	内容
1　活動水準	活動している時間とじっとしている時間の割合
2　周期性	空腹や排泄，睡眠や起きている時間の規則性
3　散漫度	どの程度の外的刺激で，いましている行動をやめたり変化させたりするか
4　接近・逃避	新しい状況や刺激（おもちゃなど）への反応
5　順応性	環境の変化に対する適応（4の場合に慣れやすいかどうか）
6　注意の範囲と持続性	1つの行動を継続する時間の長さ
7　反応の強さ	泣く・笑うなど反応の激しさ（内容や質は無関係）
8　反応の閾値	反応を引き起こす刺激の強さ
9　気分の質	友好的・快・喜びなどを示す行動や気分の表出と悲しみ・不機嫌さを示す行動や気分の表出

表2　気質によるタイプ分類と特性（鈴木，1990; 三宅，1990をもとに筆者が作成）

9次元	扱いやすい（easy）	時間がかかる（slow-to warm-up）	気難しい（difficult）
1　活動水準	不定	低度　または　中	不定
2　周期性	非常に規則的	不定	不規則
3　散漫度	不定	不定	不定
4　接近・逃避	積極的に接近	初期の逃避	逃避
5　順応性	非常に順応的	時間をかけて順応	時間をかけて順応
6　注意の範囲と持続性	高　または　低	高　または　低	高　または　低
7　反応の強さ	弱　または　中	中	強
8　反応の閾値	強　または　弱	強　または　弱	強　または　弱
9　気分の質	陽性	やや陰性	陰性

2．バスとプロミンの考え方と測定方法

　バス Buss とプロミン Plomin は，生まれて間もない新生児の行動面の個人差には遺伝が強く影響していると考えている（行動遺伝学的アプローチ）。一卵性双生児は遺伝学的に遺伝子が同じである。一方，二卵性双生児は遺伝学的にはきょうだい程度の差がある。彼らはこのような双生児の特質を利用して，双生児法などを用いて研究している。彼らによると，気質は発達初期に現れる生得的（遺伝

的）な個人差であり，後のパーソナリティ特性の基盤となるものである。

バスとプロミンは，3つの気質の次元（EAS）を基本特性として考えた。子どもの発達に影響する気質の特性として，①いらだってぐずりやすいとか怒りっぽいという情緒性(Emotionality)，②動作が活発であるか否かという活動性(Activity)，③他者と一緒にいることを好む社会性(Sociability)の3つを重視し，この3つの気質がアタッチメントの形成に関係すると考えている（大藪，1992；水野 2002）。

3．ロスバートとデリベリの考え方と測定方法

ロスバート Rothbart とデリベリ Derryberry は，生後すぐの行動面の個人差は大脳の神経システムの個人差に関係していると考える（神経生理学的アプローチ）。気質を大脳という体質の個人差として捉え，環境からの刺激に対する身体の反応や内分泌系や自律神経系の反応に着目している。

彼らは，気質として，第1に環境の変化に対してどのように反応するかという反応性（reactivity）を考えている。これは，表情のような身体系，アドレナリンの分泌などホルモンに関する内分泌系，脈拍が速くなるなど自律神経系の反応である。第2に，この反応の活動を自分でどれほど調整できるかという自己制御性（self-regulation）を考えている。刺激に対する接近や回避の行動や注意を向けたりそらしたりする行動である。

この考えに基づき，オリジナルの行動チェックリスト（Infant Behavior Questionnaire：IBQ）では6つの気質次元を表す尺度が考えられ，後の研究成果を踏まえた14の気質の次元でIBQ-Rが作成された。その日本語版が「乳児行動質問表（IBQ-R）」である（表3；中川ら，2005）。各次元11～18項目，合計191項目で構成され，養育者が乳児の最近1週間の様子について「まったく見られなかった」から「いつも見られた」までの7段階で評価する方法である。日本語版とアメリカ版（原版）とでは因子分析の結果が異なることから，気質の測定には育児環境に関する文化の違いに配慮をすることが重要であるといえよう。

4．ブラゼルトンの考え方と測定方法

ブラゼルトン Brazelton は生まれたばかりの赤ちゃんにも個性があると考え，これを気質としている。そして，個人差を客観的に評価することを目的として，生後1カ月以内の新生児にも実施できる尺度「新生児行動評価（NBAS：Neonatal Behavioral Assessment Scale）」を作成した。この尺度は，新生児を対象に28の行動項目と18の神経学的検査（誘発反応）から検査する方法である。初期のNBAS

第 7 章　気質と性格の発達

表 3　IBQ-R の気質次元とその項目内容の一部（中川ら，2005 より作成）

気質次元		項目の一部	
1	活発さ	睡眠中，ベビーベッドの中央から端の方へ移動する	湯船に入れられた時，体をひねったりもがいたりする
2	制限	昼寝のとき，寝つく前に泣いたりぐずったりする	顔を洗ってもらう時，ぐずったり泣いたりする
3	恐れ	親の見かけが変わった時，泣いたり不安そうにする	よく知らない大人と顔をあわせた時に，親にしがみつく
4	持続	絵や写真を 2-5 分間，ずっと見ている	絵本を見ている時，お話を読んでいる間，ほとんど注意を向けている。
5	笑い	遊んでいる時に声をあげて笑う	服を着替える時，ほほえんだり笑ったりする。
6	強刺激	荒っぽい遊びをしてもらうと喜ぶ	高い高いをしてもらった時，笑う
7	弱刺激	歌を歌ってもらうと喜ぶ	暖かい毛布にくるまれると喜ぶ
8	なだめ	赤ちゃんを抱いて揺すった時，すぐになだめることができた	赤ちゃんに何かを見せた時，なだめるのに 10 分以上かかった
9	回復	昼寝をさせる時，すぐに寝つく	欲求が充たされない時，5 分以内に落ち着く
10	接触	抱かれている時，そり返ったり，足をバタバタさせたりする	抱いて歩く時，楽しそうにしている
11	敏感	遊んでいる時，電話が鳴ると，顔を上げる	遠くで鳴っている消防車や救急車のサイレンに注意を向ける
12	悲しみ	疲れた時，泣きそうになる	他の赤ちゃんが泣いているのを見た時，涙ぐむ
13	接近	欲しいおもちゃを見かけた時，すぐにそれを欲しがる	目新しいものに飛びつく
14	声	頭を洗ってもらう時，声をあげる	あなたが話しかけた時，赤ちゃんも話しているような声をあげる

は 27 の行動項目と 20 の反射項目であったが，未熟児やハイリスク児なども対象としたことから，現在の観察項目となっている。

　行動項目の例としては「検査中に笑顔を見せた回数や手を口に持っていく回数」，誘発反応の例としては「ガラガラの音やベルの音に対する新生児の反応を見る」といったものがある。統計処理のときにはクラスター法が有用で，行動項目と神経学的検査項目を 7 つのクラスターに分類し，クラスターごとに比較研究するものである（表 4）。新生児の行動は意識レベルとの関係が深く，対象児の状

表4　NBASのクラスターとその意味づけ（稗山ら，1996より作成）

慣れ反応	睡眠中の刺激に対する反応と抑制の能力　例：光に対する反応
方位反応	視覚刺激や聴覚刺激への注意力の能力　例：ガラガラに対する反応
運動	運動の質と筋肉の緊張を評価　例：座位への引き起こし
状態の幅	検査を通しての睡眠状態および覚醒状態の維持や変化のしやすさ
状態調整	状態のレベルを下げる能力や環境に反応する能力　例：なだめ
自律神経系の安定性	自律神経系に対するストレスの徴候　例：皮膚の色
誘発反応	異常反応の量　例：緊張性頸反射

表5　新生児の状態分類（菅原，2003より作成）

状態	新生児の様子
状態1　規則的睡眠（regular sleep）	深い睡眠，規則的な睡眠
状態2　不規則睡眠（irregular sleep）	浅い睡眠，不規則な睡眠
状態3　まどろみ（drowsiness）	まどろんだ状態
状態4　静かな覚醒（alert inactivity）	活発な動きは見られない状態
状態5　覚醒した活動（waking activity）	活発に動いている状態
状態6　泣き（crying）	声をあげて泣いている状態

態（state：ステート）によって刺激の受け方や反応が異なる。したがって，対象児の状態を「睡眠状態（状態1〜状態3）」と「覚醒状態（状態4〜状態6）」の6段階に分類して評価するようになっている（表5）。

5．クロニンジャーの考え方と測定方法

クロニンジャーCloningerは，さまざまな精神疾患とパーソナリティの関連を，神経学的・遺伝学的な観点から分析し，気質（temperament）と性格（character）がパーソナリティを構成すると考えた。クロニンジャーのパーソナリティ7次元モデルは，気質4次元と性格3次元を下位次元として想定している。

彼の理論における「気質」とは，刺激に対する自動的な情緒反応に見られる傾向であり，遺伝的要因が強い。認知記憶や習慣形成の際に，前概念的バイアスとして働き，幼少期の経験によって個々人のシステムを構成すると考えている。気質の4次元は，①行動の触発（新規性追求），②抑制（損害回避），③維持（報酬依存），④固着（固執）である。一方，「性格」は，自己概念の洞察学習によって成人期に成熟し，個人や社会の有効性に影響を与えると考えた。性格の3次元は，①自律的自己（自己志向），②人類社会の統合的部分（協調），③全体としての宇宙の統合的部分（自己超越）である。

第7章 気質と性格の発達

気質は自己洞察学習を動機づけ、それによって性格が変容し、また、性格が気質を調整する。パーソナリティは、気質と性格が相互に影響し合い発達すると仮定されている。これらの考えをもとにした自己記入式質問紙（Temperament and Character Inventory：TCI）を開発した。木島ら（1996）による「日本語版TCI」もある。

IV 気質の安定性

1．気質が安定していること

生まれて間もない新生児期の気質と、その後の気質の連続性について、どのように考えればいいのだろうか。これは「気質の安定性」の問題として考えられてきた。

ケーガンKaganの縦断調査によると、3歳から学童期・青年期まで一貫して見られた「行動特徴」として、「引っ込み思案」があったという。つまり、3歳の時点で「引っ込み思案」だった子どもは、青年期には「人と関わるのが苦手で依存的であり従順な性格」という結果であった（水野、2002）。人は、環境との相互作用を通して発達していくが、気質的特徴の中には変化しにくいものがあるということであろう。

トマスとチェス（ニューヨーク縦断研究）は、調査した幼児のその後を追跡調査している。10歳になるまでに「問題行動」を示した子どもは、「扱いやすい子どもたち」の18％、「時間がかかる子どもたち」の40％、「気難しい子どもたち」の70％であった。

幼児期の気質によって結果に差が出たことから、一定の安定性があるといえるであろう。しかし、「気難しい子ども」のうち70％の子どもが問題行動を呈したという結果は、「気質の安定性の結果」として捉えていいのだろうか。「気難しい子ども」の中にも問題行動を起こさない子どもも存在し、「扱いやすい子ども」の中にも問題行動を起こす子どもがいたのである。トマスとチェスも「気質がいつも、あらゆる行動障害を発展させる重要な要素になるとはいっていない」と強調している。つまり、気質はその後の家族関係や家庭環境、教育、社会的影響などを受け、変化していくのである。

また、この調査は母親への聞き取り調査である。そこには、母親から見た子どもの姿が描かれている（認知的歪み）という問題もある。「気難しい子ども」であっても、母親の性格や育児環境によって扱い難い子どもとは認知されず、適切な

養育関係が形成されることもある。反対に，母親が神経質であったり，家庭内の不安定さを抱えていたりする状況では，母親と子どもとの接触時間や子どもに目を向ける回数が減るなど，育児への影響が考えられる。

このように，子どもの行動特徴には環境の要因がかなり影響しているとも考えられる。子どもが成長して「同じような行動」を示すことが，必ずしも「気質が安定している」ことを意味するわけではないのである。

2．気質の特徴と環境との相互作用

乳児は生まれたときから環境の変化に受動的に応答する「反応性」を備えているが，乳児期後半には能動的な自己制御機能がこの「反応性」を調整しはじめる。つまり，生まれながらの個人差である「気質」は，その後の生活や環境からの影響を受け変化をしつつ，パーソナリティを形成していくのである。

乳児の気質と環境との相互作用の視点で捉えられる研究として，看護師の新生児に対するイメージと新生児の気質に関連する研究がある（竹内，1984）。看護師の新生児に対するイメージのうち，「話しかけてみたくなる」や「ふれてみたくなる」のような項目の合計得点を示した「コミュニケーションできそうな感じ」と，先に述べた「新生児行動評価（NBAS）」で測定された「反応性」「鎮静性」が特に関連していることが示されている（表6）。提示された刺激に注意を向けたり，提示された刺激が動かされたときの反応が活発であったりするなど「反応性」の強い子どもほど，看護師はコミュニケーションをしやすいように感じている。また，すぐに泣き止む（鎮静性の高い）子どもに対して看護師はコミュニケーションをしやすいように感じていた。つまり，新生児の気質が看護師の新生児への感情や対応の仕方に影響していたのである。

これは，乳児期における子どもと養育者との間でもいえ，深い愛情関係（アタッチメント）が形成されることにも影響すると考えられる。子どもの気質が周囲の大人をひきつける1つの要因になっているのである。アタッチメントの形成過程は，気質のような「子どもの側の要因」と養育態度のような「親側の要因」の双方の特性が関係している。乳児が生まれながらにしてもっている気質の違いが，養育者の養育態度や養育行動に影響しているのである。

育児行動における文化差については，日常場面での活動性の高さを，アメリカでは「元気がいい」と受け入れられているのに対し，日本では「落ち着きがない」「我慢が足りない」といったマイナス評価をしがちであることが示されている（中川ら，2005）。

第7章 気質と性格の発達

表6 NBAS因子と対乳児認知因子の得点間相関係数（竹内，1984より）

NBAS因子	対乳児認知因子				
	1 愛着感	2 コミュニケーションできそうな感じ	3 養育欲求	4 うるささの評価	5 弱々しさの評価
1 反応性	.27	.49**	.33	.22	.04
2 刺激順応性	－.08	－.15	－.03	－.36**	－.49**
3 興奮性	.30	.32	.15	.30	.10
4 鎮静性	.17	.54**	.39*	.00	.12
5 運動成熟性	.30	.37*	.18	－.32	－.12
6 運動のコントロール性	.08	.28	.21	.08	.12

（注）　*$p < .05$，**$p < .01$。

トマスとチェス（トマスら，1981）は，乳児と環境との関係について，「適合の良さ」（goodness of fit）という言葉で表現している。「適合の良さは，環境の特性とその期待や要求が個人の持つ能力と調和するときに生じるものである」「個体と環境との間に，このような調和（consonance）があると，前向きの最も望ましい発達が可能である」「適合の良さというものは，決して抽象概念ではなく，常に，そこにある文化とか社会経済集団の価値や要求や期待などから考える必要がある」と述べている。

V　性格を捉える

1．性格を捉える見方

性格を捉える見方の代表的なものとして「類型論」と「特性論」が挙げられる。「類型論」とは，体型のような一定の観点から典型的な性格像を設定し，それによって多様な性格を少数の型に分類し，1つのタイプにあてはめて考える方法である。古典的な気質研究としては，クレッチマー Kretschmer やシェルドン Sheldon の体型との関連に関する研究が知られている。

特性論とは，「気難しい」「注意深い」などの数種類の「特性」をもとに，それぞれの特性の程度に応じて個性あるいは性格を理解する方法である。ある個人について，「外向的」で「やさしく」「活発」なパーソナリティであるというとき，その概念の1つひとつがパーソナリティ特性にあたる。

2. 性格を捉える5つの次元

「特性論」の研究に沿って，性格傾向は5つの特性で記述できるとする「ビッグファイブ」が提唱された。語彙研究と質問紙研究の2つの流れから誕生した仮説である（林，2002）。語彙研究とは，形容詞などの性格特性を記述した言葉の分類を行うアプローチで，ノーマン Norman の研究を端緒に発展している。質問紙研究はパーソナリティ理論に基づく質問紙の作成を目的とするアプローチで，キャッテル Cattell が作成した 16PF が発端となり，チューピス Tupes とクリスタル Christal が再分析して5種類の性格特性を仮定することを示唆した。1990年代に2つのアプローチが合流し，尺度や検査の開発が進んだ。代表的な検査として，コスタ Costa とマックレー McCrae によって作成された NEO-PI-R（Reverses NEO Personality Inventory）や村上ら（1997）による主要5因子性格検査などがある。

表7は，5つの次元と質問項目の一部である。第1因子「外向性」は，人間関係などにおいて，積極的に他者（外界）に働きかけるかどうかなどの性格特性である。第2因子「協調性」は，人間関係において同調しやすいかどうかなどの性格特性である。第3因子「勤勉性」は，意思や目的をもった行動をとるかどうかなどの性格特性である。第4因子「情緒安定性」は，不安や緊張感などをもちやすいかどうかといった性格特性である。第5因子「知性（開放性）」は，知識の豊かさと堅実的な考え方であるといった性格特性である。

3. 性格を捉える方法

乳幼児の性格を捉える方法としては，子どものさまざまな行動を観察する「観察法」，子どもと話をする「面接法」，ある一定の条件のもとでの言動を比較する「実験法」，一定の基準（尺度）によって子どもの言動を評価する「評定法」がよく用いられる。

幼児期以降では，作業検査法や投影法を用いることができる。さらに，児童期になると読み書き能力の発達に伴い，YG 性格検査などの質問紙法を用いることができるようになる。

①投影法

投影法は，絵の描かれた図版や途中まで作成してある文章など，曖昧で漠然とした抽象的な刺激を被験者に与え，その反応を分析することで，その人の性格傾

第7章 気質と性格の発達

表7 ビッグファイブの性格特性（村上ら，1997 より一部抜粋し改変）

1	外向性 (Extraversion)	「積極的に人と付き合うほうである」「元気がよいと人に言われる」
2	協調性 (Agreeableness)	調和性もいわれる 「みんなで決めたことは，できるだけ協力する」「人の立場になって考える」
3	勤勉性 (Conscientiousness)	誠実性，信頼性ともいわれる 「仕事や勉強に精力的に取り組む」「目標を持って適切なやり方で取り組む」
4	情緒安定性 (Neuroticism)	神経質傾向ともいわれる 「どうでもいいことを気に病む傾向がある」「気持ちが動揺しやすい」
5	知性(開放性) (Openness)	遊戯性ともいわれる 「ひろく物事を知っている」「洗練された考え方をする」

向を知ろうとする方法である。幼児や児童を対象に実施可能な投影法としては，CAT（子どもに絵を見せて，思い浮かぶ物語を作ってもらい，物語の内容から性格傾向を知ろうとする方法。TAT の子ども版），バウム・テスト（被験者によって描かれた絵を分析する「描画法」の 1 つで，画用紙に自由に 1 本の木を描いてもらう），人物画や家族画（いずれも描画法）などがある。

②質問紙法

質問紙法は，被験者にいくつかの質問を与え，「はい」「いいえ」などで回答する結果をもとに，性格傾向を知ろうとする方法である。代表的なテストに，YG 性格検査（矢田部 - ギルフォード性格検査）がある。病院臨床だけでなく，教育，産業など多方面で使用されている。検査対象により，小学生用，中学生用，高校用，一般用に分かれている。

4．子どもの気質と育児との関係

「時間がかかる子どもたち」（トマスとチェス），「活動性の低い子ども」（バスとプロミン），「反応性が低い子ども」（ロスバートとデリベリ），「誘発反応の低い子ども」（ブラゼルトン）は育児に関わる養育者にとって育てにくいと感じることが多いかもしれない。せっかちな養育者の場合，とくに子どもに「早くしなさい」「さっさとしなさい」と言っていらいらし，育児ストレスが高くなる。そして，子どもも，自分のペースで活動できず，ストレスがたまることになる。

また，「気難しい子どもたち」（トマスとチェス）は育児に関わる養育者にとって対応しにくい。養育者はどうしていいかわからずに「育てにくい子ども」「この子

とは気が合わない」と考えてしまい，育児に不安を感じたり，育児に対する自信を失ったりすることもある。子どもも育児に対する不安の高い養育者に育てられると精神的に不安定になる。また，子どもに対する見方が異なることがある。たとえば，「おとなしい子ども」と評価するか，「引っ込み思案な子ども」と評価するかの違いである。この評価の違いは子どもへの行動に影響することもあるだろう。したがって，養育者が子どもの気質を把握し，その気質をどのように評価するかが重要なのである。

◆学習チェック
□　気質に関するさまざまな考え方について理解した。
□　気質と環境との関係について理解した。
□　気質の安定性について理解した。
□　性格の定義について理解した。
□　性格を捉える視点について理解した。

より深めるための推薦図書
　　水野里恵（2002）母子相互作用・子どもの社会化過程における乳幼児の気質．風間書房．

　　丹野義彦（2003）性格の心理（コンパクト新心理学ライブラリ5）．サイエンス社．

　　松井豊・桜井茂男編（2015）自己心理学・パーソナリティ心理学（ライブラリ スタンダード心理学9）．サイエンス社．

　　　　文　　　献
稲山富太郎監修，大城昌平・川崎千里・北川知佳・後藤ヨシ子・鶴崎俊哉・福田雅文（1996）
　　ハイリスク新生児への早期介入―新生児行動評価．医歯薬出版．
林智幸（2002）発達的観点からのビック・ファイブ研究の展望．広島大学大学院教育学研究科
　　紀要，51; 271-277.
木島伸彦（2000）Cloninger のパーソナリティ理論の基礎．精神科診断学，11; 387-396.
木島伸彦・斎藤令衣・竹内美香ら（1996）Cloninger の気質と性格の7次元モデルおよび日本語
　　版 Temperament and Character Inventory（TCI）．精神科診断学，7; 379-399.
三宅和夫（1990）「乳児」の個性とその役割．In：三宅和夫：子どもの個性．東京大学出版会，
　　pp. 25-80.
水野里恵（2002）母子相互作用・子どもの社会化過程における乳幼児の気質．風間書房．
村上宣寛・村上千恵子（1997）主要5因子性格検査の尺度構成．性格心理学研究，6(1); 29-39.
中川敦子・鋤柄増根（2005）乳児の行動の解釈における文化差は IBQ-R 日本版にどのように反
　　映されるか．教育心理学研究，53; 491-503.
岡本依子（2013）乳幼児期の気質・パーソナリティの特徴．In：二宮克美・浮谷秀一ら編：パー
　　ソナリティ心理学ハンドブック．福村出版，pp. 174-181.
大藪泰（1992）新生児の気質．In：大藪泰編：新生児心理学．川島書房，pp. 73-96.
菅原ますみ（2002）気質．In：東洋・繁多進・田島信元ら編：発達心理学ハンドブック．福村

出版，pp. 723-742.

菅原ますみ（2003）個性はどう育つか．大修館書店．

鈴木乙史（1990）性格の適応的変化．In：性格心理学への招待．サイエンス社，pp. 205-232.

高橋雄介（2013）気質とパーソナリティ．二宮克美・浮谷秀一ら編：パーソナリティ心理学ハンドブック．福村出版，pp. 78-84.

竹内ますみ（1984）新生児期における行動特徴―ブラゼルトン新生児行動評価尺度と看護婦による対乳児認知との関連．心理学研究，55; 296-302.

トマス Thomas, A.・チェス Chess, S.（林雅次監訳）（1981）子供の気質と心理的発達．星和書店．

渡邊芳之（2013）パーソナリティ概念と人か状況か論争．二宮克美・浮谷秀一ら編：パーソナリティ心理学ハンドブック．福村出版，pp. 36-42.

第8章

遊びの発達

飯島典子

> Keywords　象徴機能，表象機能，進化発達心理学，系統発生，個体発生，他者認識，認知発達，社会性の発達，社会化，自己調整，規範意識

I　遊びとは何か

1．遊びの古典的理論と発達心理学の定義

　遊びとは何かという問いを説明するためにこれまで社会生物学，行動生物学等の分野で長年にわたり多くの理論が展開されてきた。遊びについての議論は遊びがなぜ存在するのか遊びの目的に関する古典的理論と，遊びになぜ特定的反応が表れるのかその理由に関する近代的理論に分けられる（Ellis, 1973）。代表的な古典理論として剰余エネルギー説，生活準備説，反復説，浄化説・補償説，休養説，教育的効果説などがある（表1）。このように多くの遊び理論が展開されたのは，その時代の社会的背景やそこから生じる子ども観が反映されているからである。とりわけ17世紀から18世紀のヨーロッパなどでは「遊び性悪説」が唱えられ，遊ぶことは罪悪であると見なされてきた。しかし，19世紀初頭に子どもは大人とは異なる精神的特徴を備えていることが明らかになると，子ども観は一転し，遊びは子ども時代に特徴的かつ有益な行動であると見なされるようになった。

　古典的理論では遊びを外見上の形態から捉え，遊び以外の生活に必要な目的のために行われることを前提としていた。しかし遊びは複雑かつ多様であるため，それらの遊び理論では部分的にしか遊びを説明することができない。たとえば，剰余エネルギー説では生活の中で余ったエネルギーを遊びで使いバランスをとるとしているが，実際の子どもは疲れるほどに遊ぶこともあれば，エネルギーが不足しているときにも遊んでいることから，余ったエネルギーを遊びに放出するということは重要な側面の1つではあるが遊びには別の側面もあることがわかる。その1つに，遊びには「楽しみ」「面白さ」を追求するといった，行為そのもの

第 8 章　遊びの発達

表 1　遊びを説明する説（本郷，2004 を参考に筆者作成）

遊びの説	遊びの捉え方
剰余エネルギー説	余分なエネルギーが非生産的な遊びに利用される
生活準備説	将来の生活に向けた準備をする
反復説	「個体発生は系統発生を繰り返す」という理論から，進化の過程や原始時代における祖先の経験や活動を再現，反復する
浄化説・補償説	生活の中で蓄積された緊張や，抑圧された情動，欲求を解消させる
休養説	仕事の緊張により消耗したエネルギーを回復する
教育的効果説	子どもを教育指導する際の指導方法

に目的があるという捉え方がある（Huizinga, 1938）。

　現代では一般的に遊びとは，①生活していくための現実的な活動とは区別され，②他からの強制を受けない自由で自発的な活動であり，③その目的は遊びそのものにあり活動それ自体を楽しむことであると定義されている。そして，発達心理学では遊びには子どもの発達にとってどのような意味があるのか，遊びに見られる行動の特殊性から遊びの検討が試みられている。

　発達心理学では遊びが身体的運動，認知，言語，コミュニケーション，社会性，情動，自己，対人関係といった多様な力によって展開されていることに着目している。そして，遊びには重要な発達的機能があることから，遊びを「結果としての遊び」（発達した力を遊びの中で発揮する）と，「手段としての遊び」（遊びを通して発達が促される）の 2 つの観点から捉えている。ピアジェ（Piaget, 1962）は遊びの変化を「同化」（外界を自分の枠組みに取り入れる働き）と「調節」（外界に合わせて自分の枠組みを変化させる働き）の 2 つの働きで説明した。ピアジェは，遊びはまさに「同化」の過程であるとし，遊びを通して外界のさまざまな事物・事象を自分の枠組みに取り入れ，何度も反復し，固定化していくとした。このように遊びには「結果としての遊び」の側面がある。一方，ブルーナー（Bruner, 1983）は遊びには，①失敗を気にする必要がない，②行為のゴールを自由に設定できる，③反復と応用が好きなだけ可能である，④新たに学習された行為より複雑な行為の体系に組み込まれるといった特徴があるとしている。このように遊びは子どもの自発的な活動ではあるが，その過程を通じて発達が促される「手段としての遊び」の側面がある。

　実際の遊びでは「結果としての遊び」「手段としての遊び」の 2 つの側面が合わさって生じている。たとえば，トランプの「しちならべ」は数字やルールの理

107

解によって展開される。子どもは「しちならべ」を楽しむことで数字（たとえば「7」という記号）と数詞（たとえば「なな」という数字の音）の順序性を理解している自己の状態を確認し，有能感や自己肯定感を感じる。さらに，勝負に勝つことでその感覚をよりいっそう強くする（結果としての遊び）。これに対し，数詞の順序性の理解が曖昧な状態で「しちならべ」に参加し，順序性を無視したトランプを出したことに他者から指摘を受けて修正するといったことの繰り返しや，順序性に従って並んでいるトランプを何度も見ることで数字と数詞の順序性との関係について理解が深まっていく（手段としての遊び）。このように，子どもの遊びの場では遊びに含まれる多様な力が発揮され，発達が促されている。

2．動物の遊びと人間の遊び

　遊びの発達を理解しようとするとき，系統発生（種の発達）と個体発生（個体の発達）の2つの関係を見ていくと遊びの構造をより深く捉えることができる。系統発生は種の進化と同義に用いられ，個体発生は個の一生にわたって起こる変化を指し発達という用語が用いられる。進化発達心理学では遊びには遅延利益（子どもが大人になる準備としての利益）と即時利益（大人の準備として存在せず発達のその時期にのみ適応的な利益）があり，その利益の性質とタイミングが種や生態系によって異なると考えられている（Bjorklund et al., 2002）。

　ヒト（ホモ・サピエンス）の系統は最も近縁なチンパンジーやボノボの系統と約500万年前に分岐し，両者の見かけ上の行動や生態は大きく異なっているが遺伝子情報は約98％共通している。ヒト科には他にアウストラロピテクスおよびホモ属のホモ・ネアンデルターレンシスといった絶滅種などがあった。いずれも共通する祖先をもつ（図1）。現存するほとんどすべての霊長類に遊びが見られ，身体を動かす遊び，社会的な遊び，物を使った遊びなど遊びの形式は共通している。ここから霊長類には共通した系統発生史ないし淘汰圧が働いた可能性がわかる。しかし，ヒトの子どもとヒト以外の霊長類の遊びはそこで用いられる発達的機能が異なり，遊びの多様性や内容はヒトの子どもの方がヒト以外の霊長類よりも複雑である。たとえば，ヒトの子どもの道具を使った遊びに「いないいないばあ」遊びがある。ヒトの子どもの「いないいないばあ」遊びの初期は養育者などの他者が「いないいない」と言って顔を手やタオルで覆い，「ばあ」と言いながら再び現れるのを子どもが受け手となって喜ぶ遊びである。発達に伴って子どもは自身が顔をタオルで覆うことや，カーテンの陰に隠れるなどして自分から他者に向かって行い，隠れた後に再び現れた自分の姿に他者が反応することを予測しそ

第8章 遊びの発達

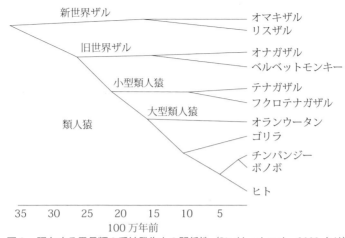

図1 現存する霊長類の系統発生上の関係性（Bjorklund et al., 2002 より）

れを楽しむようになる。9歳のチンパンジーにタオルを使った同じような行動が確認されている。チンパンジーの飼育場にタオルをおいておくと，タオルを広げて顔を覆い至近距離にいる他のチンパンジーに手を伸ばし，それを受けた他のチンパンジーは「遊びである」ことを確認し合う表情で応える（竹下，1999）。つまり，「いないいない」（隠れる）行動までしか生じない。また，このチンパンジーの行動は他のチンパンジーのリアクションを想定した行動として捉えることができるが，ヒトの子どもの行動とは異なっている。ヒトの子どもの場合，他者に「いないいないと言って」など遊びを展開する意図伝達が生じるなど，基本的な動作は同じでも言語やコミュニケーションの発達に伴って遊びがより複雑に展開される。

また，象徴遊び（ふり遊び）はヒトに限られた特徴であると考えられている（Tomasello et al., 1997）。ふり遊びとはお母さんごっこやヒーローごっこのように自分が別の役割に成り代わり，その役割にふさわしい言動によって役を演じる遊びである。このとき，遊び場面は脱文脈化し現実の世界とは切り離された言動の連続によってストーリーが構成される。そこでは物や役割について，「人形は赤ちゃんのつもり」「私はお母さんのつもり」といった「いまここでは別のものを意味する」というメタ表象が必要である。また，複数の子どもが一緒に遊ぶ場合には，どのようなふりをしているのかについてメタ表象の共有がなければ遊びは成立しない。このとき，子どもは演技としての台詞によってふり状況を伝達することもあり，受け手は台詞からふり状況を推測する力が必要になる。ヒトの子ども

はふり状況を心的に表象できるだけでなく，ふり状況が他者から心的に表象されていることを自覚できるように発達する。このヒトの子どもに見られるメタ表象の自覚は発達初期には見られず心の理論を獲得する時期から見られるようになることからも複雑な遊びの出現には認知発達が関係している。しかし，ヒト以外の霊長類には，ヒトのような複雑な遊びは確認されていない。ヒト以外の霊長類においてもイメージで物を操作する行動が見られるが，延滞模倣による表象の再現でありメタ表象といった複雑な機能が関与していない。このように，ヒトとヒト以外の霊長類の遊びには共通した行動が確認できるが，ヒトの遊びの場合はそこに用いられる力の発達に伴って遊びが質的に変化するという特徴をもっている。

II 遊びの発達

1．遊び形態の発達

パーテン（Parten, 1932）は，子どもの遊びに見られる社会的関係を「何もしていない行動」「一人（独り）遊び」「傍観遊び」「平行（並行）遊び」「連合遊び」「協同遊び」に分類し（表2），より組織的な遊びへと発達するとしている。パーテンは社会的関係の観点から「一人（独り）遊び」をより年少の子どもの特徴としている。しかし，「一人（独り）遊び」であっても遊びの内容が年齢発達に応じたものであれば年長児に相応しい遊びだといえる。遊びの形態を社会関係があるかどうかに着目すると「一人（独り）遊び」と「社会的遊び」に分類される。これまで，「一人（独り）遊び」が十分にできるようになった後に「社会的遊び」ができるようになると考えられることが多かったが，「一人（独り）遊び」の変化，「社会的遊び」の変化，そして「一人（独り）遊び」と「社会的遊び」が連関する変化から，それぞれの遊びを通じて子どもがどのような発達的経験をしているのかを捉えることが重要だといえる（図2）。

2．認知発達と遊び

先に見てきたように，発達心理学における遊びは「結果としての遊び」（発達した力を使った遊び）と「手段としての遊び」（遊びを通して発達する）の2つの発達的機能がある。ピアジェは知的発達の観点から遊びを分類し，「感覚・運動遊び」「象徴遊び」「ルールのある遊び」という順で出現するとしている。まず，発達初期の子どもは身体運動の発達が不十分であるため，運動の反復と感覚により外界を理解する「感覚・運動遊び」が頻繁に行われる。そして，子どもがある程

第8章　遊びの発達

表2　パーテンの社会参加方略（Parten，1932より筆者作成）

形態	内容
何もしていない行動	遊びをしているようには見られない姿であり遊びを通じた他者との関わりは見られない。
一人（独り）遊び	近くで遊んでいる子どもが使っているおもちゃとは異なるおもちゃを使って一人で遊んでいる。
傍観遊び	他児の遊びを見ており，時折，その他児に向かって話しかけたり，質問したり，提案したりといった働きかけをするものの，他児の遊びに加わる行動が見られない。特定の子どもに注意を向けている点で「何もしていない行動」とは区別される。
平行（並行）遊び	他児とは独立して，周囲の他児が使っているものと同じようなおもちゃで遊んでいる。しかし近くの他児へ影響を与えることもなく，遊び集団を誘う，自分から近づくといった試みは見られない。
連合遊び	明らかに遊びの集団が構成されている遊びである。しかし，遊び集団は同じようなことをしていても，遊び活動は一致していない。また，遊び集団にいる幼児たちは他児の遊びに対する関心に従うことはない。
協同遊び	集団メンバーはさまざまな役割があり，お互いに助け合うように遊んでいる。

度自由に身体運動ができるようになり，感覚情報によってこれまでに学習した外界の情報（たとえば物の働き）を表象できるようになると象徴遊びといわれるふり遊びやごっこ遊びをするようになる。そして，社会的規範に対する理解が進むことでルールのある遊びができるようになると考えた。

　実際の子どもの「感覚・運動遊び」は「象徴遊び」が見られるようになった以降も生じ，運動発達に応じてできることが増えれば遊びのレパートリーも多くなる。ピアジェの「ルールのある遊び」の段階は共通規則であるルールを守りつつ協同して遊ぶことを目的として行動できる発達状態を指している。しかし，ルールに従った行動は「感覚・運動遊び」の段階に見られる「いないいないばあ」遊びにもあり，子どもは「隠れる－現れる」の一定の行動様式を他者と共有して遊んでいる。このように子どもは「いないいないばあ」のような比較的簡単なやりとり遊びからルール遊びに参加し，発達に伴い複雑なルールを理解し実行できるようになる。「象徴遊び」は発達に伴い役割を分担し，参加している子ども同士でエピソードを創り上げる協同遊びへと発展していく。このように遊びは子どもの認知発達に伴って段階的に変化するのではなく質的に変化していく。次に，ピアジェの遊びの分類「感覚・運動遊び」「象徴遊び」「ルールのある遊び」について認知発達から遊びの発達過程を示す。

111

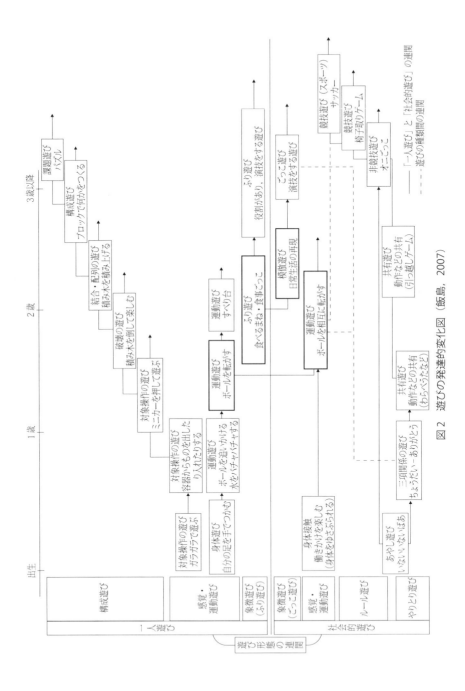

図2 遊びの発達的変化図（飯島，2007）

第 8 章　遊びの発達

①感覚・運動遊び

　感覚・運動遊びは自身の身体や物を使った遊びで，繰り返しのある動きや運動発達に応じた順序性が見られる。子どもは遊びを通して自身の身体と対象に応じた相応しい動きについての理解を深めるだけでなく，自身の動きと外界の変化との関連を理解（随伴性の理解）する。たとえば，子どもはガラガラや太鼓など音の鳴る玩具を好むが，この音遊びで子どもは随伴性の理解によって自身の動きの結果として生じる音を楽しんでいる。音の遊びの玩具にはガラガラや太鼓，木琴などがある。これらは手の運動と聴覚とが関連した感覚・運動遊びであるが，ガラガラは振る運動と音が出る結果が一致しているのに対し，太鼓や木琴は音を出すためにバチを振ることから音を出す目的のために道具を使用する特徴がある。また，首の回旋，座位の安定，移動運動の獲得といった運動発達に伴いみずからの意思によって視界を広げ，変化させる経験が物の永続性（対象の永続性ともいう）の理解を促す。この物の永続性の理解には物（対象）の存在を表象として保持し続けることが必要である。たとえば，「いないいないばあ」は手やタオルで顔を覆われて対象が見えなくなっても対象は存在し続けるという物の永続性の理解に支えられた遊びである。「かくれんぼ」も物の永続性の理解を必要とする遊びであるが，身体全体を隠すためには自身の身体についてのボディイメージが必要である。ボディイメージが不十分な子どもは頭だけなど身体の一部のみを隠す特徴がある。

　発達に伴い全身運動による感覚・運動遊びはすべり台やブランコへと変わっていく。これらの遊びはより複雑な全身の協応運動を必要とする遊びである。また，すべり台をすべるという目的のためには階段を上るという運動がなされ手段と目的が分化している。手指の精緻化に伴う感覚・運動遊びは構成遊びへと発展していく。構成遊びの代表的な遊びはブロック，パズル，折り紙などである。これらの遊びは空間や方向を正しく認識できるようになることで対象を操作し，構造化が可能になる。このように感覚・運動遊び，構成遊びは運動発達と認知発達との機能間連関によって生じ，変化していく。

②象徴遊び

　象徴遊びでは，積み木（意味するもの：能記）を電車（意味されるもの：所記）に見立てるなど，「いま・ここ」にないもの（実際の電車）をイメージし，そのイメージを言葉・モノ・動作などで代表させて遊ぶ。象徴遊びには象徴機能と表象機能の発達が関係している。すなわち，表象機能が「いま・ここ」にはない実物

113

の電車についての経験から電車に対するイメージ（表象）を作り出し，象徴機能によってそのイメージを積み木に置き換えて電車として遊ぶ。つまり，子どもは積み木を動かしながらイメージした電車を動かして遊んでいる。

　象徴遊びにおける象徴化（シンボル化）で重要な認知発達は意味または機能を置き換える力である。たとえば，風呂敷をスカートに見立てて遊ぶとき風呂敷は本来の「物を包むときに仕様するもの」という物の用途から，スカートのもつ「はくもの」という衣服のもつ物の用途へと置き換えられる。このような置き換えをするとき，子どもには風呂敷とスカートの2つの言葉に付与された物の用途の理解に関する認識が必要であり，この二重の認識がシンボルの世界に入ったことを示している。物の用途に合致した社会的な使用である物の慣用的操作の遊びではこのような用途の置き換えはなく感覚・運動的遊びに位置づけられている（小山，2018）。複数の子どもで象徴遊びをするいわゆるごっこ遊びでは，遊びに参加している子ども同士で同じように二重の認識をもち，物の用途の置き換えを集団が同意して遊んでいる。したがって，二重の認識を同じようにもたない相手には伝達メッセージは伝わらず遊びのイメージを共有することができない。初期の象徴遊びは人形を赤ちゃんに見立てて遊ぶなど類似性が高く物の用途の置き換えがしやすい特性依存の遊びをする。発達に伴って知識が増えていくことで対象のもつ意味や機能を自由に置き換えられるようになると，類似性がなくとも獲得している知識によって本当の行為とふりの行為を分化し，イメージによって補いながら二重の認識を共有して遊ぶことができるようになる。

　このようにふり遊びは言葉についての認識を用いて遊ぶことから，ふり遊びから言葉の意味理解といった子どもの認識の獲得状態を見ることができる。たとえば，「もぐもぐ」と言いながらスプーンで食べるふりをする行為から，子どもの「食べる」ことの理解は食事場面の動作として意味づけられていることがわかる。これに対し，食べ物を皿に盛り，食事の用意ができたことを伝え，「いただきます」の挨拶をして，今日の出来事を話しながら楽しそうに食べる場合は，「食べる」という言葉の意味に，食べる場面，動作，状況，態度，ルール，感情，エピソードなどさまざまな意味が付与され，意味が抽象化されている。抽象化された意味を構成するパーツは遊びの参加者間で共通したものもあるが，個人の経験に基づくものもあるため，意味の構成は子ども間で部分的に異なる。ごっこ遊びではふりを通した表象された意味を伝達するコミュニケーションが生じ，お互いの表象を理解し，表象の結合やズレを修正することで遊びが発展するため，他者認識の発達によって遊びが変化する。

第8章　遊びの発達

表3　マッキューンの象徴遊びの水準とそれに対応する他者認識の発達（小山，2012 より）

象徴遊びの水準	他者認識の発達
レベル1：前象徴的遊び	自己と他者の認識は示されない
レベル2：自動象徴的ふり	養育者と表象的意識の共有の期待
レベル3：脱中心化した象徴遊び	養育者との関係における表象の統合
レベル4：結合的な遊び	自己と他者における象徴的意識が潜在的に等しいことの認識
レベル5：階層的な結合的ふり遊び	養育者からのより脱文脈的な働きかけの受容 十分な表象的意識の共有が可能となる

　マッキューン（McCune, 2008）は自己の象徴遊びの水準と他者認識の発達状態を対応づけている（表3）。他者に向けたふりは子どもの典型的な日常的行為から離れて意味を表象させ文節化しはじめた子どもの状態を示しており，行為主 - 行為の関係に変化が生じてきた姿であるとされている。これは，子ども自身が行っている遊びや，象徴化を他者と共有するごっこ遊び（協同的なふり遊び）の萌芽として捉えられ，発達に伴って養育者との間で表象を共有（表象の結合）できるようになる。

　最も水準の高い象徴遊びでは，遊びにおける細やかな出来事が時系列に展開されテーマのもとに遊びが体制化される。象徴遊びの階層的な構造は，子どものもつ内的な目的や計画と相互交渉によって生じ，ごっこのための枠組みが子どもによって体制化される。そのプロセスにある遊びに見られる現実とそのシミュレーションされた行為の意味の斬新的な文節化は創造性や実行機能の発達と関連していると考えられている（小山，2018）

③ルールのある遊び

　ルールのある遊びでは遊びの中に競争，協力，勝敗などに関するルールが含まれ，ルールに従って遊ぶことを楽しむ。オニごっこはルールのある遊びの代表的なもので幼児期の子どもに頻繁に見られる。オニごっこはオニがコを追いかける「追い - 逃げ」という対の行動による「追いかけ遊び」である。「追い - 逃げ」の単純な行動パターンは「ネコとネズミ」といった役割が対立するごっこ遊び（ネコ役がネズミ役を追いかける）にも見られ，年少の子どもでも遊ぶことができる。しかし，年少の子どもは役割交替を理解することが難しいため，オニとコの役割が固定しているルールのときに遊ぶことができる。オニに捕まったコが次のオニ

第12巻　発達心理学

になるといった一般的なオニごっこを遊べるようになるのはオニとコの役割交替についての理解が必要となる。役割交替の理解とともに，勝敗について理解できるようになると対立のある構図で遊ぶことができるようになる。

　また，オニごっこのルールに含められる内容にも認知発達が関係している。たとえば，「色オニ」では色の概念，「高オニ」では高低の概念，勝敗を数で決定する場合は計数の理解が必要となる。このようにルールのある遊びでは，遊びを構成するルールが理解できなければ遊ぶことができない。逆に認知発達に伴いルールにさまざまな要素を含めることができるようになると，トランプやカルタ，オセロのようなゲームを楽しめるようになる。また，与えられたルールを遵守するだけでなく，参加する子どもの力の差などを考慮してより平等に楽しく遊ぶため，あるいはこれまでの遊びをより発展的に楽しくするためにルールを変更しながら遊びを展開できるようになる。遊びを組織化しルールを自由に操作できる状態の遊びが最も高度な遊びであると考えられている。

3．社会性の発達と遊び

①遊びを通した社会化

　ごっこ遊びでは役割になりきって遊ぶが，役割や設定には日常場面における社会的規範を守らなければならないという暗黙のルールがある。たとえば，「お母さんごっこ」では複数の子どもが同時にお母さん役になることは不適切だと見なされる。これは家庭には母親は1人しかいないという一般的知識に遊びが規定されるからである。同様に「お医者さん」であれば病院や医者に関する一般的知識や診察時のスクリプトに従って役割を演じ，ストーリーを展開することが求められる。このようにごっこ遊びは現実から切り離された脱文脈化された遊びであるが，内容はさまざまな社会・文化的要素が反映されている。子どもは日常の社会経験で得た事象を遊びの中に取り入れ，遊びを通して自身が生活する社会に関する理解を深めていく。

　また，規範意識の発達はルールのある遊びにおけるルールだけでなく遊びを展開するためのルールにも見られる。遊びを展開するルールには仲間入り（仲間入りのときは「入れて」と宣言する）や物の貸し借り（「貸して」と意思を伝える，伝えられたら貸す）などのルールがある。これらのルールのある遊びに含まれるルールや遊びを展開するためのルールに従うことで遊びが成立し，楽しみを共有した経験を通して子どもはルールを意識的に遵守するようになる。さらに，ルールの遵守は集団で遊ぶことを可能にし，一緒に遊んで「楽しい」という肯定的感

第8章　遊びの発達

情を集団で共有することを通して「みんな」という集団と、「みんな」の一員として「わたし」を捉えるようになる。そして，「みんな」に「わたし」が属することを肯定的に捉えることで仲間意識が育っていく。このように遊びの中で構築した仲間関係が現実生活における仲間関係へとつながっていく。

②遊びにおける自己調整の発達

　子どもは発達に伴い大人と遊ぶよりも子ども同士で遊ぶことが多くなる。大人との遊びでは大人が子どもの遊びのイメージに応じてくれることが多い。「遊びたい」という自己の考えをもち遊びが実現することは自己肯定感を高める重要な経験となる。一方，子ども同士の場合は，遊びに参加する子どもそれぞれがもつ遊びのイメージについて自己主張し合いいざこざへと発展することが多い。このときイメージを共有できないことをきっかけに，他者は自分とは異なる考えをもつ存在であることに気づくことができる。とりわけごっこ遊びのイメージは内的世界にあるため曖昧なことが多く，共有することが難しい。したがって，いざこざといったイメージの衝突は一見トラブルが生じているように見えるが，子どもにとっては他者の思考や心的状態に気づき，理解する重要な経験となる。

　また，いざこざ場面において子どもは「一緒に遊びたい」「自分のイメージで遊びたい」という大人との関係では経験することのない葛藤が生じる。この葛藤を通して，自己主張の仕方を調整し相手が受容しやすい方略で主張することや，自己主張が受容されないときに生じる否定的な感情を抑制するといった自己調整を経験することになる。自己調整は最初からうまくはいかないが，仲間関係の発達に伴って一緒に遊び，楽しみを共有することに動機づけられ適切な自己調整ができるようになる。仲間との社会的相互交渉に課題をもつ「気になる」子どもの遊びの調査から，ルール遊びといった行動が明確な遊びでは「気になる」子どもでも比較的参加しやすく（本郷ら，2007），遊びで得た「楽しみ」の共有体験が日常生活における適応的な自己調整の発揮と関連することがわかっている。すなわち，仲間との社会的遊びが成立するプロセスを経験することで，子どもの自己調整の発達が促されていく。

◆学習チェック表
□　遊びの古典的理論はどのようなものかを理解した。
□　遊びの発達的意味はどのようなものかを理解した。
□　象徴遊びが可能となるうえで必要な力・機能は何かを理解した。

- ☐ 遊びを通して促される認知発達とはどのようなものかを理解した。
- ☐ 遊びを通して促される社会性の発達とはどのようなものかを理解した。

より深めるための推薦図書

エリス Ellis, M. J.（森楙・大塚忠剛・田中亨胤訳）（2000）人間はなぜ遊ぶか．黎明書房．

ビョークランド Bjorklund, D. F.・ペレグリーニ Pellegrini, A. D.（無藤隆監訳）（2008）進化発達心理学―ヒトの本性の起源．新曜社．

高橋たまき・中沢和子・森上史朗（1996）遊びの発達学 基礎編．培風館．

高橋たまき・中沢和子・森上史朗（1996）遊びの発達学 応用編．培風館．

勅使千鶴（1999）子どもの発達と遊びの指導．ひとなる書房．

文　献

Bjorklund, D. F. & Pellegrini, A. D.(2002) *The Origins of Human Nature: Evolutionary Developmental Psychology.* American Psychological Association.（無藤隆監訳（2008）進化発達心理学―ヒトの本性の起源．新曜社．）

Bruner, J. S. (1983) *Child's Talk: Learning to Use Language.* Norton.（寺田章・本郷一夫訳（1988）乳幼児の話しことば―コミュニケーションの学習．新曜社．）

Ellis, M. J. (1973) *Why People Play.* Prentice-Hall（森楙・大塚忠剛・田中亨胤訳（2000）人間はなぜ遊ぶか．黎明書房．）

本郷一夫（2004）子どもにとっての遊びと成長・発達．小児看護，27; 298-302.

本郷一夫・飯島典子・平川久美子ら（2007）保育の場における「気になる」子どもの理解と対応に関するコンサルテーションの効果．LD研究，16; 254-264.

Huizinga, J. (1938) *Homo Ludens.* H. D. Tjeenk Willink & Zoon（高橋英夫訳（1973）ホモ・ルーデンス．中央公論新社．）

飯島典子（2007）遊び．In：本郷一夫編：発達心理学―保育・教育に活かす子どもの理解．建帛社，pp. 89-100.

McCune, L. (2008) *How Children Learn to Learn Language.* Oxford University Press.（小山正・坪倉美佳訳（2013）子どもの言語学習能力―言語獲得の基盤．風間書房．）

小山正（2012）初期象徴遊びの発達的意義．特殊教育学研究，50; 363-372.

小山正（2018）遊びを通したコミュニケーション支援．In：本郷一夫監修，藤野博編：コミュニケーション発達の理論と支援．金子書房，pp. 52-62.

Parten, B. M. (1932) Social participation among pre-school children. *Journal of Abnormal and Social Psychology,* 27; 243-269.

Piaget, J. (1962) *Play, Dream, and Imitation.* Norton.（大伴茂訳（1988）遊びの心理学 新装版（幼児心理学2）．黎明書房．）

竹下秀子（1999）心とことばの初期発達―霊長類の比較行動発達学．東京大学出版会．

Tomasello, M. & Call, J. (1997) *Primate Cognition.* Oxford University Press.

第9章　親子関係の発達

親子関係の発達

八木成和

Keywords　アタッチメント，安全基地，内的作業モデル，
養護性，第二次反抗期

I　アタッチメントの成立

1．アタッチメントの概念

　ヒトは他の生物に比べて未成熟な状態で生まれてくる。とくに1年間ほど早く生まれてきたということが指摘され，ポルトマン Portmann は「生理的早産」と呼んだ。この期間は，乳児は話すことも動くこともできない状態が続くのであるが，この期間に人間の親子は密接な関係を築いていくのである。

　この時期には，親は乳児の飢餓を満たしてくれる。そして，乳児は親に依存していくと考えられてきた。また，母親は，一次的動因として，特に飢餓動因を満たしてくれるので，二次的に後追いなどの行動をとると考えられていた。

　これに対して，精神分析学の流れを汲むボウルヴィ Bowlby は，比較行動学の観察を重視した知見を参考にし，親子関係に関して考察を行った。

　たとえば，ローレンツ Lorenz は，インプリンティング（刻印づけ）と呼ばれる現象を報告している。これは，ハイイロガンなどの離巣性の鳥は孵化後近くにいるある程度の大きさの動くものを母親であると認知し，後追いをする現象である。

　また，ハーロウ Harlow は乳児にとって親子関係を形成するうえで，飢餓を満たしてくれるミルクが重要であるのか，それとも暖かさが重要であるのかを実験した。生まれたてのアカゲザル8匹を母親から離して，ハードマザーと呼ばれる針金製の人形と，ソフトマザーと呼ばれる針金に布を巻いた布製の人形の2体と共にそれぞれ檻の中で育てたのである。このとき，2つの人形からは，ミルクが出るようになっていた。針金製の人形から授乳しているときは布製の人形からは

授乳できないようにし，その反対の条件でも行った。そして，それぞれの人形に接近し，共にすごす時間を比較したのである。その結果，布製の人形と共にすごす時間の方が長かったのである。

　これらの結果は，依存や二次的動因説では説明できないものである。このようななか，ボウルビィは，第二次世界大戦後の孤児の研究を行った。当時は，親から離れ，長期間施設で生活をしている子どもに発達上のさまざまな問題が生じることがスピッツ Spitz により「ホスピタリズム（施設病）」と呼ばれ，社会的な問題となっていた。ボウルビィは，孤児の調査を行うなかで，その原因を「マターナル・デプリベーション（maternal deprivation）：母性的養育の剥奪」と考えたのである。そして，アタッチメント（attachment）の概念を提唱するようになった。アタッチメントの定義は広義には，「人が特定の他者との間に築く緊密な情緒的結びつき」とされるが，元来「危機的な状況に際して，あるいは潜在的な危機に備えて，特定の対象との近接を求め，またこれを維持しようとする個体の傾性」であるとされている（遠藤，2005）。

　アタッチメントは，日本語では「愛着」と訳されてきたが，「愛着」という言葉には愛情的な面も含まれる傾向がある。本来，近接の確保であり，その機能は保護であると考えられている。このような経緯から，愛情的な意味を含む「愛着」ではなく，「アタッチメント」と呼ばれることが多くなっている（遠藤，2005）。

2．アタッチメントの成立過程

　ボウルヴィは，アタッチメントの具体的な行動として，乳児が危機的な状況になったとき，アタッチメント対象である大人（母親ないし養育者）を「安全基地」（secure base）として利用できるかどうかを挙げている。幼いときは，近くにアタッチメント対象の大人がいるかどうかが重要である，その後，認知発達によりアタッチメント対象の大人を想起することにより「安全基地」として使用できるようになる。

　アタッチメントの成立過程としては，ボウルヴィは以下の4つの段階を考えている（遠藤，2005）。

①第1段階：人物の識別を伴わない定位と発信
　出生から少なくとも生後8週頃までの時期とされるが，たいていは約12週頃までである。この時期の乳児は，まだ人を識別する能力がない。特定の人物が区別されておらず，近くにいる人を追視したり，その人の声を聴いたり，その人に

第9章　親子関係の発達

手を伸ばしたりというような定位を行う。また，近くにいる人に泣いたり，ほほえんだり，喃語を発したりというような発信を行う。このようなアタッチメント行動を近くにいる人に向けるのである。この時期には，特定の人物ではなくてもその人の声を聞いたり，顔を見たりすることで泣きやむことがある。

②第2段階：1人または数人の特定対象に対する定位と発信

　生後12週頃から6カ月頃までの時期である。第1段階と同様にこの時期の乳児は誰に対しても友好的に振る舞う。しかしながら，その一方で，日常よく関わってくれる人に対しては，とくにアタッチメント行動を向けるようになる。人物に応じてほほえんだり，声を出したりなど異なる行動が示されるようになる。

③第3段階：発信および移動による特定対象への近接の維持

　生後6カ月頃から2，3歳頃の時期である。この段階になると，人物の識別がさらに明確になり，相手が誰であるかによって乳児が示す行動は明らかに異なってくる。家族などの見慣れた人は二次的なアタッチメント対象になる。その一方で，見知らぬ人には，警戒心をもったり，関わりを避けようとしたりするようになる。人見知りが明確に現れ，アタッチメント対象がいなくなると泣いたり，不安な表情を浮かべたりするようになる分離不安も生じ，激しくなっていく。

　また，この時期は，ハイハイや歩行による移動ができるようになるため，行動のレパートリーも増えるようになる。養育者を安全基地として周囲の探索を行うなどの行動が見られるようになる。そして，とくにこの時期は養育者に対する子どものアタッチメント行動が徐々に目標修正的に組織化されることが重要な特徴として挙げられる。移動できるようになることに加え，1歳前後頃からの物の永続性や手段・目的関係の理解，ある程度明確に示されるようになる意図の出現のような認知的な発達も関係してくる。子どもは自分に苦痛をもたらしているものを認知し，何が安心感をもたらすのかに気づき，その条件を達成するためにどんな行動をするのかの目標を立て，自分の行動を計画できるようになると考えられている。しかしながら，養育者の行動の背後にある意図などはまだ理解できていないと考えられる。

④第4段階：目標修正的な協調性形成

　3歳頃以後の時期である。養育者の行動やそれに関連する事柄を観察することで，養育者の感情や動機，設定目標やそれを達成するための計画などについて，

121

ある程度推察することができるようになる。また，それに基づいて，養育者が次にとる行動を予測し，適宜，それに合うように自分自身の行動や目標を修正できるようになる。自分と養育者との間で双方にとって報酬となる，協調性に基づく関係性を徐々に築き始めるようになるのである。そして，この時期になると，アタッチメント行動をとる回数も程度も減少する。アタッチメント対象は自分を保護し，助けてくれる存在であるという確信やイメージが形成され，その後もこれが「内的作業モデル」（Internal Working Model：IWM）として内在化され，安心の拠り所として機能する。

　以上のように，アタッチメントの形成には，以下の2点が重要である。第1に，乳児が示す定位や発信と養育者等の大人から示される相互作用から始まり，子どもがさらに積極的に関わっていくことで築き上げていく関係性であるということである。第2に，「抱きつく－抱っこされる」，「ほほえむ－話しかけられる」などの物理的に接近した近接行動から「安全基地」としての確信やイメージという表象的に内在化された近接の感覚へと徐々に移行していき，生涯を通じて存続していくことである。

3．内的作業モデルの機能

　内的作業モデルは，「アタッチメント対象の行動を予測し，自他の行動を心的にシミュレートし，自己の行動のプランニングを助ける」ものとされる。そして，アタッチメント対象との間で形成された内的作業モデルは，その後の新たな対人関係にも適用され，その対人関係のあり方についての一貫性と安定性の基礎となるものである。

　内的作業モデルの特徴としては，その時々で外界の情報を評価し，その時々で適切な行動を導くモデルとなることである。そして，アタッチメント対象との相互作用の中で形成され，通常は無意識のうちに働き，一貫したものであるが，新しい対人関係により変化することもある。

　この内的作業モデルの発達には第2章で述べられた「心の理論」との関連についても議論されている。また，内的作業モデルとアタッチメントの世代間伝達のメカニズムとの問題や，内的作業モデルとの関連で，アタッチメントを情動制御メカニズムと見なす見方も提案されている（坂上，2005）。

第9章　親子関係の発達

■ II　アタッチメントのタイプと測定方法

　アタッチメントの測定には多くの方法が考案されているが，代表的なものを3つ挙げる。ただし，方法によっては一定の訓練が必要な場合もある。

1．ストレンジ・シチュエーション法

　ストレンジ・シチュエーション法（Strange Situation Procedure：SSP）は，エインズワース Ainsworth によって考案され，養育者に対して示す行動や養育者との関係のスタイルから個人差を測定したものである。ある程度のストレスのある状況下にある乳児が，アタッチメント対象に対してどのようなアタッチメント行動を向けたり，アタッチメント対象を「安全基地」として利用できたりするかが重視される。1歳児の乳児，その養育者，ストレンジャー（見知らぬ女性）の3名により，新規な実験室でストレンジ・シチュエーションと呼ばれる養育者と子

表1　ストレンジ・シチュエーション法の8つのエピソード（三宅, 1990; 本郷, 2007 より作成）

エピソード	実験参加者	時間	エピソードの状況
1	養育者，子ども，実験者	30秒	実験者が養育者と子どもを実験室に導入し，退出する。
2	養育者，子ども	3分	養育者が見守るなか，子どもはおかれたおもちゃで遊ぶなど探索活動を行う。
3	ストレンジャー，養育者，子ども	3分以下	ストレンジャーが入室する。最初の1分間は黙っておき，次の1分間は養育者と話し，残りの1分間は子どもに働きかける。最後に養育者はそっと退室する。
4	ストレンジャー，子ども	3分	1回目の養育者と子の分離場面である。ストレンジャーは子どもに合わせて行動する。
5	養育者，子ども	3分以上	1回目の養育者と子の再会場面。養育者は子どもをなぐさめた後，子どもと遊ぶ。その後，子どもにバイバイと言って養育者は退室。
6	子ども	3分以上	2回目の養育者と子の分離場面。子どもは実験室で1人となり，最も子どもにストレスがかかる場面である。
7	ストレンジャー，子ども	3分以下	ストレンジャーが入室する。子どもに合わせて働きかける。
8	養育者，子ども	3分	2回目の養育者と子の再開場面。養育者は子どもをなぐさめる。ストレンジャーはそっと退出する。

どもの間で分離と再会を2回行う8場面（表1）における乳児の反応を組織的に観察する実験的観察法である。

養育者に対して近接を求める行動、近接を維持しようとする行動や養育者への抵抗行動や回避しようとする行動、養育者を探そうとする行動、距離をおいて相互交渉をするかという6つの観点から評定され、タイプ分けされる。とくに、養育者との分離場面で示される回避行動と再会場面で示される抵抗行動の組み合わせは重視される。そして、現在ではAタイプの回避型、Bタイプの安定型、Cタイプの両価値型（アンビヴァレント型）・抗議型、Dタイプの無秩序・無方向型の4つに分類される。この4つのアタッチメント・タイプの行動特徴を表2に示した。

とくに、近年はDタイプの子どもがハイリスクのサンプルの研究から重要視されている。また、対人関係において問題を生じやすい発達障害が疑われる子どものアタッチメントも検討課題となっている（梅村, 2017; 遠藤ら, 2005; 本郷, 2007）。

表2　アタッチメントのタイプ別の子どもの行動と養育者の関わり方（遠藤ら, 2005; 本郷, 2007より作成）

	ストレンジ・シチュエーション場面での子どもの行動	養育者の日常的な関わり
Aタイプ 回避型	養育者との分離場面で泣いたり、混乱したりすることがほとんどない。再会場面では養育者を避けようとする行動を示す。	全般的に子どもの働きかけに拒否的に振る舞うことが多い。子どもに対するほほえみや身体接触が少ない。
Bタイプ 安定型	分離場面では、多少の泣きや混乱を示すが、養育者との再会時には積極的に身体接触を求め、容易に静穏化する。	子どもの欲求・状態などに相対的に敏感である。子どもとの遊びや身体接触を楽しむ様子が見られる。
Cタイプ 両価値型・抗議型	分離時に非常に強い不安や混乱を示す。再会時には養育者を求めるが、その一方で養育者を激しくたたいたりする。	子どもに対する敏感さが相対的に低い。子どもに対する反応に一貫性を欠いたり、タイミングがずれることも多い。
Dタイプ 無秩序・無方向型	顔をそむけながら養育者に近づくという接近と回避が同時的に見られる。また、不自然でぎこちない動きを示す。	精神的に不安定なところがあり、突発的に表情や言動に変調を来し、パニックに陥るようなことがある。虐待行為を含めた不適切な養育行動を示すこともあると推測されている。

第9章　親子関係の発達

2．アタッチメント Q ソート法

アタッチメント Q ソート法（the Attachment Q-set：AQS）は，1〜5歳児を対象にし，家庭や保育所などの普段の生活場所で子どもがアタッチメント対象の養育者を安全基地として，どのように行動するのかを観察するものである。アタッチメントは，90項目の安定性得点として評価される。また，各項目には，専門家により安定したアタッチメント状態が想定され，たとえば，「親が頼めば，親と物を分け合ったり，物を渡したりする。」では8.0というように安定性得点の基準値が付されている。Q ソート法とは，たとえば，「親が頼めば，親と物を分け合ったり，物を渡したりする。」というような子どもの特徴が書かれたインデックスカードを，どの程度子どもの行動に当てはまったかという観点から「最も当てはまる」の9点から「まったく当てはまらない」の1点までの場所に振り分ける方法である。一定の手順により，9つの得点の場所に最終的に10枚ずつのカード分類し，おかれたところの得点がカードの得点になる。そして，実際の観察から得られた得点と安定性基準値の相関係数から Z 変換された値により，アタッチメントの安定性が示される（数井，2017）。

3．アダルト・アタッチメント・インタビュー

アダルト・アタッチメント・インタビュー（Adult Attachment Interview：AAI）は，前述のストレンジ・シチュエーション法で測定されたアタッチメントの個人差と養育者側の要因との関係から検討されたものである。養育者に面接し，その「語り方」の特徴からアタッチメントのパターンを検討するものである。

半構造化面接法により，自分が子どもの頃の両親等の主たる養育者との関係，アタッチメントにまつわる記憶等の約20項目の質問がなされ，評定と分類がなされる。

具体的な特定の出来事のエピソード記憶によるものを中心に逐語記録のみ使用し，評定システムは，被面接者の子ども時代における「推定される養育者の行動」と「現在の心の領域」の2つに大きく分かれる。前者には，「愛情」「子どものアタッチメントに対する拒絶」「役割逆転」「ネグレクト」「達成へのプレッシャー」の5尺度があり，後者には「談話の一貫性」「思考の一貫性」「理想化」「思い出せないという主張」「とらわれた怒り」「蔑視」「喪失の恐れ」「メタ認知的モニタリング」「語りの消極性」の9つの尺度がある。ストレンジ・シチュエーション法との対応から，以下の3つのカテゴリーに分類される。

　第1に、Bタイプの安定型に対応する「安定自律型」である。これは、アタッチメントに関する肯定的・否定的の両側面の記憶や感情を思い出し、率直に語ることができるタイプである。第2に、Aタイプの回避型に対応する「アタッチメント軽視型」である。養育者との関係を肯定的に総括するものの、具体的で感情的な内容が語られないことが特徴である。第3に、Cタイプの両価値型（アンビヴァレント型）・抗議型に対応する「とらわれ型」である。アタッチメントに関連する否定的な経験に過度に注意を向け、結局何が言いたいのかわからないことが特徴である。そして、さらに加えて第4に、Dタイプの無秩序型・無方向型に対応する「未解決型」があり、モニタリングが欠如している場合である。

　以上のように、アタッチメントのタイプは理論的には対応しているが、ストレンジ・シチュエーション法は行動面から測定しているのに対して、アダルト・アタッチメント・インタビューでは個人の全般的な心の状態を測定しているという違いはある（上野ら、2017）。

III　親が子どもに及ぼす影響

1．母子関係

　母親は妊娠時から親としての立場に立つことになる。近年、子どもは「授かる」ものから「つくる」ものへと意識が変わってきたことが指摘されている（柏木、2008）。医学が進歩する前の乳児死亡率が高かった時代は、子どもの健康を願ってさまざまな通過儀礼や風習が行われていた。たとえば、子どもの命名、食べ初めや七五三のお参り等の儀式がまだ現在でも残っている（大田、1990）。

　社会全体の意識として子どもを健やかに育てることが重視され、それが母親の養育態度に影響を与えてきた。前述のアタッチメントの概念もマターナル・デプリベーション（母性的養育の剥奪）も、どのようなメカニズムにより子どもの発達に影響を与えるのかを明らかにしてこなかったために、母親に対して過剰な心理的負担をかけてきたことも否めない。そして、「3歳児神話」と呼ばれる3歳までは母の手で育てないと子どもに悪い影響を及ぼすという考えやこれまでの母子関係を中心とした研究は、乳児期における母親の役割が重要であることを指摘してきたが、その後、社会的ネットワークの中で子どもを育てることの重要性が指摘されている。

　しかし、現代社会におけるその困難さはまだ解決できていない。核家族化や社会システムの進展に伴い、1973年頃に「コインロッカーベイビー」の事件が社

会問題となり，その後，母親の育児ストレスや育児不安，「母性神話」に対する母性・父性について議論がなされた。そして，母性・父性という言葉に代わって親性や幼いもの，か弱いものをいつくしみ育てる心と行動という意味で養護性（nurturance）という概念が提唱された（柏木，2005）。そして，「親になる」ことが研究され，現代では，代理母，出生前診断による出産の判断等の問題，虐待や養子縁組による里親制度が今後の課題となっている。

2．父子関係

核家族の増加に伴う母親の子育てに対するストレスの大きさが指摘されるなか，父親の役割が重視されるようになった。内閣府が定期的に実施している「男女共同参画社会に関する世論調査」では「夫は外で働き，妻は家庭を守るべきである」という考え方に対する意識の回答結果が縦断的に示されている。平成28年度の調査結果では，5件法で回答が求められ，「賛成」が8.8％，「どちらかといえば賛成」が31.7％で合計40.6％，一方，「反対」は19.5％，「どちらかといえば反対」が34.8％で合計54.3％となっている。都市規模別には大きな差異はなく，男性は「賛成」とする割合が高く，女性は「反対」とする割合が高かった。

これは社会全体の意識の問題であるが，一方で父親としての子育てにおける役割も検討されてきた。たとえば，ラムLambは父親の存在感を確認することを目的として父子間のアタッチメント関係の形成を検討した。その結果，12カ月時点で母親だけではなく，父親にもアタッチメント行動を示し，2年後には，どちらの親に偏ることなくアタッチメント行動を示したことを指摘した。その後，父親の子どもに与える影響も指摘されるなか，近年では父親は夫婦のあり方に影響を及ぼし，その結果，家族成員の発達や適応に影響し，さらに家族成員のその変化が父親や母親に影響を及ぼすという家族システムの考え方が重視されている（尾形，2011）。

3．親の養育態度が子どもに及ぼす影響

親の養育態度が子どもに及ぼす影響は，さまざまな観点から検討されてきた。親の養育態度をどのような観点から検討するかが1つの枠組みとなる。たとえば，バウムリンドBaumrindは養育態度を「要求の厳しさ」の軸と「感受性の高さ」の軸の二次元に分けて検討している。「要求の厳しさ」の軸は「理解」と「要求」，「感受性の高さ」は「高い」と「低い」に分けられる。養育態度が，感受性が「高く」，「理解」の場合は「許容的」スタイルとなり，「要求」の場合は「権威

的」スタイルとなる。感受性が「低く」，「理解」の場合は「無関心な」スタイルとなり，「要求」の場合は「権威主義的」スタイルとなる。このうち，子どもにとって「権威的」スタイルが最も適応的であると考えられている（本郷，2007）。

また，東ら（1981）は，日米の母親の養育態度が子どもの発達に与える影響を示している。子どもに何を期待するかという発達期待では，日本の母親は呼ばれたらすぐ返事をする等の「従順」，丁寧な言い方をする等の「礼儀」，やたらに泣かない等の「情緒的成熟」，一人遊びができる等の「自立性」がより高く，アメリカの母親は友達と遊ぶときにリーダーシップがとれる等の「社会的スキル」，納得がいかない場合は説明を求める等の「言語による自己主張」がより高かった。

しつけの方略では，日本の母親は子どもに判断材料を与えて判断させたり，母親の意志を間接的に伝えたりする方略をとり，統制や命令する場面では何らかの理由を述べることが多いが，アメリカの母親は限定的で具体的な指示や命令を与える方略をとり，理由を述べずに命令することが多いことが示されている。

親の養育態度は子どもに一方的に影響を及ぼすのではなく，子どもの気質によっても変化するものである。また，発達障害のある子どもの初期の段階での母親が感じる育てにくさも養育態度に影響する。子どもとの関係性の中で子どもの気質等の要因と母親の養育態度との相互作用を考える必要がある。

IV 子どもが親に及ぼす影響

1．新生児期・乳児期の子どもの特徴

すべての動物において赤ちゃんは弱い立場にあり，捕食者から身を守り，大人から守ってもらうことが必要となる。ローレンツLorenzは赤ちゃんが養育反応を引き出す共通する特性として「幼児図式」を指摘した。その特徴として，比較的大きな頭，比較的大きく丸く突き出した額，大きく顔の下半分についた目，比較的短く太い四肢，丸みを帯びた体形，柔らかく弾力のある体表，丸くふくれた頬など7つが挙げられている（金澤，2017）。

人間の乳児は生後間もない時期は「新生児反射」「原始反射」により環境からの刺激に反応している。この反射は，神経系の発達に伴い生後3，4カ月頃から消失していく一方で，新たな行動様式を獲得していくことになる。このとき，乳児は意図的に他者の働きかけに対して反応しているのではないが，他者の方は感情的な意味を感じることになる。

たとえば，把握反射では乳児は手に触れたものを握っているだけであるが，握

られた他者は乳児との感情的なつながりを感じることになる。また，吸啜反射では乳児は頬に触れた方を向いて吸うのであるが，母親は乳児が元気に母乳を飲む姿を見て，感情的なつながりを感じることになる。

また，乳児の微笑は，新生児期は「生理的微笑」と呼ばれ，内的状態が良好なときに現れる反応である。しかし，他者にとっては乳児が微笑してくれたと感じ，喜びを感じるのである。

親子で時間をすごすなかで，子どもの特徴に母親が気づき，適切に対応できているかという「感受性」が重視されてきたのも，このような子どもの示す特徴に周囲の大人が対応することが重要であるからである。

2．母子の相互のやりとり

乳児期の母子関係の研究では，母子の相互のやりとりの記述と意味づけが検討されてきた。新生児は，生後早い時期から大人と同じ動作をすることが見出され，とくに舌を出す動作は舌出し模倣として「新生児模倣」や「共鳴動作」と呼ばれている。そして，話し手の発話の音の変化が聞き手である乳児の身体の動きに一致していることが見出され，これは，「エントレインメント」と呼ばれている。生後間もない時期から乳児は母親を中心とした大人の示す表情や発話に対して反応していることを示している。

そして，生後9カ月頃から「共同注意」が重視される。これは，乳児と母親が同時に同じ対象に注意を向け，さらに，相手が自分と同じ対象に注意を向けていることを理解しているというものである。この共同注意に伴い，二項関係から「三項関係」へと移行し，子どもと親との間に「物」が取り入れられ，「自分」「物」「親（他者）」という3つの項からなる関係が形成される。

親子間の相互のやりとりが初期の段階から子どものさまざまな面での発達を支えているのである（金澤，2017）。

V　母親 - 父親 - 子どもの三者関係

1．子どもをめぐる家庭環境

厚生労働省によると，合計特殊出生率は「15歳から49歳までの女性の年齢別出生率を合計したもの」であり，1人の女性がその年齢別出生率で一生の間に産むとしたときの子どもの数に相当するとされている。平成28年度の調査結果では1.44で前年の1.45より低下したことが報告された。また，平成27年度に実

施された「第15回出生動向基本調査（結婚と出産に関する全国調査）」の結果では，夫婦の完結出生児数（最終的な出生子ども数の平均値）は，平成22年度の前回の調査結果に引き続き2人を下まわり，1.94人であった。半数を超える54.0％の夫婦が2人の子どもを生んでいる一方で，子ども1人の夫婦が18.6％と増加していた。そして，第1子出産前後の妻の就業継続率は，これまで4割前後で推移してきたが，平成27年度では53.1％へと上昇していた。母親，父親と子ども1人の家族が増加し，母親は出産前後も引き続き就労していることが多くなってきた。

各家庭における子どもの数や母親の就労状況は，母親，父親，子どもの関係に影響を与える。平成29年4月1日現在の待機児童数は2万6,081人であり，増加傾向にある。今後はひとり親家庭の問題も含め，家族システムとして，その状況を踏まえたうえで考える必要がある。また，親子関係は，次章で述べられるきょうだい関係や友達関係にも影響を与えるものである。

2．「反抗期」の意義

幼児期と思春期に見られるといわれる反抗期の意義については，子どもにとっての反抗期が大人にとってどのような意義をもっていると感じられるのかという論点と，子どもにとっての反抗期が，子ども自身にどのような意味に感じられるのかという論点の2点が指摘されている。通常は前者の論点から大人が子どもの反抗期を子ども自身の自我の発達や自己主張の表れだと考えることで納得しようとする。そして，反抗期自体があるのかということになる。一方，後者の論点では，子ども自身がどう「反抗期」という時期を体験しているのかという見方が重要となる（佐々木，2011）。

反抗期の子どもにとって，その周囲との大人との関係はすれ違うことになり，このすれ違いはお互いに違ったものを見ていることにあると思われる。しかしながら，このすれ違いを通して，子どもは大人と決定的に相いれない自分を見出していくと思われる。したがって，両親にとって「反抗期がない」「育てやすい子だった」ということは必ずしも将来の何らかの問題につながるものではないが，子どもにとっての反抗期の意義を考える必要がある。

3．青年期の親子関係

乳児期の課題はその後の発達に影響することを前提としている。近年，青年期の親子関係，とくに母子関係が変化したことが指摘されている。世代間格差がな

第9章 親子関係の発達

くなり，母親と青年期の子どもが一緒に買い物に行ったり，とくに女子の場合には一緒にコンサートや旅行に行ったりすることも多い。

　また，青年期にいわゆる「第二次反抗期」を示さなくなったということがある。反抗期の「反抗」には親の立場や子どもの立場という異なる観点から，その意義が述べられてきたが，第二次反抗期は，児童期までの親や教師などの重要な他者から示されてきた価値や見方から離れ，みずからの価値や見方によって相対化し，見直す作業の中で生じる葛藤であるとされている。また，青年期の特徴として「心理的離乳」や経済的，精神的，人格的な「自立」が挙げられてきた。どちらも親から離れて，独立していくことを含んでいる。親に反抗しない理由としていくつか考えられるが，とくに，1970年代から80年代以降に子どもに対する親の威信が低下したことにより，親との友達のような対等な関係や親が干渉せず，子どもの自由にさせてくれるという理由が指摘されている（溝上，2011）。

　消費社会，情報化社会が進展するなか，親子間の明確な世代差がなくなり，青年期になっても親子で楽しむことも多くなっている。一方で，親が子どもの機嫌を過剰に気にしたり，子どもをアタッチメント対象と見なすことなども指摘されている。そして，懸命に子どもの世話をしようとして，大学生になった子どもに対しても，就職や将来の進路について親が関わることも多くなっている。

　重要なことは，乳児期から形成されたアタッチメントと内的作業モデルをもとに，青年期に親子関係を再構築し，社会において対等な人間関係を築きながら自律し，自立へと向かっていくことである。

◆学習チェック
□　アタッチメントの概念について理解した。
□　アタッチメントの形成過程について理解した。
□　内的作業モデルの機能について理解した。
□　いわゆる「反抗期」について，親と子どものそれぞれの立場から，その発達上の意義を理解した。

さらに深めるための推薦図書
　ボウルビィ Bowlby, J.（二木武監訳）（1993）母と子のアタッチメント．医歯薬出版．
　深谷昌志・深谷和子・青葉紘宇（2016）虐待を受けた子どもが住む「心の世界」―養育の難しい里子を抱える里親たち．福村出版．
　香山リカ（2013）新型出生前診断と「命の選択」．祥伝社．
　辻村みよ子（2012）代理母問題を考える．岩波書店．

第 12 巻　発達心理学

文　献

東洋・柏木惠子・ヘス，R. D.（1981）母親の態度・行動と子どもの知的発達．東京大学出版会．

遠藤利彦（2005）アタッチメント理論の基本的枠組み．In：数井みゆき・遠藤利彦編：アタッチメント．ミネルヴァ書房，pp. 1-31．

遠藤利彦・田中亜希子（2005）アタッチメントの個人差とそれを規定する諸要因．In：数井みゆき・遠藤利彦編：アタッチメント．ミネルヴァ書房，pp. 49-79．

本郷一夫（2007）親子関係．In：本郷一夫編：シードブック発達心理学．建帛社，pp. 101-112．

金澤忠博（2017）社会・情動発達の基礎．In：近藤清美・尾崎康子編：社会・情動発達とその支援．ミネルヴァ書房，pp. 2-19．

柏木惠子（2005）親となること．In：柏木惠子・古澤頼雄・宮下孝広：発達心理学への招待 新版．ミネルヴァ書房，pp. 64-71．

柏木惠子（2008）子どもという価値．中央公論新社．

数井みゆき（2017）観察法 Part2 アタッチメント Q ソート法．In：北川恵・工藤晋平編：アタッチメントに基づく評価と支援．誠信書房，pp. 87-101．

国立社会保障・人口問題研究所「第 15 回出生動向基本調査（結婚と出産に関する全国調査）」http://www.ipss.go.jp/ps-doukou/j/doukou15/doukou15_gaiyo.asp

厚生労働省「合計特殊出生率について」http://www.mhlw.go.jp/toukei/saikin/hw/jinkou/kakutei16/dl/tfr.pdf

三宅和夫（1990）子どもの個性—生後 2 年間を中心に．東京大学出版会．

溝上慎一（2011）反抗期のない大学生．教育と医学，59(5); 30-37．

尾形和男（2011）現代社会と父親．In：尾形和男編：父親の心理学．北大路書房，pp. 17-31．

大田堯（1990）教育とは何か．岩波書店．

坂上裕子（2005）アタッチメントの発達を支える内的作業モデル．In：数井みゆき・遠藤利彦編：アタッチメント．ミネルヴァ書房，pp. 32-47．

佐々木玲仁（2011）子どもにとっての反抗期の意義．教育と医学，59(5); 6-13．

上野永子・北川恵（2017）面接法—成人アタッチメント面接．In：北川恵・工藤晋平編：アタッチメントに基づく評価と支援．誠信書房，pp. 102-116．

梅村比丘（2017）観察法 Part1 ストレンジ・シチュエーション法．In：北川恵・工藤晋平編：アタッチメントに基づく評価と支援．誠信書房，pp. 68-86．

第10章　仲間関係・きょうだい関係の発達

仲間関係・きょうだい関係の発達

高橋千枝

Keywords　ピア，ギャング集団，チャムグループ，ジェンダー，性別違和，「気になる」子ども，関係性攻撃，親の障害受容，スクールカースト

I　仲間関係の成立

1．仲間とは

　仲間関係という用語は，幼稚園や保育所でいう「みんなお友達」という意味から，「特定の人と深いつき合いをする」いわゆる「親友」といった意味まで，じつにさまざまな水準で使用されている。本章では，仲間（peer）を「同じ興味・関心によって，共通の行動をとる同世代の他人」と捉え，その関係性について述べることとする。人間，とりわけ子どもたちはこの仲間との関係を通して他者理解・共感，社会的カテゴリーの理解，社会的規則の理解，コミュニケーション能力，自己統制能力といったさまざまなことを学ぶ（斉藤ら，1986）。本章では幼児期から青年期の仲間関係を述べ，発達支援の可能性について考えてみたい。

　仲間関係に関する研究は，1930年代頃から盛んに行われるようになった（本郷，2006）。初期の仲間関係に関する研究は，子どもたちの初期の行動は否定的な行動（物の取り合い等）から始まり，年齢が上がるにつれて社会的な行動をするようになるという発達は否定から肯定へと進むという考えのもとに研究が進められていたが，その後1970年代に入ると，初期であっても子ども同士の肯定的な相互作用に着目するようになった。近年では特別な支援を必要とする子どもや知的には問題はないが集団活動等において困難を示す「気になる」子どもといった幼児や児童への支援の観点から，仲間関係に影響を与える個体の要因を明らかにする研究や，関係性の発達そのものに焦点をあてる研究が行われ，仲間関係や仲間関係を通しての支援の重要性が高まっている。

2. 乳児期の仲間関係

　子どもはかなり早い時期から他者に興味を示すようになる。まず生後2カ月頃になれば他者を見るという行為が始まる。3, 4カ月頃には他者に向かって手を伸ばす, 他者に触ろうとする等の行為が出現する。生後6カ月くらいではかなりの社会的な能力をもつようになり, 相手のおもちゃをとるといった行動も見られるようになる。9カ月をすぎる頃には三項関係や共同注意（joint attention）が成立し, 他者とモノを介して関わる, 他者と意図を共有するようになる。しかしながら2歳ぐらいまでは集団の仲間というよりも二者の仲間関係が優位であり, また子ども同士というよりも対大人もしくは大人を介しての関わりが多い。さらにおもちゃのような魅力的なモノの存在によりモノを占有したいという欲求が勝り, 逆に人とのやりとりが不可能になり, さらにはトラブルに発展する場合も多く見られる。

3. 幼児期の仲間関係

　乳児期に引き続き, 子どもたちのモノの占有によるいざこざは幼児期に入ってもトラブルの主要な要因である一方で, 幼児期の子どもたちは大人の介入なしに子どもたちだけで何とかトラブルを解決しようとするようになる。就学前になると, もちろんトラブルはまだあるものの, 子ども同士の集団で協同し, 複雑なルールも交えた遊びも活動の中に取り入れられるようになる。5, 6歳になると多くの幼児が子ども同士の関係の中で友達と相談したり妥協したりしながら一緒に遊べるようになっていくのに対して, 保育において「気になる」子どもは難しさを示す（本郷ら, 2016）ため（詳細はⅡ節「仲間関係への支援」を参照のこと）, 保育者は注意が必要である。

　幼児期の子どもたちは仲間関係を通してさまざまなことを学ぶ。とりわけ仲間との遊びを通して対人関係スキル, 決まりや慣習に従う力, すなわち社会性を身につける。この子どもの社会的行動の発達のプロセスに影響を与える人々の集まりや制度のことをエージェントという（本郷, 2006）が, 幼児期における仲間の存在も互いのエージェントとして重要となる。児童期になると自分が他者（significant others）からどのように思われていると考えているかが自尊心（self-esteem）の育ちと関係してくる（Rosenberg, 1986）が, その際に肯定的な自尊心を築くことができるよう, 幼児期は友達といて楽しい, 友達を認める, 友達に認められるといった経験を重ね, 仲間との肯定的関係を育てていく重要な時期であるといえ

第 10 章　仲間関係・きょうだい関係の発達

る。

4．児童期の仲間関係

　児童期になると幼児期よりも密接に特定の他者と小集団を形成するようになる。この時期の特定の相手との小集団を「ギャング集団」といい，この集団を形成する時期を「ギャングエイジ」ともいう。ギャング集団は，子どもたちが自発的に結成する小集団であり，男子に特徴的ともいわれている。子どもたちはこの小集団内において仲間と行動を共にすることを通して集団の規律や慣習，役割分担や責任観といったことを学び，社会性を発達させていくのである。また同じ活動を共に行うことで集団内の親密性を高めてもいく。最近では生活環境の変化からギャング集団があまり見られなくなったとの指摘もある。

　「親友」といわれるような親密な仲間関係が出現してくるのも児童期以降の仲間関係の特徴であろう。児童期になると幼児期に見られるような「家や座席が近い」「クラスが同じ」といった物理的近接性で関係を築くだけでなく，「自分と同じ興味・関心をもっている」といったような「類似性」も仲間関係形成の重要な要因になってくる。

5．思春期・青年期の仲間関係

　思春期および青年期初期の仲間集団についてはチャムグループといわれる集団が見られる。チャムグループとは中学生頃に多く見られる同性の仲間集団であり，女子に特徴的ともいわれてもいる。児童期に見られるギャング集団と同様に，一緒に同じ活動をすることで親密性を高めていく。また時には親よりも仲間を優先する場合もある。この時期の親への思いについては，中学校 1 年生を対象にインタビューを実施した調査（高橋ら，2014）から読み取ることができる。友人関係で困った場合に誰に相談するかという質問に対して，「親に相談はしない」と答えた生徒の理由に「親しいからこそ言えない」という理由が見られた。同様に親に関する問題に対しても「友人に迷惑をかけたくないので親のことは相談しない」という理由もあった。この時期の大人への反応については，たんに反抗期だからということだけではないことを考慮に入れ，上述したような子どもなりの配慮を大人は理解しておきたい。

　チャムグループを形成する時期は同質なものを好むことと同時に異質なものを排除する傾向もある。最近ではスクールカーストといったような言葉も出現している。スクールカーストとは，クラス内のステイタスを表す言葉として若者たち

の間で広がり定着してきた言葉である（森口, 2007）。森口は，子どもたちは中学や高校への入学やクラス分けの際に，各人のコミュニケーション能力，運動能力，容姿等によりクラス内でのポジションを探り，インドのカースト制度のような変動制の低い階層を作り上げ，そして高いポジションを獲得した者と低いポジションを獲得した者とではその後の学校生活が異なってくると述べている。スクールカーストは 2000 年に入った頃から取り上げられてくるようになり，生徒の学級での生活や学校適応に影響を与えるという研究も示されている。水野ら（2017）は，中学生のスクールカーストと学校適応の関連を調査し，クラスで高い地位のグループに属している生徒ほど集団間の地位格差の是認を志向し，階層関係への志向や正当化が，階層関係の存在する学校環境への適合感を引き上げたことを明らかにした。水野らも指摘しているように，これまでの研究や教育実践では，いかに学校適応を高めるかに焦点があてられてきているが，スクールカーストのような支配的な階層環境の中で高地位グループにいる生徒は，下のグループの生徒に対して支配的，また抑圧的であることが考えられるため，学校に適応しているからといって仲間との関係が肯定的とは限らない。思春期以降の仲間関係の支援については単純に学校に適応しているかどうかということだけではなく，多角的にアセスメントをする必要があるようだ。

6．青年期後半の仲間関係

　思春期・青年期初期の疾風怒濤の時期を経て青年期の後半に入ると仲間関係も落ち着きを見せるといわれている。この時期の仲間集団は「自分にはないものをもっている」「お互いに影響を与え合うことができる」といった「相補性」「相互性」により仲間関係が形成され，また年齢が上がるにつれて，自己開示といったより内面的なつき合いをするようにもなり，しだいに特定の相手との関係を深めていくのである。この時期の仲間集団はピアグループとも呼ばれ，異質なものも認めたうえでの仲間関係となる。ギャング集団やチャムグループが同性の集団であったのに対して，ピアグループは同性の場合も異性の場合もある。

　青年期後半からは，恋愛行動により親密性を深める（romantic relationships）ことも発達的に大切なことである。青年期における恋愛行動は，何気ない会話を交わすといったことから始まり，デートや会話を重ねていくことで自分たちもまた周囲も交際相手として認める二者関係に発展する（松井, 1990; Furman et al., 2012）。友人関係の質と恋愛関係の質には関連が示されており，思春期・青年期初期の友人関係の質が高ければ高いほど，その後の恋愛に関する回避型のアタッ

第10章　仲間関係・きょうだい関係の発達

チメント行動を示すことが少ないこともわかっている（Fraley et al., 2013）。青年期以降の対人関係は単なる友人関係を超え，恋愛関係そして生涯におけるパートナーとしての関係を深める時期でもある。

7．仲間関係と性

　恋愛関係や生涯を共にするパートナーとの関係は，これまで異性を選択することが当たり前とされてきた一方で，今日では生物学的な性差であるセックスにも社会的に作られた性差であるジェンダーにもとらわれない多様なパートナーの選択が理解されるようになってきている。セックスやジェンダーの概念に加え，自分の恋愛対象や性的興味の対象がどのような性（同性，異性，両性等）なのかといった性的指向や，自分自身がどのような性であると認識しているかといった性自認等のセクシュアリティの概念もあわせてパートナーとの関係や人間関係を捉えようとすると，じつに多種多様な関係性が見えてくる。最近では，性的マイノリティをLGBT（L：レズビアン〔Lesbian〕，同性愛女性；G：ゲイ〔Gay〕，同性愛男性；B：バイセクシュアル〔Bisexual〕，両性愛者；T：トランスジェンダー〔Transgender〕，出生時の性別とは異なる性別に帰属）と表現し性的多様性について理解しようとする活動も盛んになり，一般にも広く知られるようにもなってきた。また出生時に指定されたジェンダーと自分が体験し表出するジェンダーが時間や状況に関係なく著しく一致しない状態を性別違和（Gender Dysphoria; DSM-5; American Psychiatric Association, 2014）といい，性別違和も性的マイノリティの1つとされる。性別違和はDSM-Ⅳでは性同一性障害（Gender Identity Dysphoria）と呼ばれていた。

　日本の成人トランスジェンダー当事者への調査では，職場や学校，とくにトランスジェンダー男性は友人に受け入れられていると思うことがジェンダーアイデンティティを高めることにつながることが明らかとなっている（佐々木，2017）ため，子どもたちへの支援についても医療機関と教育機関が連携し，当事者への直接的支援と同時に，家族や教師そして周囲の子どもたちへの間接的支援も重要であると考える。2018年には日本でも性別違和（性同一性障害）に対する性別適合手術の保険適用が認められたが，手術の前に行われていることの多いホルモン療法は保険適用外といった混合診療の問題などもあり，未だ完全な医療制度とはなっていない。性の多様性が理解されるようになってきた一方で，性的マイノリティに対する偏見も根強く残っており，今後さらなる法の整備と社会の理解が必要である。

II 仲間関係への支援

1. 幼児期の仲間関係への支援

　幼児期後半になると仲間関係をより深めていく一方で，仲間とのいざこざを経験することにもなる。幼児期のいざこざの多くはモノの占有によることが多いが，仲間関係に深刻な影響を与えるいざこざとして，幼児期の関係性攻撃（relational aggression）には注意を払う必要があるだろう。関係性攻撃とは仲間との関係性を操作すること（一緒に遊ばない，悪口を言う等）によって相手を傷つける攻撃のことをいう（Crick et al., 1995）。この関係性攻撃は幼児期後半から子どもたちに現れてくる。そして関係性攻撃を多く行う幼児は共感性が高く（畠山ら，2012），攻撃した相手の情動も認知していると考えられるため，他児への直接的な攻撃（身体的攻撃，暴言を吐く等）に対する介入とは異なる支援や配慮が必要である。幼児期の子どもたちには保育者が介入し被害を受けた児の情動を他児と共有する支援が関係性攻撃の解決に有効であるという結果が得られている（畠山ら，2003）ことから，支援者は攻撃をやめさせるだけではなく，発達に沿った形で丁寧に被害を受けている児の状況を説明する必要があると考えられる。関係性攻撃が深刻になってくると，いわゆるいじめにつながっていく可能性も考えられるため，早期に発見し早期に対応したい問題である。

　保育・幼児教育場面においては障害のある子どもに加え，知的な遅れはないものの，自分の行動や感情をコントロールすることができず，対人関係に困難を示す，いわゆる「気になる」子ども（本郷ら，2016; 本郷，2018）の支援が課題となっている。本郷らは社会性発達チェックリストを用いて保育場面における「気になる」子どもの社会性発達の特徴を明らかにし，集団への支援について検討している。「気になる」子どもの特徴としては，集団が大きくなる3歳児クラス以上になると〈集団活動〉〈子ども同士の関係〉に関する領域において典型発達児との通過率（項目の内容ができる子どもの割合）の差が大きくなり，とりわけ，「大人が終始見ていなくても，4〜5人の子どもと協力して遊べる」「集中して15分程度先生の話を聞ける」「自発的に他児に謝ることができる」「幼い子どもの世話ができる」「友だちと相談したり，妥協したりしながら一緒に遊ぶ」といった，自分を抑えながら他児との協調を保つことが困難になってくることがわかっている（表1）。

　一方で〈言語〉や〈認識〉の領域は典型発達児との差が他の領域ほど大きくな

第 10 章　仲間関係・きょうだい関係の発達

表1　典型発達児と「気になる」子どもの差の平均が大きい（15 ポイント以上）項目の通過率（%）（本郷ら，2016;本郷，2018 より作成）

項目		典型発達児					「気になる」子ども				
		2歳	3歳	4歳	5歳	6歳	2歳	3歳	4歳	5歳	6歳
集団活動	大人が終始見ていなくても、4〜5人の子どもと協力して遊べる	1.7	18.7	68.0	95.4	98.5	0.0	12.3	30.9	63.9	76.7
	集中して15分程度先生の話を聞ける	6.5	29.4	56.6	82.0	89.7	6.4	8.8	18.2	36.1	56.7
子ども同士の関係	ブランコなど自分から順番を待つ	22.8	78.3	95.5	99.6	99.5	8.5	33.3	72.7	90.2	96.7
	自発的に他児に謝ることができる	23.1	48.9	88.1	95.8	99.5	10.6	19.3	58.2	83.6	86.7
	幼い子どもの世話ができる	4.8	23.8	61.5	89.8	93.8	0.0	10.5	36.4	63.9	86.7
	友だちと相談したり、妥協したりしながら一緒に遊ぶ	1.0	12.8	58.6	89.8	95.4	0.0	5.3	23.6	60.7	66.7

く，また言語の表出と対人的トラブルに正の相関を示す（本郷ら，2010）ことも報告されていることから，個々の領域における発達には問題がない，むしろ認知発達や言語発達においては他児よりも高いからこそ起こるようなトラブルにも配慮しながら支援計画を考えることも必要である。さらに3歳児クラス以上になると，運動会や発表会といった行事等では集団で活動することを意図的に求められてもくるため，いままで以上に気になる行動が顕著に現れるようにもなる。そのためにも早期発見，早期支援に努めたい。

2．児童期以降の仲間関係への支援

　知的水準も上がり仲間関係もより深く複雑になってくる児童期以降では，支援が必要になった場合は幼児期以上に慎重にならなければならない。これは前述した関係性攻撃のように，児童期以降は顕在化されない形で深刻化してしまう問題が多くなってくるためでもある。中学校の教師評定による調査では，多くの生徒から好かれていると教師が認知している生徒であっても，関係を拒否するといった関係性攻撃を多く行う生徒ほど抑うつ・不安傾向および非行的行動といった心

理社会的不適応傾向が強まることも明らかとなっている（濱口ら，2015）。つまり，攻撃をしている本人も実は苦しんでいる可能性も考えられる。支援をする場合は攻撃をしているからといって単純にやめさせるだけではなく，その背景にある真の要因にも留意しなければならない。いまは人気があっても突然人気がなくなったらどうしよう，攻撃をしていてもいつか仕返しされるのではないか，無視や陰口といった関係性攻撃をしているのが自分だと大人にわかってしまったらどうしよう等といった不安から，よりいっそう攻撃をしてしまう可能性もあるかもしれない。思春期および青年期初期は自分自身のことも理解できず自己コントロールが難しい時期である。自分でもよくわからなくなってしまっている自身の感情状態を，攻撃をしている側にも受けている側にも大人が丁寧に説明することも重要なことであろう。

III 仲間関係と家族

1．仲間関係と親子関係

仲間関係と親子関係，とりわけ母子関係との関連については，①発生的に独立であるとする「独立仮説」，②類似しているとする「類似仮説」，③仲間関係の起源は母子関係にあり，母子関係が先行すると捉える「先行仮説」。④母子関係と仲間関係は相互に影響し合う「相互影響仮説」，⑤母子関係と仲間関係は一般社会の発達の中で同時期に同じシステムで並行して発達する「一般的社会性仮説」等の仮説が提唱されてきた（Vandell, 1980; Lamb et al., 1989）。現在ではそれぞれが別の機能をもち互いに影響し合っているという相互影響仮説の捉え方が支持されているが，それでも先行仮説や類似仮説のように母子関係と関連させて捉えられることも多くある。仲間関係と親子関係における集団単位の規模や質，年齢構成等の違いを鑑みると，仲間関係への支援を考える際には，親子関係を考慮に入れつつも，親子関係とは独立させて考える必要があるだろう。

2．仲間関係ときょうだい関係

きょうだいは親子と同様に人の一生の中で大半の時間を共にすごす。親子関係がタテの関係で仲間関係がヨコの関係といわれているように，きょうだい関係はナナメの関係とも呼ばれている。しかしながらきょうだい関係の研究は多くの時間をすごす相手であるにもかかわらず親子関係や仲間関係ほど進んでいないのが現状である。

第 10 章　仲間関係・きょうだい関係の発達

　きょうだい関係の研究といえば古くは双生児研究が挙げられる。これは遺伝か環境かといった問題や気質研究の問題で多く取り上げられてきた。代表的な研究としてはゲゼル Gesell の成熟優位説がある。ゲゼルは双子の一方に早期に階段上りを練習させ，階段が登れるようになった頃，もう一方にも階段上りを練習させると，遅れて階段上りを練習させた方は早期に練習した方よりも時間をかけずにすぐに上れるようになったことから，人間は課題を達成するためにはその課題を達成するに適した時期があり，早期に訓練すれば早期に発達するわけではないというレディネスを主張した。

　きょうだい関係と仲間関係の関連性について言及している研究では，ダン（Dunn, 2004）が子どもの仲間への対応ときょうだいへの対応には子どもの親子関係や子どもの気質が関係し，安定した親子関係を築く子どもはきょうだいや仲間へ一貫した行動をとる特徴が見られるということを示している。また年長のきょうだいと協同遊びをした経験のある子どもは，他者の意図や感情を理解できるということも報告している。これは単にきょうだいの有無が他者理解を高めるのではなく，年上のきょうだいは遊びの中で他者の意図や思いを考慮しているため，年下のきょうだいはそれを暗黙のうちに理解していくと考えられる。また他者理解や他者の情動理解は後の仲間関係の質にも影響を与えると述べている。一方で，トラブル等の否定的な状況においては仲間への対応ときょうだいへの対応では異なることも明らかにしている。たとえば仲間との間で問題が生じた場合，子どもたちは仲間との関係が危機に陥らないように何とか問題を解決しようとするが，きょうだいの場合は，単純に敵意を表し，きょうだいに負けないように自分の考えを主張するといった違いも見られている。

　一言できょうだいといっても，長子であるか末子であるか，きょうだいの人数や性別，きょうだいができた時期等によって多種多様なきょうだい関係が存在する。きょうだいが誕生することで「世話をしたい」といった養護性が芽生えることもあるし，突然兄姉になったことで赤ちゃん返りのように一時的に発達が後退しているように見える場合もある。仲間関係と異なり，きょうだい関係は自分の意志で選択できる関係ではない。子どもの頃に豊かなきょうだい関係を築けるようにするためにも身近な大人の配慮や支援が重要となるだろう。加えてきょうだい関係における他者理解や情動理解の高低が仲間関係に影響を与えている。きょうだい関係と仲間関係の関連性については今後もさらに検討が必要である。

141

3．障害児（者）のきょうだい関係

　きょうだいに障害のある者がいた場合，そのきょうだい関係にはどのような影響があるだろうか。障害児のきょうだい関係を述べる前に，障害児（者）の親子関係について少し触れる。子どもに障害があった際の親の障害受容プロセスについてはドローターら（Drotar et al., 1975）のモデルが広く知られている。第1段階はショック（shock）である。親ははじめて子どもの障害を聞かされたとき，理性を失うほどのショックを受ける。第2段階は否定（denial）である。ショックを受けた後に親は子どもの障害や家族のおかれた状況を否定しようとする。第3段階は悲しみ，怒り，不安（sadness, anger, and anxiety）である。子どもの将来を考え不安になったり，そんなことを考える自分自身に怒りを感じたりする段階である。第4段階は受容（adaptation）である。受容までに要する時間はそれぞれであるが，親は子どもと関わりながら子どもの障害を受け入れていく。そして第5段階の再構成（reorganization）である。子どもが抱えている課題に対応しながら自分たちが子どもにできるサポートを考え，子どもだけではなく夫や妻へのサポートを考えることもできるようになる。また夫婦の家族や友人・知人との関係も変化する。

　上記のように，親は成人してから子どもの障害に向き合うことになるが，障害児とそのきょうだいに関しては，共に幼少期をすごし共に成人していくことから，親の障害受容とは少し異なったプロセスがあると考えられる。障害をもつ子どもがそのきょうだいに与える影響は，障害のあるきょうだいの存在そのものよりも，出生順位，年齢間隔，障害の種別や程度，性別，両親の障害についての考え方や日々の対応の仕方，周囲の障害に対する理解などによって異なることが報告されている（藤井，2004）。また障害があるきょうだいとの関係をインタビューで遡及的に語ってもらった調査（岸本，2018）では，障害種に関係なく，自身の発達と共にきょうだいに対する意識の変容が見られた。幼児期の頃は障害のあるきょうだいとすごすことは当たり前であり，かわいい，好きといったポジティブな感情をもって接している一方で，障害を意識しはじめる時期でもあり，自分ときょうだいが異なった発達をたどっていることを知る時期でもある。また障害のあるきょうだいに遠慮して親に甘えられないという意識も芽生える。児童期になると，きょうだいと一緒に療育や障害児（者）の会等に参加し，社会的ネットワークが広がり，通常ではできない経験ができていると感じる一方で，学校や社会からの偏見等に気づき，つらい経験もしやすい傾向にある。思春期青年期になると，本

第10章　仲間関係・きょうだい関係の発達

人もきょうだいも精神的に不安定になる時期であり，時には家庭内が安心できる場所ではなくなるため，塾や部活動に熱中し，家庭・家族に目を向けなくなる傾向も見られる。成人期を迎え自身の進路を考え出すようになると，家族やきょうだいを支えたいと思うようになる。福祉関連の仕事に就くきょうだいも見られる。また成人期は結婚を考える時期でもあるため，きょうだいの障害をいつパートナーに報告するかということも大きな課題である。ただしどのように報告するかであってけっして「黙っていよう」「報告したくない」ということが語られているわけではなく，この時期になるときょうだいに対する障害受容は完了していると考えられる。また親が老いた後にきょうだいをどのように支援するかといったことも考えはじめる時期である。

　障害をもつきょうだいがいることでのストレスや負担は通常のきょうだい関係と同様もしくはそれ以上に感じられることもあるだろう。また児童期以降はきょうだいがからかいや偏見の標的となり，いじめ等に発展する可能性もあり，さらに成人期以降もきょうだいへの支援の課題や悩み等は継続してあることからも，障害児（者）のきょうだいへの支援は，それぞれの発達時期によって異なる内容に柔軟に対応できる生涯を通しての支援の必要性を考えなければならない。

IV　仲間関係の役割

　幼児期になると子どもたちは保育所や幼稚園，認定こども園といった施設において同年齢集団ですごす時間が増える。日本ではほとんどの子どもたちが小学校に入学する前に何らかの保育・幼児教育施設において同年齢の集団生活を経験している。少子化といわれて久しいが子どもの数が減少していくなかで，日本の保育・幼児教育施設は子どもの仲間関係を豊かにする重要な場所といえるであろう。

　仲間関係の発達は家が近いといった物理的な近接性から，同じことを共有するといった類似性，そして自分とは異なる，また自分にないものをもっている相手を認めることができるといった相補性・相互性へ変化していくと考えられる。親や教師，きょうだいそして仲間や学校といった人物や場所は子どもたちが社会化していく際の重要なエージェントである。少子化や社会環境の変化が著しい現代において，3つの間（時間，空間，仲間）が失われているといわれて久しい。幼稚園や保育所，こども園といった環境はただ子どもを預ける場所ではなく，3つの間と子どもたちにとっての重要なエージェントを提供する機関となりうる。また小学校以降は仲間と学び合うことで充実した楽しい時間を共にすごす子どもた

第 12 巻　発達心理学

ちの居場所となる必要がある。しかしながら一部の子どもたちにとっては学校や
クラスが居場所とはならず，苦しい場所になってしまっている。もちろん学校で
の生活は私たちにとってとても大切であるため，居場所となるように支援すると
同時に，学校の仲間だけがすべてではないこと，少し視野を広げれば，自分の周
囲にはたくさんの仲間が存在することも伝えていきたい。

　インターネット等の普及に伴い，SNS 等の情報伝達のシステムが目覚ましい発
展を遂げ，私たちにとって欠かせない情報伝達およびコミュニケーション・ツー
ルとなっている。遠くにいても，直接会わなくても簡単に情報を授受することが
できる便利な社会になった一方で，顔がわからない匿名性の高さが子どもたちに
深刻な影響を及ぼしているようにも思える。教室内では顕在化されず，インター
ネットの中で教師や保護者，場合によっては本人の目にすら触れない形で真偽情
報が文字通り「拡散」され，互いを疑うような雰囲気を作ることだけは避けたい。
情報社会となったいまだからこそ，子どもたちには仲間からの情報を取捨選択す
る力を育てることも必要に思う。

◆学習チェック
□　乳児期から青年期までの仲間関係の発達を理解した。
□　関係性攻撃を理解した。
□　ギャング集団，チャムグループ，ピアグループの違いを理解した。
□　性的指向，性自認，性別違和といった性の多様性を理解した。
□　障害児（者）の親の受容およびきょうだいの受容のプロセスを理解した。

さらに深めるための推薦図書

　井上健治・久保ゆかり編（1997）子どもの社会的発達．東京大学出版会．

　鯨岡峻（2015）保育の場で子どもの心をどのように育むのか―「接面」での心の動き
　　をエピソードに綴る．ミネルヴァ書房．

　倉本美香（2017）目と鼻のない娘は 14 才になりました―生まれてくれてありがとう．
　　小学館．

　長崎勤・森正樹・高橋千枝編（2013）社会性発達支援のユニバーサルデザイン（日本
　　発達心理学会「発達障害」分科会企画）．金子書房．

　大久保智生（2010）青年の学校適応に関する研究―関係論的アプローチによる検討．
　　ナカニシヤ出版．

　　　文　　　献

American Psychiatric Association（日本精神神経学会日本語版用語監修，髙橋三郎・大野裕監訳）
　（2014）DSM-5 精神疾患の診断・統計マニュアル．医学書院．
Crick, N. R. & Grotpeter, J. K.（1995）Relational aggression, gender, and social-psychological

第 10 章 仲間関係・きょうだい関係の発達

adjustment. *Child Development*, 66; 710-722.
Drotar, D., Baskiewicz, A., Irvin, N., Kennell, J. & Klaus, M.（1975）Adaptation of parents to birth of an infant with a congenital malformation: Hypothetical model. *Pediatrics*, 56; 710-717.
Dunn, J.（2004）Siblings and friends. In: J. Dunn: *Children's Friendships: The Beginnings of Intimacy*. Blackwell publishing, pp. 142-154.
Fraley, R. C., Roisman, G. I., Booth-LaForce, C. et al.（2013）Interpersonal and genetic origins of adult attachment styles: A longitudinal study from infancy to early adulthood. *Journal of Personality and Social Psychology*, 104; 817-838.
Furman. W. & Winkles, J. K.（2012）Transformations in heterosexual romantic relationships across the transition into adulthood "Meet me at the bleachers... I mean the bar." In: B. Laursen & W. A. Collins (Eds.): *Relationship Pathways: From Adolescence to Young Adulthood*. Sage, pp. 191-213.
藤井和枝（2004）育児支援・家族支援の方法．In：柴崎正行・長崎勤・本郷一夫編：障害児保育．同文書院，pp. 157-179.
濱口佳和・渡部雪子・臼倉瞳（2015）中学生人気児・拒否児における関係性攻撃と心理社会的適応との関連―教師評定尺度を用いた検討．筑波大学発達臨床心理学研究，26; 1-9.
畠山美穂・畠山寛（2012）関係性攻撃幼児の共感性と道徳的判断，社会的情報処理過程の発達研究．発達心理学研究，23; 1-11.
畠山美穂・山崎晃（2003）幼児の攻撃・拒否的行動と保育者の対応に関する研究―参与観察を通して得られたいじめの実態．発達心理学研究，14; 284-293.
本郷一夫（2006）社会的行動の発達的変化．In：海保博之・楠見孝監修：心理学総合事典．朝倉書店，pp. 471-482.
本郷一夫（2018）社会性発達チェックリスト（改訂版）の目的と作成プロセス．In：本郷一夫編：「気になる」子どもの社会性発達の理解と支援―チェックリストを活用した保育の支援計画の立案．北大路書房，pp. 1-14.
本郷一夫・飯島典子・平川久美子（2010）「気になる」幼児の発達の遅れと偏りに関する研究．東北大学大学院教育学研究科研究年報，58(2); 121-133.
本郷一夫・飯島典子・高橋千枝ら（2016）保育場面における「気になる」子どもの社会性発達―「社会性チェックリスト」から捉える「気になる」子どもの特徴．臨床発達心理実践研究，11; 85-91.
岸本綾香（2018）障害児（者）のきょうだいが障害児（者）にもつ意識の変容．2017 年度鳥取大学地域学部卒業論文（未刊行）．
Lamb, M. E. & Nash, A.（1989）Infant-mother attachment, sociability, and peer competence. In: T. J. Berndt & G. W. Ladd (Eds.): *Peer Relationships in Child Development*. John Willey and Sons, pp. 219-244.
松井豊（1990）青年の恋愛行動の構造．心理学評論，33(3); 355-370.
水野君平・太田正義（2017）中学生のスクールカーストと学校適応の関連．教育心理学研究，65; 501-511.
森口朗（2007）スクールカーストで「いじめ」を把握する．In：森口朗：いじめの構造．新潮社，pp. 27-60.
Rosenberg, M.（1986）Which significant others? In: M. Rosenberg: *Conceiving the Self*. R. E. Krieger, pp. 83-98.
斉藤こずゑ・木下芳子・朝生あけみ（1986）仲間関係．In：無藤隆・内田伸子・斉藤こずゑ編：子ども時代を豊かに―新しい保育心理学．学文社，pp. 59-111.
佐々木掌子（2017）多様な性同一性の形成．In：佐々木掌子：トランスジェンダーの心理学―

多様な性同一性の発達メカニズムと形成.晃洋書房,pp. 79-161.
高橋千枝・小林勝年・田中大介ら(2014)中学1年生の居場所に関する検討.日本発達心理学会第25回大会.
Vandell. L. D. (1980) Sociability with peer and mother during the first year. *Developmental Psychology*, **16**; 355-361.

第11章

自己の発達

鈴木智子

━ *Keywords*　主我 (I)，客我 (Me)，自己感，客観的自己覚知，自己概念，自尊感情，自己
肯定感，有能感（コンピテンス）

■ I　自己の理論と概念

1．ジェームズの主我 (I) と客我 (Me)

　ジェームズ（James, 1890）は，『心理学の原理』（*The Principles of Psychology*）
の中で，自己を2つに分類している。1つは，「主我 (I)，実存的自己」と呼ばれ，
感じたり，考えたり，行動したりする「主体としての自己」を指している。もう
1つは，「客我 (Me)，経験的自己」と呼ばれ，自分自身が何を感じ，考え，行動
したのかを客観的に捉えるとき，その捉える「対象（客体）としての自己」を指
している。さらにこの客我 (Me) を「物質的自己」「社会的自己」「精神的自己」
の3つの構成要素として分類した。この自己に対する2つの捉え方は，その後の
さまざまな研究者に受け継がれ，自己の捉え方の原点となっている。

　自己概念とは，「自分とは何か」に対する評価，判断，概念を指し，乳児の頃か
ら物理的環境や対人的環境を通して，発達的変化を遂げていくものである。自己
概念は，ジェームズの示した「客我 (Me)」のような1つのまとまりとしての一
般的 (general)，包括的 (global)，全体的 (whole) な自己と「物質的自己」「社
会的自己」「精神的自己」のような特定の領域固有の自己に分けて考えられてい
る。以下では，自己の発達について，代表的なナイサー（Neisser, 1995）とス
ターン（Stern, 1985）の理論を紹介していく。

2．ナイサーの5種類の自己

　認知心理学者であるナイサー（Neisser, 1995）は，ジェームズの考え方をさ
らに発展させて，5種類の自己を想定し，成長に応じて形成されていくとしてい

表 1　ナイサーによる5種類の自己（Neisser, 1995）

生態学的自己 (ecological self)	物理的環境の中で行為するなかで視覚、聴覚、前頭前野などの情報を連続性の中で知覚される自己。乳児期のかなり初期から知覚される。
対人的自己 (interpersonal self)	人に特有の感情的な交流（ラポール：音声、アイコンタクト、身体接触など）やコミュニケーションによって特定される。生態学的自己と同様に乳児期の初期に出現する。
概念的自己 (conceptual self)	自分自身の性質についての言語的に獲得された情報に基づいた個人的な心理的表象である。生後2年目のはじめ頃から考えることができる。
時間的拡張自己 (temporally extended self)	個人的な記憶や予想に基づいたライフストーリーによって形成されている。概念的自己をもつまでは現れない。また4歳までは現れない。
私的自己 (private self)	自分の経験は、自分だけのもので他者と共有していないことに気づくことで現れる。いつ頃現れるかは定かではないが、時間的拡張自己が前提となる。

る（表1）。このうち生態学的自己と対人的自己は「主体としての自己」にあたり、概念的自己、時間的拡張自己、私的自己は「客体としての自己」にあたる。

3．スターンの自己感の発達

　スターン（Stern, 1985）は、乳児はどのような主観的世界に生きているのか、という疑問を自己感（sense of self）という概念によって説明している。自己感には、他から区別された、一個の均衡のとれた肉体であるという自己感、行動の発動者、感情の体験者、意図の決定者、計画の設計者、体験の言語への転換者、伝達者、個人的知識の共有者であるという自己感など、さまざまな自己感が存在し、それぞれを感じている、また行っているのが自分自身であるという感覚（意識）を指している。生後すぐから自己と他者を区別する自己感が存在し、概念ではなく直接的体験レベルの感覚を指している。

　この自己の発達を4つの自己感によって示している（図1）。新生自己感とは、出生後から2カ月の間に作られ、この間に乳児は自分が体験する感覚、沸き起こる情動を体験しており、それらを自己の感覚として組織化する時期とされる。これらの過程を経て生後2カ月時には、他者との目と目の触れ合いを求め、他者の笑いを受けて、頻回に笑う、発声するようになる、運動パターンが成熟し、脳波が変化し、睡眠‐覚醒サイクルが安定するという大きな質的変化が見られる。2～6カ月に形成される中核自己感には、自己‐発動性、自己‐一貫性、自己‐情動性、自己‐歴史という4つの感覚が必要となる。この4つの感覚が社会性をもった主観的見通しへと統合される結果、中核自己感が形成される。7～15カ月

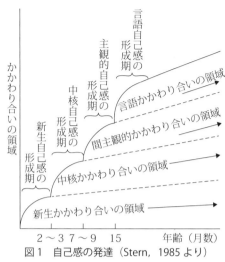

図1 自己感の発達（Stern, 1985 より）

に形成される主観的自己感では，自己と他者の内的な交流が始まる。自己と他者が同じように感じ，考えるのだということが理解できるようになり，各々の主観的な体験を共有する間主観性（intersubjectivity）が可能となる。目に見える活動や直接的な知覚だけに関心が向けられていた中核自己感とは異なり，主観的自己感は，相手の行動の背後にある内的主観状態へと関心を向ける。この時期に生じる，共同注意，指さし，社会的参照も間主観性の表れとして説明されている。15カ月以降形成される言語自己感とは，生後2年目になって言葉が話せるようになり，言葉を扱っている自分という感覚をもった自己感を示している。言葉や象徴機能の発達により，自己を客観化する能力，自己反映能力，言葉を理解し作り出す能力が可能となり，これらの能力に基づいて言語自己感が形成されていく。これら4つの自己感は，次のものが前のものに取って代わるわけではなく，一度形成されたら各自己感は一生涯機能し続け，活発に共存し続けることが想定されている。

II 乳幼児期の自己の発達

1．身体的自己の知覚

　身体的自己とは，環境と相互作用することにより知覚される自己であり，自己の身体と環境（物，人）とを区別し，環境に意図的，効力的に働きかけるようになる自己を示している。たとえば，空間の中で，自分が自分の身体に触れていると

きは、「触れている」感覚と「触れられている」感覚の両方「二重接触」（double touch）を感じ、他者が自分の身体に触れているときは、「触れられている」感覚のみを感じる。ロシャ（Rochat, 2001）は、新生児でもこの自己と他者に触れられているときの違いを認識できることを明らかにし、生後すぐから身体的自己の感覚をもっていることを示した。また、生後2カ月頃にはじめて物を口にもっていくようになり、生後5カ月頃にかけて手にもった物を見たり、片手で支えて片手でいじったりするようになるという目と手の協応が発達していくとした（Rochat, 2001）。

2. 三項関係の形成と他者から見た自己

このように、環境に対して働きかけていくなかで、物理的環境や対人的環境である他者に対する理解と期待を発達させる。このうち他者との関わりの転機は生後9カ月頃に見られる（図2）。トマセロ（Tomasello, 1995）によれば、生後9カ月以前は、aのように物だけ、bのように大人（他者）だけと関わり、それらをコーディネートすることはない。しかし、生後9〜12カ月頃から、状況は劇的に変化し、cのように大人が何に注意を向けているのか、理解できるようになる。ある共通の物に子どもと大人が同時に注意を向けており、さらに互いに同じ物に注意を向けていることに気づいている状態を共同注意と呼び、これらの子ども、大人（他者）、物の3つが同時に関わることを三項関係の形成と呼ぶ。この成立を利用して、状況の良し悪しが不確かな場合に、他者がその外界の状況に向けた感情を手がかりにその状況を判断しようとする社会的参照を行う。この成立の中で、dのように大人の注意が自分自身に向いており、その注意を理解することで、自分自身を客観視することもできる。他者が自分をどのように感じているかを理解できるようになることで、ナイサーのいう概念的自己にあたるシャイネスや自己意識（self-consciousness）、自尊感情（self-esteem）の感覚の発達の可能性が開いていく。

3. 自他の区別と反抗期

1歳半頃から、さまざまな場面で自己と他者の名前、自己の物と他者の物の区別をし始める（植村, 1979）。この区別は、具体的な物（服、靴など）から空間（席、ロッカー）へと広がっていく。また、1歳前半は指さしで要求、1歳後半は言葉で要求、2歳前半には自分の名前を挙げて要求するように変化する。同時期の乳児期後半から2歳後半にかけて、大人の指示や要求を受け入れず、「自分で

第11章　自己の発達

(a) 9カ月以前の物との関わり（大人は傍観）　(b) 9カ月以前の人との関わり（物は関わらない）

(c) 9カ月以降の共同注意　　　　　　　　　　(d) 9カ月以降の自己知覚

図2　9カ月前後の物と人との関わり（Tomasello, 1995 より）

（注）→：自己の視点（知覚），---：他者の視点（知覚）。

やりたい，イヤだ」と主張し始める「第一反抗期」（田中ら，1984）や「だだこね」（木下，2004）が始まる。田中ら（1984）は，この第一反抗期や自己と他者の区別および，他者への要求の変化を指して，自我の拡大によって対象化された自分を認知し，社会性が成熟していくとしている。また木下（2004）は，三項関係が成立し，他者と同一対象の共有を志すことによって，逆に共有していない状態が明確になり，これらの自他の同質性（同型性）と異質性（個別性）に関する認識が生じてくる。この他者の心の理解における矛盾・葛藤した状態が「だだこね」を生じさせているとしている。

4．客観的自己覚知

このように他者の視点を通して自己についてより理解を深めていくが，ルイス（Lewis, 1995）は，「自己，自己が知っていること，自己がもっているプランや願望に注意をむける有機体の行為」を「客観的自己覚知」（objective self-awareness）と呼んだ。ルイスら（Lewis et al., 1979）は，子どもの顔に染料で印をつけ，鏡を見せたときの反応を見る「マークテスト」と呼ばれる自己鏡像認知課題を行い，子どもの客観的自己覚知の発達を調べた。その結果，客観的自己覚知の指標である自分の顔を触るという自己参照行動（self-referential behavior）が1歳半以降に現れるということを示した。またルイス（Lewis, 2016）は，感情を一次的感情と二次的感情に分け，感情発達に自己意識を含む認知発達が関連していること

を示している。生後半年までの間に一次的感情が発達し，2歳頃にかけて先の自己鏡像認知課題において見られた客観的自己覚知が可能になると，自己意識的感情（self-conscious exposed emotions）と呼ばれる「てれ」「羨望」「共感」が生じる。さらに3歳までの間に自分の周囲に存在する社会的な常識，基準を獲得・保持するようになると，それらと自分の行動を照らし合わせて自己評価的感情（self-conscious evaluative emotions）を感じるようになる。たとえば，常識や基準に合うようなことをすれば「誇り」を感じ，合わない行動をとれば，「恥」や「罪悪感」を感じる。これらの自己意識的感情，自己評価的感情は二次的感情と呼ばれ，内省および自己言及も含めた客観的な自己意識が関与している（第6章参照）。

　木下（2008）はルイスらの自己鏡像認知課題を遅延させた課題を子どもに実施している。その課題では，子どもに気づかれないように頭にシールを貼り，その子どもの様子をビデオで録画した映像を3分後に見せたときに，自分の頭のシールをとろうとするかどうかを調べている。その結果，2，3歳では難しいが，4歳になってシールをとろうとする子どもが増加することがわかった。この遅延された自己鏡像認知は，ナイサー（Neisser，1995）が示す「時間的拡張自己」にあたり，時間の流れの中で，自己を認識することが可能になっているといえる。これらの発達により，就学前までの間に自分自身を子ども，男の子，木登りが上手，自転車の乗るのが下手，などのように概念化していき，それが自己概念の重要な側面となる（Tomasello，1995）。

　同時期の3〜4歳頃に発達する「心の理論」の理解により，他者を意図だけではなく，思考や信念の心的主体として理解できるようになると，他者をだましたり，印象管理（自分に対する他者の印象を操作すること）をしたりするようになるが，これは大人の社会的相互作用や自己概念の中核となる。そして，6歳頃に，自分が行っている印象管理を大人も同様に行っていると理解するようになる（Tomasello，1995）。

III　自己概念——自尊感情，自己価値，自己肯定感，有能感

　幼児期後期から，自己の特徴について認識し始め，言語によって自己概念を表現し始める。以下では，この自己概念について関連する概念を整理していく。

1．自尊感情，自己価値

　自己概念の中で，自己を評価する側面として，自尊感情（self-esteem）や自己

価値（self-worth）が用いられており，両者を同じ意味で捉えている研究者もいる（Harter, 1999）。自尊感情は，主に社会的適応との関連が深いことから，多くの研究者によって検討されてきた概念である。ジェームズ（James, 1890）は，願望を分母，成功を分子という数式を用いて自尊感情を説明した。成功を大きくすれば，自尊感情は高まるが，願望が成功を上まわる場合には，成功が大きくても自尊感情は低くなってしまう。また，全体的自己の中で，その個人にとって重要である特定の領域の達成が，自尊感情を規定することを示し，個人の価値づけが重要であることを示した。また，最も多く用いられている自尊感情を測る質問紙を開発したローゼンバーグ（Rosenberg, 1965）は，「自己イメージの中枢的概念で，特定の一つの対象，つまり自己に対する肯定的または否定的態度」と定義した。また，自己に対する評価の感情として「とてもよい」（very good）と「これでよい」（good enough）という2種類があり，後者の「これでよい」がとても重要だと指摘している。「とてもよい」は他者との比較における優越性という「自己評価」（self-evaluation）的側面を示しているが，「これでよい」は，自己受容（self-acceptance）的側面を意味している。ローゼンバーグは，「これでよい」という感覚に基づくところが自尊感情であるとしたが，中間（2016）によれば，自尊感情を測定する過程においては，「とてもよい」という自己評価的な側面が強調されてしまうとしている。また，自己を肯定的に捉える自己概念（自己評価）と自尊感情とは必ずしも一致しないとし，その理由として，ジェームズの指摘する成功と願望とのバランスの問題（自己を肯定的に捉えても願望がそれより高ければ，自尊感情は低くなる），特定の領域の達成が重要であること（自己を肯定的に捉えても，それが自分にとって重要でなければ，自尊感情は高まらない），全体的自己には，概念化されない側面（漠然としたイメージや感情的要素）も含まれること（自己評価が低くてもその自己を受容している場合には，自尊感情は低くならない）を挙げている。

2．自己肯定感，有能感（コンピテンス）

自己肯定感は，その定義が多様であり，たとえば『保育小辞典』（宍戸ら, 2006）では，「ありのままの自分を受け入れ，自分自身の生きる意味や存在を認めようとする考え方，または『自分が自分であって大丈夫』という感覚」であるとしている。『教育用語辞典』では「自己自身の存在に対する認識として，自己の身体的な特徴や能力や性格などについて肯定的に考えたり，感じたりする感情をさす」（山崎ら, 2003）としている。比較的年少の子どもを対象とした定義では，自己受容

の概念として用いられ，より広い範囲の年齢を対象とした定義では，自己評価の肯定的側面として用いられている。

　有能感とは，コンピテンス（competence）の訳語であり，ホワイト（White, 1959）によれば，「環境と効果的に相互作用する能力」であるとされる。単に獲得された能力（歩ける，話せる，計算ができるなど）やその能力の有能感だけでなく，環境に対して効果的に関わりたいという動機づけ（イフェクタンス動機づけ）の側面も含んでいる。そして，この能力に対する自己認識を指して，知覚されたコンピテンス（perceived competence）と呼び，コンピテンスやコンピテンス行動とは必ずしも一致しないとされている。

　コンピテンスに類する概念として，バンデューラ（Bandura, 1977）が提唱した自己効力（self-efficacy）がある。共に環境に対して有効に関わることができるという認識として類似しているが，青柳（2006）によれば，バンデューラの自己効力は，ホワイトのコンピテンス（青柳は効力感と訳している）と異なり，「結果を考慮することなく，行動を行うことができるという感覚」と定義されるとしている。いずれの概念も訳語が研究者によって異なっているため，原語を確認することが必要であるし，近年は原語のカタカナ表記（セルフ・エフィカシー，コンピテンス）のまま用いられることもある。またどの概念も用いる研究者の定義と具体的な尺度を確認することが必要であると考えられる。

Ⅳ　児童期の自己の発達

　児童期は，ピアジェ Piaget の発達理論でいうと具体的操作期（7～11歳）と形式的操作期（11～15歳）の前半にあたる。この時期に，論理的な思考が可能になり，自己をより正確に客観的に見た自己概念が形成される。佐久間（2006）やハーター（Harter, 1999）によれば，児童期前期は幼児期後期と同様に自己評価が肯定的であるが，児童期中期・後期にかけて自己の肯定的側面と否定的側面の両面を考慮するようになり，また全般的な自己評価（global self worth）をもつことができる。また，他者との比較という視点から自己を捉えるようになる。

　これらの自己概念の発達的変化について，小学3年生から中学3年生までの有能感（認知されたコンピテンス）を調べた桜井（1983）は，学年が上がるにつれて，社会（仲間関係）や運動学習や一般的な自己価値に対する有能感が低下することを示している。また，富岡（2011）の研究では，自己概念（自己の肯定的評価）について3～5年生の児童を対象に日米の比較を行っているが，すべての因

子（身体，他者との関係，学業，一般的自己など）においてアメリカの得点が高く，日本のみ学年が上がるほど自分の能力に対する自己概念が低下していると報告している。また，とくに3年生と4,5年生の差が大きく，10歳前後のこの時期に他者との比較が大きな影響を与えると考察している。このような文化差についてマーカスら（Markus et al., 1991）は，アジア文化では，相互依存的自己観（interdependent construal of self）が優勢となり，自己は常に他者と相互に関係性をもち，他者との調和や協調のある依存が重視されるとしている。一方，西洋文化では，相互独立的自己観（independent construal of self）が優勢となり，アジア文化のような目立ったつながりは評価されず，逆に各自固有の内部属性を表現することによって，他者からの独立性や個別性を維持しようと努めている。このような文化による違いが，自己概念に影響を与えていると考えられる。

V 青年期以降の自己の発達

佐久間（2006）やハーター（Harter, 1999）によれば，青年前期（中学生）においては，対人的属性や社会的スキルに関する自己概念（話好き，騒がしい，かっこいいなど）が中心となるが，中期（高校生），後期（大学生）には個人の信念，価値，基準を反映した属性が内化され，将来の自己への期待が高まる。自己評価については，肯定・否定のどちらかに極端に評価が分かれるが，後期にかけてその差は減少していく。しかしその過程で，両価的属性の対立や矛盾を解消できず，自己価値は一時的に低下し，その後に安定的な自己概念が形成される。

ハーター（Harter, 1999）によれば，自尊感情は8歳頃から出現するといわれている。この児童期以降の自尊感情の発達については，ロビンズら（Robins et al., 2002）が，9歳から90歳までの約32万人を対象とした質問紙調査によって，自尊感情の発達的変化を示している（図3）。その結果，児童期には高い自尊心が，青年期にかけて低下し，成人期には徐々に上昇し，老年期には急激に低下している。この変化の軌跡は，性別，社会経済的地位，民族性，国籍にかかわらずおおむね維持されている。しかし，児童期からの青年期にかけての女性の低下は大きく，60代の老年期までその男女差は継続していくことが示されている。

これまで見てきたように，人は加齢に伴い客観性や他者との比較という観点を取り入れて，自己の捉え方を変化させていく。他者とは異なる存在としての「自己」は，独自性を発揮するという意味で，「個性化」と呼ばれる。一方，社会生活を営むうえでは，その社会で求められる規範，慣習，価値観などを身につける必

第 12 巻　発達心理学

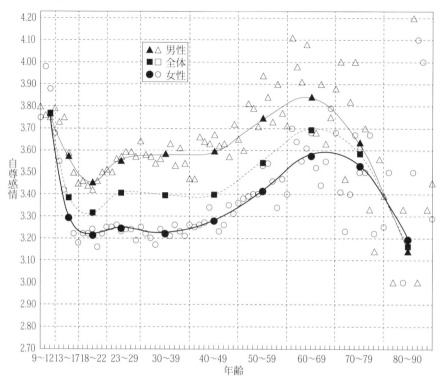

図3　発達時期による自尊感情の平均（Robins et al., 2002 より）

要があり，それは「社会化」と位置づけられる。個々人が生活する社会に適応する「社会化」と独自性を発揮する「個性化」のバランスをとりながら，自己を認識し，望ましい自己を作り上げていく。

◆学習チェック
□　主我（I）と客我（Me）の違いや各々に含まれる自己について理解をした。
□　乳幼児期の他者視点を取り入れて自己が形成される過程について理解をした。
□　児童期から青年期にかけて，自己を客観化し，混乱から安定する過程について理解をした。
□　自尊感情の発達的変化について理解をした。

より深めるための推薦図書
　ブラッケン Bracken, B. A. 編（梶田叡一・浅田匡監訳）(2009) 自己概念研究ハンドブック．金子書房．

板倉昭二（1999）自己の起源―比較認知科学からのアプローチ．金子書房．

中間玲子編（2016）自尊感情の心理学―理解を深める「取扱説明書」．金子書房．

文　献

青柳肇（2006）自己効力．In：二宮克美・子安増生編：キーワードコレクション パーソナリティ心理学．新曜社，pp. 116-119.

Bandura, A.（1977）Self-efficacy: Toward a unifying theory of behavioral change. *Psychological Review*, 84; 191-215.

Harter, S.（1999）*The Construction of the Self : A Developmental Perspective*. The Guilford Press.

James, W.（1890）*The Principles of Psychology*. Henry Holt & co.

木下孝司（2008）乳幼児期における自己と「心の理解」の発達．ナカニシヤ出版．

Lewis, M. & Brooks-Gunn, J.（1979）*Social Cognition and the Acquisition of Self*. Springer.

Lewis, M.（1995）*Shame: The Exposed Self*. The Free Press.（高橋惠子監訳（1997）恥の心理学．ミネルヴァ書房．）

Lewis, M.（2016）The emergence of human emotions. In: F. L. Barrett, M. Lewis & J. M. Haviland-Jones (Eds.): *Handbook of Emotions*, 4th Edition. Guilford Press, pp. 10503-11223.

Markus, H. R. & Kitayama, S.（1991）Culture and the self; Implications for cognition, emotion, and motivation. *Psychological Review*, 98; 224-253.

中間玲子（2016）「自尊感情」とは何か．In：中間玲子編：自尊感情の心理学―理解を深める「取扱説明書」．金子書房，pp. 10-34.

Neisser, U.（1995）Criteria for an ecological self. In: P. Rochat (Ed.): *The Self in Infancy: Theory and Research*. Elsevier Science, pp. 15-34.

佐久間路子（2006）幼児期から青年期にかけての関係的自己の発達．風間書房．

桜井茂男（1983）認知されたコンピテンス測定尺度（日本語版）の作成．教育心理学研究，31; 60-64.

Robins, R. W., Trzesniewski, K. H., Gosling, S. & Potter, J.（2002）Global self-esteem across the life span. *Psychology and Aging*, 17; 423-434.

Rochat, P.（2001）*The Infant's World*. Harvard University Press.（板倉昭二・開一夫監訳（2004）乳児の世界．ミネルヴァ書房．）

Rosenberg, M.（1965）*Society and the Adolescent Self-Image*. Princeton University Press.

宍戸健夫・金田利子・茂木俊彦監修（2006）保育小辞典．大月書店．

Stern, D. N.（1985）*The Interpersonal World of the Infant: A View from Psychoanalysis and Developmental Psychology*. Basic Books.（小此木啓吾・丸田俊彦監訳（1989）乳児の対人世界―理論編．岩崎学術出版社．）

田中昌人・田中杉恵（1984）幼児期 I（子どもの発達と診断 3）．大月書店．

Tomasello, M.（1995）Understanding the self as social agent. In: P. Rochat (Ed.): *The Self in Infancy: Theory and Research*. Elsevier Science, pp. 446-449.

富岡比呂子（2011）日米の小学生の自己概念―自己記述質問票（SDQ-I）の心理測定的検討．パーソナリティ研究，19; 191-205.

植村美民（1979）乳児期におけるエゴ（ego）の発達について．心理学評論，22; 28-44.

山崎英則・片上宗二編（2003）教育用語辞典．ミネルヴァ書房．

White, R. W.（1959）Motivation reconsidered: The concept of competence. *Psychological Review*, 66; 297-333.

第12章

発達障害と非典型発達

相澤雅文

🗝 Keywords　発達障害，典型発達（定型発達）と非典型発達（非定型発達），発達障害と虐待

I　発達障害の基礎的理解

1．国際障害分類から国際生活機能分類へ

　1980年にWHO（世界保健機構）は国際障害分類（ICIDH：International Classification of Impairment, Disability, and Handicap）を示した。

　ICIDHは，障害を3つのレベルで説明している（図1）。

①インペアメント（Impairment：機能・形態の障害）：生物学的レベルの問題で明らかな形態の異常や損傷・傷害からの機能的不全としての傷害を意味する。
②ディスアビリティ（Disability：能力の障害）：個人能力レベルの問題で，能力的な面での障害を意味する。
③ハンディキャップ（Handicap：社会的不利）：社会的レベルの問題で，その特性や特異性への理解や配慮不足，不適切な対応などによって引き起こされる社会的な不利を意味する。

　その後，WHOは，2001年に国際生活機能分類（ICF：International Classification of Functioning, Disability and Health）を発表した（図2）。ICFの与えた影響は，障害の捉え方を「活動」「参加」といった生活機能のプラスの側面に転換したことであり，環境因子の観点が加えられたことである。

　すなわち，障害とは「活動」をするうえでの制限であり，「参加」をするうえでの制約であるとする考え方が一般的となった。

第 12 章　発達障害と非典型発達

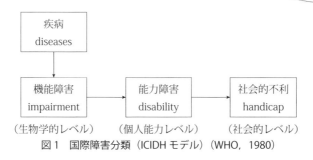

図 1　国際障害分類（ICIDH モデル）（WHO，1980）

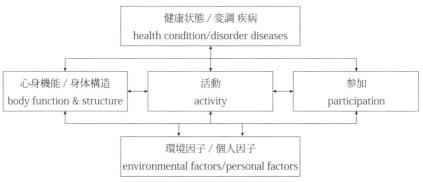

図 2　国際生活機能分類（ICF モデル）（WHO，2001）

2．典型発達（定型発達）と非典型発達（非定型発達）

　発達段階の時期や質的様相が逸脱しており，その結果として日常生活や社会生活に不適応的な発達を示すものが非典型発達（atypically developing）と呼ばれる。

　発達は，さまざまな機能が連関しながら，質的に異なる発達段階を経て進行していくものである。そこには，発達段階の順序性や時期が標準的で適応的な典型発達（typically developing）が存在する。

　乳幼児の身体の成長発達は身体発育曲線で示される（図 3）。体重が 7 本で示される線の内にあれば典型発達ということができる。

　また，厚生労働省（2010）は図 4 に示すような運動機能の通過率を示している。この通過すべき時期から著しく遅れて（あるいは早まって）しまうと非典型発達と捉えることができよう。

　非典型発達には成長障害や知的能力障害，そして日本で 2005 年度に施行された発達障害者支援法に示されている発達障害等が含まれる。

159

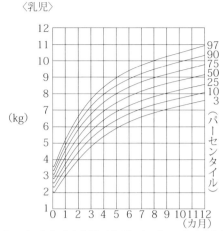

図3　乳幼児（男子）身体発育曲線（体重）（平成22年；厚生労働省，2010）

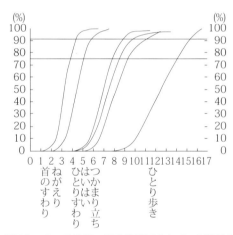

図4　一般調査による乳幼児の運動機能通過率（厚生労働省，2010）

3．法令と発達障害

　発達障害の定義は，日本では2005年に施行（2016年に改正）された発達障害者支援法によるものが一般的である。
　発達障害者支援法では次のように「定義」が示されている。

　第二条　この法律において「発達障害」とは，自閉症，アスペルガー症候群その他の広汎性発達障害，学習障害，注意欠陥多動性障害その他これに類する脳機能の障害

であってその症状が通常低年齢において発現するものとして政令で定めるものをいう。
2　この法律において「発達障害者」とは，発達障害がある者であって発達障害及び社会的障壁により日常生活又は社会生活に制限を受けるものをいい，「発達障害児」とは，発達障害者のうち十八歳未満のものをいう。
3　この法律において「社会的障壁」とは，発達障害がある者にとって日常生活又は社会生活を営む上で障壁となるような社会における事物，制度，慣行，観念その他一切のものをいう。
4　この法律において「発達支援」とは，発達障害者に対し，その心理機能の適正な発達を支援し，及び円滑な社会生活を促進するために行う個々の発達障害者の特性に対応した医療的，福祉的及び教育的援助をいう。

日本では発達障害には知的障害を含めないのが一般的である。この背景として1960年に知的障害者福祉法が制定され，知的障害及び肢体不自由，聴覚障害，視覚障害などは古典的障害として古くから理解や対応が進められてきたことが挙げられる。発達障害は周囲から障害として理解されにくく「見えにくい障害」として，近年まで医学的にも社会的にも認知が遅れていた。そこで新たに発達障害という概念を導入することで，今後の対応の指針を明確に意識づけていこうとする意図があったのである。

発達障害者支援法で「発達障害」の定義が明確に示されたことにより，法制度に発達障害者の位置づけが明確になされるようになった（図5）。

II　非典型発達（非定型発達）の諸相

1．神経発達症群／神経発達障害群

2013年に改訂されたDSM-5（*Diagnostic and Statistical Manual of Mental Disorders*, 5th Edition：精神障害の分類のための共通言語と標準的な診断基準を示すためにアメリカ精神医学会が策定した）では，大項目として神経発達症群（神経発達障害群：Neurodevelopmental Disorders）が新設された。

DSM-5の定義によれば，神経発達症群（神経発達障害群）は

・発達期に発症する
・典型的には発達期早期から学童期に明らかとなる
・個人的，社会的，学業，または職業における機能の障害を引き起こす
・しばしば併存症を伴う

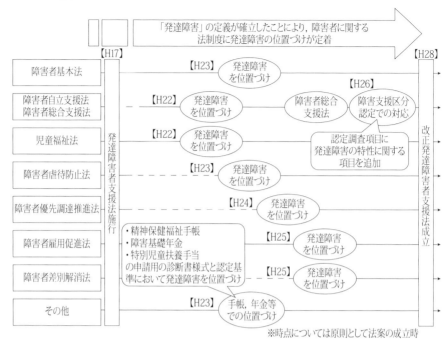

図5 法制度における発達障害の位置づけ（厚生労働省社会保障審議会障害者部会：第80回資料，2016）

とされる。

神経発達症群（神経発達障害群）の下位分類は以下の通りである。

- 知的能力障害（知的発達症）
- コミュニケーション症（コミュニケーション障害）
- 自閉スペクトラム症（自閉症スペクトラム障害）
- 注意欠如・多動症（注意欠如・多動性障害）
- 限局性学習症（限局性学習障害）
- 運動症（運動障害）
- 発達性協調運動症／発達性協調運動障害，常同運動症，チック症など
- 他の神経発達症群（他の神経発達障害群）

①知的能力障害／知的発達症

知的能力障害（知的発達症：Intellectual Disability ／ Intellectual Developmental Disorder）は，論理的思考，問題解決，計画，抽象的思考，判断，学校での学習，

第12章　発達障害と非典型発達

表1　知的能力障害群の診断基準（American Psychiatric Association, 2014）

> 　知的能力障害（知的発達症）は，発達期に発症し，概念的，社会的，および実用的な領域における知的機能と適応機能両面の欠陥を含む障害である。以下の3つの基準を満たさなければならない。
> A. 臨床的評価および個別化，標準化された知能検査によって確かめられる，論理的思考，問題解決，計画，抽象的思考，判断，学校での学習，および経験からの学習など，知的機能の欠陥。
> B. 個人の自立や社会的責任において発達的および社会文化的な水準を満たすことができなくなるという適応機能の欠陥。継続的な支援がなければ，適応上の欠陥は，家庭，学校，職場，および地域社会といった多岐にわたる環境において，コミュニケーション，社会参加，および自立した生活といった複数の日常生活活動における機能を限定する。
> C. 知的および適応の欠陥は，発達期の間に発症する。

（出典）　日本精神神経学会（日本語版用語監修），髙橋三郎・大野裕（監訳）：DSM-5 精神疾患の診断・統計マニュアル．p.33, 医学書院，2014 より許諾を得て転載。

経験からの学習等に困難を生ずる。これらはあくまでも病態像であり，染色体異常（ダウン症など）や，感染症，外傷などの出生前・周産期・出生後障害，十分な療育の欠如や虐待などが要因となることもあるが，一定の原因による疾患名とはならない。

　知的能力障害（知的発達症）は，暦年齢を基底とした知的水準の平均からの偏りであり，日本の場合にはおおむねIQ 70 未満とされている。発達段階は個人差が大きいことから，個々の発達段階のアセスメントとその発達段階にあった具体的な支援が必要となる。

　知的能力障害群の診断基準は，『DSM-5 精神疾患の診断・統計マニュアル（日本語版）』（American Psychiatric Assciation, 2014）では表1のように示されている。

②コミュニケーション症／コミュニケーション障害

　コミュニケーション症（Communication Disorders）とは，以下のように，言葉を使って他者とコミュニケーションをとることに困難を生じる疾患群である。

・言葉を相手に伝わるように発声することが難しい
・すらすらと淀みなく話すことが難しい
・他者と円滑な会話が難しい
・相手の話している内容をうまく汲み取ることが難しい
・正しい言葉遣いをすることが難しい

コミュニケーション症には，言語症（Language Disorder：構音障害，失語症），語音症（Speech Sound Disorder：音韻障害），小児期発症流暢症（Childhood onset Fluency Disorder〔Stuttering〕：吃音），社会的（語用論的）コミュニケーション症（Social〔Pragmatic〕Communication Disorder）などが下位項目として含まれる。

日本の学校教育においては1960年代から小学校に言語障害特殊学級，難聴学級が設置され，「ことばの教室」「きこえの教室」などと呼称されていた。1992年に文部省（現：文部科学省）は「通級による指導に関する充実方策について（審議のまとめ）」を受け，1993年度から小学校，中学校に正式に通級指導制度が開始され通級指導教室が開設された。対応する障害種は，言語障害，難聴，弱視，情緒障害，肢体不自由，病弱・身体虚弱であったが，2006年から特別支援教育の本格実施に伴い，学習障害や注意欠如多動症などの発達障害にも対応することとなった。2018年度からは高等学校でも通級指導教室が開設できるようになった。

③自閉スペクトラム症
（a）自閉スペクトラム症の歴史的経緯

1943年にアメリカの児童精神科医カナー Kanner（1894-1981）の論文 Autistic disturbance of affective contact（情緒的な接触の自閉的障害；Kanner, 1943）によって，はじめて自閉的（Autistic）という症状が報告されたとされている（北ら，2011）。カナーの紹介した症例は，「カナー症候群（カナー型自閉症，カナータイプなど）」と呼ばれ，医学的な診断名ではないが，知的障害を合併する自閉スペクトラム症を指す用語となっている。

一方，1944年にオーストリアの小児科医アスペルガー Asperger（1906-1980）はドイツ語の論文 Die "Autistischen Psychopathen" im Kindesalter（幼年期の自閉的精神病質）を発表した。この論文は1981年に英語に翻訳された。「アスペルガー症候群」という名称を初めて用いて広く紹介したのはイギリスの精神科医ウィング Wing（1928-2014）である。アスペルガー症候群は，高機能自閉症と共に知的な遅れを伴わない自閉スペクトラム症として位置づけられている。

ウィング（1998）は「自閉症スペクトラム」という概念を提唱し，自閉性に基づく対人関係やコミュニケーションの障害を示す発達障害はカナー症候群やアスペルガー症候群といった症状の「1つのつながりの連続体，自閉を本体とする連

表2 自閉スペクトラム症の特徴（American Psychiatric Association，2014を参考に筆者作成）

> （ア）複数の状況での社会的コミュニケーションと対人相互作用の持続的な障害があること。
> （イ）行動，興味，または活動が限定された反復的な様式をとること。
> （ウ）症状が発達早期に存在していること。
> （エ）症状が社会的，職業的，あるいは他の重要な領域で臨床的に重要な領域で臨床的に重要な機能面での障害を引き起こしていること。
> （オ）これらの障害が，知的能力障害ないしは全般的な発達遅延ではうまく説明されないこと。

続的な障害群」であるとした。

DSM-IV（1994）では，自閉症，高機能自閉症，アスペルガー症候群，レット症候群，小児崩壊性障害（精神発達の退行，有意味語の消失），特定不能の広汎性発達障害など，社会性やコミュニケーション能力の発達遅滞を包括する概念として広汎性発達障害（PDD：Pervasive Developmental Disorders）が用いられた。

DSM-5（2014）から現在の自閉スペクトラム症が用いられるようになった。

(b) 自閉スペクトラム症の特徴

自閉スペクトラム症（以下 ASD：Autism Spectrum Disorder）の特徴として，『DSM-5 精神疾患の診断・統計マニュアル（日本語版）』（American Psychiatric Association，2014）の診断基準を参考にまとめたものを表2に示す。

ASDの重篤度は，社会的コミュニケーションと限定された反復的な行動の領域を「支援を要する」「十分な支援を要する」「非常に十分な支援を要する」の3段階で区分し示される。

④注意欠如・多動症／注意欠如・多動性障害

注意欠如・多動症（以下 ADHD：Attention-Deficit/Hyperactivity Disorder）の基本的な特徴は，不注意と多動性・衝動性，あるいはそのいずれかにより，日常生活等で機能的に困難を示す状態である。不注意は，課題から気がそれ勉強などでいつもケアレスミスをしたりすることや，必要なものをなくしてしまったり約束を忘れてしまったり，授業や仕事の場面で集中し続けることが難しかったりすることなどがその症状となる。多動性は，授業中に落ち着いて座っていることが難しく，不適切な場面での過剰な運動活動性が現れてしまうことや，過剰にそわそわする，しゃべりすぎる行動などが挙げられる。衝動性は事前に見通しを立てることなく即座に行われる行為や自分に害を及ぼす可能性の高い性急な行動をしてしまうこと，欲しいものを我慢したり満足の遅延が難しかったりすることなどが挙げられる。

図6 ADHD児における反社会性の進行（斎藤ら，1999を筆者が改変）

　ADHD児は不注意，多動性，衝動性により，失敗経験が多い。そのため，自己効力感（セルフエスティーム）が下がりやすく，自暴自棄になってしまうこともある。図6は，失敗経験を重ね叱責を受け続けることなどでADHD児が反抗挑発症（ODD），素行症（CD），反社会性パーソナリティ障害（ASPD）と二次障害により反社会性が進行していく様子（DBDマーチと呼ばれる）を示したものである。

　ADHDの特徴として，DSM-5の診断基準を参考にまとめたものを表3に示す。基本的に子どもが学校等で示す問題となる行動について基準A1（不注意）と基準A2（多動性－衝動性）として挙げられる。

⑤限局性学習症／限局性学習障害

　限局性学習症／限局性学習障害（SLD：Specific Learning Disorder）とは，読字，書字，計算などの特定の学業に関する技能が，その人の暦年齢に期待される達成状況よりも著しくかつ定量的に低く，知的能力や視力，聴力，精神・神経疾患，心理社会的な要因，言語の習熟度不足，不適切な教育指導といったことからではうまく説明できない場合をいう。

　文部省（1999）は学習障害の定義として「学習障害とは，基本的には全般的な知的発達に遅れはないが，聞く，話す，読む，書く，計算する又は推論する能力のうち特定のものの習得と使用に著しい困難を示すさまざまな状態を指すものである。学習障害は，その原因として，中枢神経系に何らかの機能障害があると推定されるが，視覚障害，聴覚障害，知的障害，情緒障害などの障害や，環境的な

第 12 章　発達障害と非典型発達

表 3　注意欠如・多動症／注意欠如・多動性障害の特徴（American Psychiatric Association, 2014 を参考に筆者作成）

基準 A1（不注意）：以下の不注意症状が 6 つ（17 歳以上では 5 つ）以上あり，6 ヶ月以上にわたって持続している。 a. 細やかな注意ができず，ケアレスミスをしやすい。 b. 注意を持続することが困難。 c. 上の空や注意散漫で，話をきちんと聞けないように見える。 d. 指示に従えず，宿題などの課題が果たせない。 e. 課題や活動を整理することができない。 f. 精神的努力の持続が必要な課題を嫌う。 g. 課題や活動に必要なものを忘れがちである。 h. 外部からの刺激で注意散漫となりやすい。 i. 日々の活動を忘れがちである。 　基準 A2（多動性 - 衝動性）：以下の多動性 / 衝動性の症状が 6 つ（17 歳以上では 5 つ）以上あり，6 ヶ月以上にわたって持続している。 a. 着席中に，手足をもじもじしたり，そわそわしたりする動きをする。 b. 着席が期待されている場面で離席する。 c. 不適切な状況で走り回ったりよじ登ったりする。 d. 静かに遊んだり余暇を過ごしたりすることができない。 e. 衝動に駆られて突き動かされるような感じがして，じっとしていることができない。 f. しゃべりすぎる。 g. 質問が終わる前にうっかり答え始める。 h. 順番待ちが苦手である。 i. 他の人の邪魔をしたり，割り込んだりする。

要因が直接の原因となるものではない」としている。

　また，DSM-5 では診断基準を表 4 のように示している。

⑥発達性協調運動症 / 発達性協調運動障害

　「協調（運動）：Coordination」とは視知覚，触覚，固有覚，位置覚などの感覚入力をまとめ，運動意図に基づいて運動計画を生成し，それを運動として出力を行い，それらの結果をフィードバックして修正あるいは学習を行うといった脳の一連の機能を指す。

　発達性協調運動症 / 発達性協調運動障害（DCD：Developmental Coordination Disorder）とは，筋肉や視覚，聴覚に異常がないにもかかわらず，「ボールを受ける」「自転車に乗る」といった運動，スポーツに限らず，嚥下・摂食・構音・発話，さらには着衣などの身辺処理，楽器操作，折り紙・お手玉などの目と手の協応を必要とする遊び，姿勢制御・姿勢保持といった日常の生活における協調運動に困難を示す障害である。

167

表4　限局性学習症/限局性学習障害の診断基準（American Psychiatric Association, 2014）

A. 学習や学業的技能の使用に困難があり，その困難を対象とした介入が提供されているにもかかわらず，以下の症状の少なくとも1つが存在し，少なくとも6カ月間持続していることで明らかになる：   (1) 不的確または速度が遅く，努力を要する読字（例：単語を間違ってまたゆっくりとためらいがちに音読する，しばしば言葉を当てずっぽうに言う，言葉を発音することの困難さをもつ）   (2) 読んでいるものの意味を理解することの困難さ（例：文章を正確に読む場合があるが，読んでいるもののつながり，関係，意味するもの，またはより深い意味を理解していないかもしれない）   (3) 綴字の困難さ（例：母音や子音を付け加えたり，入れ忘れたり，置き換えたりするかもしれない）   (4) 書字表出の困難さ（例：文章の中で複数の文法または句読点の間違いをする，段落のまとめ方が下手，思考の書字表出に明確さがない）   (5) 数字の概念，数値，または計算を習得することの困難さ（例：数字，その大小，および関係の理解に乏しい，1桁の足し算を行うのに同級生がやるように数字的事実を思い浮かべるのではなく指を折って数える，算術計算の途中で迷ってしまい方法を変更するかもしれない）   (6) 数学的推論の困難さ（例：定量的問題を解くために，数学的概念，数学的事実，または数学的方法を適用することが非常に困難である）   B. 欠陥のある学業的技能は，その人の暦年齢に期待されるよりも，著明にかつ定量的に低く，学業または職業遂行能力，または日常生活活動に意味のある障害を引き起こしており，個別施行の標準化された到達尺度および総合的な臨床評価で確認されている。17歳以上の人においては，確認された学習困難の経歴は標準化された評価の代わりにしてよいかもしれない。   C. 学習困難は学齢期に始まるが，欠陥のある学業的技能に対する要求が，その人の限られた能力を超えるまでは完全には明らかにはならないかもしれない（例：時間制限のある試験，厳しい締め切り期間内に長く複雑な報告書を読んだり書いたりすること，過度に重い学業的負荷）。   D. 学習困難は知的能力障害群，非矯正視力または聴力，他の精神または神経疾患，心理社会的逆境，学業的指導に用いる言語の習熟度不足，または不適切な教育的指導によってはうまく説明されない。

（出典）　日本精神神経学会（日本語版用語監修），髙橋三郎・大野裕（監訳）：DSM-5 精神疾患の診断・統計マニュアル．pp. 65-66, 医学書院，2014 より許諾を得て転載．

2．早産・低出産体重児

　厚生労働省の用語の解説によれば，未熟児とは「身体の発育が未熟のまま出生した乳児であって，正常児が出生時に有する諸機能を得るに至るまでのもの」とされている。すなわち「身体の機能が未熟な（成熟していない）状態で生まれた赤ちゃん」が「未熟児」と呼ばれる。かつては2,500g未満で生まれた赤ちゃんを「未熟児」と呼んでいた。しかし，小さく生まれた赤ちゃんでも身体の機能に

第 12 章 発達障害と非典型発達

表 5　出生時の体重による分類

分類	状態
低出産体重児	2,500g 未満で生まれた新生児
極低出産体重児	1,500g 未満で生まれた新生児
超低出産体重児	1,000g 未満で生まれた新生児

表 6　出生時の在胎週数による分類

分類	状態
早産児	在胎 37 週未満で生まれた新生児
正期産児	在胎 37 週以上〜42 週未満で生まれた新生児
過期産児	在胎 42 週以上で生まれた新生児

問題がなかったり，反対に 2,500g を超える赤ちゃんでも身体の機能が未熟であったりすることがあることから，出生体重だけではなく，在胎週数や妊娠期間に対する発育状況（体重）によって分類されるようになった。

①出生時の体重による分類

生まれたときの体重による分類では，2,500g 未満を「低出生体重児」と呼び，さらにその中で 1,500g 未満を「極低出生体重児」，1,000g 未満を「超低出生体重児」と呼ぶ（表 5）。

厚生労働省の人口動態統計によれば，日本では出生数が減少しているものの，低出生体重児の数は毎年増加する傾向にある。また，全体の出生数に占める低出生体重児（2,500g 未満）の割合は，1975 年は出生の 5％前後であったものが，2015 年では 9％前後にまで増加している（厚生労働省, 2017）。この要因としては，不妊治療による双子や 3 つ子の赤ちゃんが増えたことや，新生児医療の進歩により，超低出生体重児の赤ちゃんも救出できるようになったことが挙げられる。

②在胎週数による分類

出生体重による分類とは異なるもう 1 つの分類方法として，在胎週数による分類がある。新生児は，通常，在胎 37 週以上〜42 週未満で出産される。

これよりもお腹の中にいる期間が短いと「早産児」（在胎 37 週未満），長いと「過期産児」（在胎 42 週以上）となる（表 6）。

新生児の体は，母体に 40 週前後いることで外の世界に出てくる準備が整う。そ

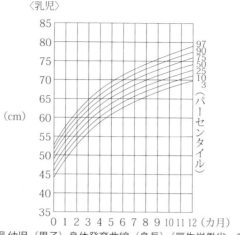

図7 乳幼児（男子）身体発育曲線（身長）（厚生労働省，2010）

のため，在胎37週未満で産まれてきた新生児は，通常体が小さく，体の機能が未熟な場合がある。日本では「低体重出生児」と同様，年々増加の傾向にあるとされる。

3．成長障害

成長障害（FTT：Failure to Thrive）とは，何らかの原因によって身体の成長（主に身長）が著しく遅れてしまう（また早まる）ことをいう。子どもの年齢における平均的な標準身長をもとに，その数値よりも大幅に低い（あるいは高い）場合には，成長障害の可能性が疑われる。

成長障害かどうかを判断するためには身体発育曲線が使われる（図7）。身体発育曲線は母子手帳にも掲載されている。

標準身長からどの程度離れているのかは標準偏差（SD：Standard Deviation）で示される。－2SD以下であれば「低身長症」，＋2SD以上であれば「高身長症」の疑いがもたれる。

成長障害は遺伝的要因や体質からの影響，そして疾患が原因となるとされる。しかしはっきりとした原因が特定できない場合も多い。

①器質性の要因
　（a）ホルモン異常による成長障害

第12章 発達障害と非典型発達

ホルモンの分泌に関する疾患が原因となる成長障害がある。代表的なものとして「成長ホルモン分泌不全性低身長症」や「甲状腺機能低下症」が挙げられる。いずれもホルモンの分泌不全が原因となり骨の軟骨部分の増殖が阻害され，身長が伸びなくなる成長障害である。

(b) 染色体異常による成長障害

染色体異常が原因となる成長障害として，代表的なものは「ターナー症候群」「プラダーウィリー症候群」である。

「ターナー症候群」はX染色体の異常が原因で起こり，女性のみに発症する成長障害である。

「プラダーウィリー症候群」は15番染色体の変異によって起こる。成長障害のほかに，筋緊張の低下や食欲過多（肥満），知的発達の遅れ，性腺発育不全なども特徴となる。

(c) その他

軟骨無形成症/軟骨低形成症：先天的に骨・軟骨の形成に異常が見られる軟骨異栄養症を原因とする病気で，骨の軟骨細胞の増殖が不全となり成長障害となる。

慢性腎不全：腎臓機能が低下する慢性腎不全により成長ホルモンの活動が抑制され，成長障害などが起こる。

②非器質性の要因

(a) 家族性低身長

父か母，もしくは両親の低身長という遺伝的要因が原因と考えられる成長障害。ただし，遺伝に関しては身長や体重，体格に影響を与えるとする説と，実際それほど影響を与えないとする説の両方がある。

(b) 体質性低身長

発育状況の遅延など，体質的な特徴のためまわりの同年代の子どもより身長が低いといった成長障害である。この成長障害には思春期遅発症によるものも含まれる。

(c) 原発性低身長

両親の身長は標準身長の範囲内であるものの，子ども自身の身長が低いなど，原因が特定されない場合の成長障害である。発育には睡眠時間，食育環境，ストレスなどが影響を与えるとされている。

(d) 子宮内発育不全による成長障害

身長や体重が在胎週数の標準に追いつかずに生まれてくる場合がある。こうし

171

た新生児は「SGA」(Small for Gestational Age) と呼ばれる。

原因として母体や胎盤，あるいは胎児・遺伝の問題など，多様な要因が重なり合うことが多い（胎児の染色体異常など器質性要因の場合もある）。ほとんどの子どもは，2～3歳になるまでの間に標準の範囲まで追いつく。しかしその時期になっても標準の範囲に追いつかない子は「SGA性低身長症」とされる。

4．非典型発達に対する介入および支援

①介入までの要件

非典型発達に対する介入では，本人・保護者あるいは本人を取り巻く人々と信頼関係や協力関係を構築することが大切である。こうした信頼関係や協力関係をもととして，発達心理学的アセスメントの実施やインフォームド・コンセント（informed consent：説明と同意）に基づいた支援が始まる。すなわち，安心，親しみ，好感といったラポールの形成により両者の良好なリレーションを作ることが介入，そして支援への第一歩となる。

②何をアセスメントするのか

臨床における発達心理学的アセスメントの方法には観察法，面接法，発達検査，調査法などがある。とりわけ時間の流れに沿った対象児の理解（時間軸）を行うことや，さまざまな要因を考慮した対象児の理解（多要因性）を行うなど，包括的なアセスメントが求められる。

「包括的」ということには，

Ⅰ：①生理・医学的側面，②心理・学習・教育的側面，③環境・社会・文化的側面の3つの側面についてアセスメントがなされる必要がある
Ⅱ：②心理・学習・教育的側面においては，認知発達，言語・コミュニケーション発達，社会・情動発達，運動発達などのように発達の各領域についてのアセスメントがなされる必要がある

といった2つの意味が含まれている。狭い意味での心理面だけのアセスメントではないことに留意することが大切である。

また，発達心理学的アセスメントをするために最もよい文脈・場面は，生活している日常生活場面である。日常生活場面で自発的な行動を直接観察することや，保護者・教師等の報告から得られる情報を知ることが発達心理学的アセスメント

第12章　発達障害と非典型発達

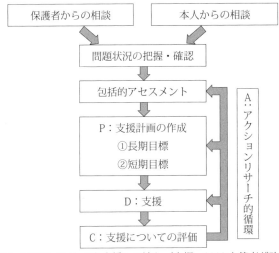

図8　アセスメントから支援への流れ（本郷，2002を筆者が改変）

の基盤となる。

③アセスメントから支援へ

　個人の発達的水準や発達特性だけではなく，その年齢において社会から期待される事柄（発達課題：集団適応，自己と仲間関係，自己と社会との関係など）への支援を考慮する必要がある。支援目標を設定するにあたっては，長期目標（おおむね1年先）と短期目標（おおむね3カ月先）に整理して考える。最初に長期目標を設定し，次にそれに対応する形で短期目標が作られるといった時間軸への意識が大切である。支援にはその個人への支援だけではなくこの個人を取り巻く人への支援やその個人が生活する環境の調整が含まれる必要がある（図8）。

④発達支援の評価について

　アセスメントに基づいての発達支援および評価では，次の点に留意する必要がある。

- 発達課題には複数の要因が関わることが多い。単純な要因からの結果のみにとらわれない。
- 個人の中に閉じたものではなく，他者との相互作用を通して生まれ，相互作用や人のネットワークの中に位置づけられる。

- 短期間に発生し，短期間に解決されるものではない。時間の経過の中で変化するものとしてとらえる。
- アセスメント，支援計画，支援，評価をPDCAサイクルを基盤とした，アクションリサーチ的循環で実施する。

III 発達障害と虐待

『児童虐待の防止等に関する法律』（2000年）では，児童虐待を以下のように示している。

- 身体的虐待：児童の身体に外傷が生じ，又は生じるおそれのある暴行を加えること
- 性的虐待：児童にわいせつな行為をすること又は児童をしてわいせつな行為をさせること
- ネグレクト：児童の心身の正常な発達を妨げるような著しい減食又は長時間の放置その他の保護者としての監護を著しく怠ること
- 心理的虐待：児童に著しい心理的外傷を与える言動を行うこと

虐待が児童に与える影響として，対人関係への影響や感情コントロールの困難に対する影響，暴力その他の問題行動の発現に対する影響があるとされる。

子ども虐待と発達障害はどちらも1990年代から社会的に注目を集めるようになった。門眞（1999）は，子ども虐待と発達障害との関係性において，虐待を誘発しやすいリスクファクターとして発達障害をとらえ，とくに注意欠如・多動症（ADHD）が虐待を誘発しやすいとした。また，白石（2005）は，発達障害が「虐待のハイリスク」要因となるとした。このように発達障害が，養育者の虐待行為を誘発する「虐待発生のリスクファクター」としての危険性の指摘が1990年代から2000年代に現れるようになった。

1．子どもに発達障害がある場合

子どもに発達障害がある場合，養育者の育児負担が増すことが虐待発生のハイリスクとしてあげられる。

子どもに関わりたいと努力してもうまく関われないことや，子どもが他児とトラブルを起こしたりするのは「しつけ」がうまくされていないからだと指摘され自信をなくすこと，小学校への入学など集団参加が近づくと焦りが増し子どもに

過剰に厳しい対応をしてしまうことなどが挙げられる。この他にも，場面や状況によって反復的に行ってしまう問題となる行動が，「わざと」あるいは「悪意で」するように受け取れ養育者の怒りがエスカレートすること，反射的な行動（態度，言葉）が反抗的と反感を覚えさせること，子どもの多動や挑発的に感じる行動に対して，養育者が怒ったり，強く制御したりすることで子どもの行動がさらにエスカレートする悪循環に陥ることなどがあげられる。

2．養育者に発達障害がある場合

一方，保護者に発達障害がある場合も，虐待発生のハイリスクとなることが挙げられる。保護者のもつ発達障害特性が結果として不適切な養育行動となって生じることがある。たとえば，注意欠如・多動症（ADHD）としての特性があれば，衝動性の高さから叱責や暴言を浴びせること，手が出やすく体罰などの身体的虐待につながりやすいといった傾向が強まることが考えられる。また，自己の満足感・快楽を優先してしまうことで飲酒やギャンブル等のアディクションに陥り，ネグレクトといった状況になることもある。

自閉スペクトラム症としての特性があれば，型にはまったあるいは養育者の考えに従わせた養育を行おうとして，心理的な虐待につながってしまうことがある。

3．反応性アタッチメント障害／反応性愛着障害および脱抑制型対人交流障害

反応性アタッチメント障害／反応性愛着障害（RAD：Reactive Attachment Disorder）および脱抑制型対人交流障害（DSED：Disinhibited Social Engagement Disorder）は「社会的ネグレクト（乳幼児期の適切な養育の欠如）」が診断の必須要件になっており，DSM-5 では心的外傷およびストレス因関連症候群（心的外傷となるような，またはストレスの強い出来事への曝露が 1 つの診断基準項目として明記されている障害）に含まれる。

反応性アタッチメント障害／反応性愛着障害は，甘えたいけど素直に甘えられない，抱っこしてほしいけど「抱っこして」と言えない，といったように気持ちを抑制し，身近な養育者であっても警戒心を強くもっているような行動ないしは無関心をよそおうような行動が特徴的である。わざと目を合わせない，素直に関わりたいけど逆に怒らせるような行動をしてしまう，というような矛盾した行動を示すこともある。

脱抑制型対人交流障害は，自分と他者とのパーソナル・スペースを見定めることが難しく，はじめて会ったような人でもなれなれしく接し，距離感が非常に近

い印象を受ける。すぐに人と親しくなれるという反面，過剰にべたべたしてしまったり，相手を観察することなく誰彼構わず接近してしまったりすることがある。また，落ち着かず，多動傾向が強いことも特徴である。

いずれも，乳幼児とその訴えや要求にこたえてくれる養育者との間で形成されていく親密な絆（愛着，アタッチメント）がうまく形成されないことで起こる，子どもの反応や行動の問題である。杉山（2007）は「生後5歳未満までに親やその代理となる人と愛着関係がもてず，人格形成の基盤において適切な人間関係を作る能力の障害が生じるに至ったもの」として，虐待などの要因によって生じた発達障害として位置づけることを提唱している。宮本（2007）は，「発達障害と子どもの虐待の関係は，発達障害があることが虐待の危険因子となりうる場合と，虐待の結果として発達障害を生じている場合とに分けて考える」ことが必要としている。

学習チェック
□ 自閉スペクトラム症や注意欠如・多動症などの発達障害の特性を理解した。
□ 典型発達（定型発達）および非典型発達（非定型発達）について説明することができる。
□ 虐待が子どもの発達に及ぼす影響について説明することができる。

より深めるための推薦図書
　平岩幹夫ら（2016）データで読み解く発達障害．中山書店．
　河合俊雄・田中康裕編（2016）発達の非定型化と心理療法．創元社．
　数井みゆき・遠藤利彦編（2006）アタッチメント—生涯にわたる絆．ミネルヴァ書房．
　森岡周（2017）発達を学ぶ—人間発達学レクチャー．協働医書出版社．
　西本絹子・藤崎眞知代編（2018）臨床発達支援の専門性．ミネルヴァ書房．

　　　　文　献
American Psychiatric Association（日本精神神経学会日本語版用語監修，髙橋三郎・大野裕監訳）（2014）DSM-5 精神疾患の診断・統計マニュアル（日本語版）．医学書院．
Asperger, H.（1944）Die "Autistischen Psychopathen" im Kindesalter. *Archiv fur Psychiatrie und Nervenkrankheiten*, 117(1); 76-136.
本郷一夫（2002）現場で支援のための方法の基礎．In：藤崎眞知子・本郷一夫・金田利子・無藤隆編：育児・保育現場での発達とその支援（臨床発達心理学シリーズ）．ミネルヴァ書房，pp. 63-77.
門眞一郎（1999）発達障害と虐待—情緒障害児短期治療施設でのケア．世界の児童と母性, 47; 32-34.
Kanner, L.（1943）Autistic disturbance of affective contact. *Nervous Child*, 2; 217-250.

第 12 章　発達障害と非典型発達

北洋輔・細川徹（2011）自閉症スペクトラム障害の歴史―診断をめぐる歴史的論争．東北大学大学院教育学研究科研究年報，59(2); 147-166.
厚生労働省（2010）乳幼児身体発育調査の概況について．
厚生労働省（2017）平成 28 年度 子ども・若者の状況及び子ども・若者育成支援施策の実施状況．http://www8.cao.go.jp/youth/whitepaper/h29honpen/pdf_index.html
ウィング，L.（久保紘章・佐々木正美・清水康夫監訳）（1998）自閉症スペクトル―親と専門家のためのガイドブック．東京書籍．
宮本信也（2007）発達障害と子ども虐待．里親と子ども，2; 19-25，明石書店．
文部省（1992）通級による指導に関する充実方策について（審議のまとめ）．
文部省（1999）学習障害児に対する指導について（報告）．
斎藤万比古・原田謙（1999）反抗挑戦性障害．精神治療学，14; 153-159.
白石雅一（2005）発達障害と児童虐待―予防と早期介入に関する実践報告と考察．宮城学院女子大学発達科学研究，5; 31-43.
杉山登志郎（2007）子ども虐待という第四の発達障害．学習研究社．

第13章

青年期の発達

吉中　淳

Keywords　発達課題，心理社会的危機，心理社会的モラトリアム，自我同一性（アイデンティティ），アイデンティティ・ステイタス，役割実験，モラトリアム人間，自己実現，選好，ライフキャリアの虹

I　発達課題について

1．発達課題理論の意義

　青年期の発達について論じるにあたり，まずハヴィガースト Havighurst とエリクソン Erikson の発達課題理論について概観したい。

　エリクソンらの理論は漸成的発達理論とも呼ばれる。漸成という言葉の原語はepigenesis という。エリクソンの解説によれば「epi とは upon を意味し，genesisとは emergence を意味する」「漸成とは，一つの項目が時間的・空間的に他の項目の上に発達すること」（Evans, 1967）を意味する。漸成的発達理論は，遺伝でおおまかな予定は決まっていることは認めるが，発達には生後の経験も重要であり，その経験には適切なタイミングがある（早すぎても遅すぎてもいけない）という理論である。エリクソン自身は，個人とその世話をする人との間の相互作用は「パーソナリティーの成長を支配する適切な程度（速度）と適切な順序の範囲内にとどまるものでなければならない」（Erikson, 1959）と表現している。

　一方，時期の方を固定して考えると，前の時期には重要ではなかった経験が，当該の時期には核心的に重要になるということが起こる。そしてこのことは幼少期に限ったことではなく生涯にわたって繰り返される。このような考え方から，発達を一定の根拠に基づいて段階に区分し，各段階において，それ以降の発達に重要な経験内容をまとめようとして考え出されたのが，「発達課題」という着想である。そしてこのことは学校において，いつ，どのような内容を教えるべきかを明らかにしてほしいという，教育上の要請と密接に結びつく。

2．ハヴィガーストの理論

　発達課題（developmental task）という用語を世に広めたのがハヴィガーストである。彼は発達課題を「個人の生涯にめぐりくるいろいろの時期に生じるもので，その課題を立派に成就すれば個人は幸福になり，その後の課題も成功するが，失敗すれば個人は不幸になり，社会で認められず，その後の課題の達成も困難になってくる」と定義した（Havighurst, 1953）。英英辞典を引くと task とは work to do，やるべき仕事と書かれている。ただし，これをハヴィガーストが人々に「仕事」を命じているのだと受け取ってはならない。彼はあくまで「発掘」しているにすぎない。彼は，発達課題の起源は 3 つあると述べる。1 つはすでに述べた生物学的な意味での「身体の成熟」であるが，それに「社会からの要請」「個人の価値観」を加えた 3 点を挙げる。

　社会からの要請は，より具体的には「個人に対しての役割期待」という形で行われる。社会からの要請も身体の成熟と同様に，ある時点で適切であった経験も時機を外せば不適切な経験となり，逆にある時点で不適切であった経験が，いまは適切な経験となるという性質をもつ。

　ここまでの 2 つで発達課題の内容が完全に決まるのであれば，個人は発達現象に対してまったく受動的に対応しているということになるが，ハヴィガーストはそうは考えていない。彼が「発達課題」という用語を広めようとしたのは，同じようなことを表すのに「要求」という用語を用いる者がいて違和感をもったからであるという。第 3 の要因「個人の価値観」を加えることによって，個人が能動的に発達に対処するという側面を考慮に入れることがはじめて可能になる。彼は教育にも関心を寄せ，教育の目的を「青年が個人的にそして社会的に満足する方法で発達課題を達成するのを援助すること」と定義している。彼は，発達課題は「強制と自由」「社会と個人」の中間領域にあると述べ，この緊張関係の中で個人が自由に生きるために価値観の確立の重要性を強調している。ただし，価値観は，学校での教育や仲間関係を通して形成される必要があり，発達に影響を及ぼすのは，おもに青年期以降ということになる。

3．エリクソンの心理社会的危機

　エリクソンは，ジグムント・フロイト Sigmund Freud の娘，アンナ・フロイト Anna Freud の指導を受けている。そのため，青年期までの発達段階はジグムント・フロイトの性的な発達段階区分を踏襲しているが，アンナ・フロイトの立場

表1 エリクソンの心理社会的危機 (Erikson, 1959)

	1	2	3	4	5	6	7	8
I 乳児期	信頼 対 不信				一極性 対 早熟な自己分化			
II 早期児童期		自律性 対 恥, 疑惑			両極性 対 自閉			
III 遊戯期			積極性 対 罪悪感		遊戯同一性 対 (エディプス) 空想同一性			
IV 学齢期				生産性 対 劣等感	労働同一性 対 同一性喪失			
V 青年期	時間展望 対 時間拡散	自己確信 対 同一性意識	役割実験 対 否定的同一性	達成の期待 対 労働麻痺	同一性 対 同一性拡散	性的同一性 対 両性的拡散	指導性の分極化 対 権威の拡散	イデオロギーの分極化 対 理想の拡散
VI 初期成人期					連帯 対 社会的孤立	親密さ 対 孤立		
VII 成人期							生殖性 対 自己吸収	
VIII 成熟期								完全性 対 嫌悪, 願望

を受け継いで,むしろ自我の方を重視している。また,ハヴィガースト同様,生涯発達的な立場から個人と社会との間の緊張関係を視野に入れた心理社会的発達に関心を寄せている。

　エリクソンの発達段階は心理社会的段階(psychosocial stage)と呼ばれる。そして各発達段階にはそれぞれ心理社会的危機(psychosocial crisis)があるとされ,これを対決の図式で描く(表1)。これがエリクソンの発達課題であると通常は理解される。エリクソンは必ずしも課題taskという言葉を明示的に用いないが,ハヴィガーストはエリクソンの理論を参考にしていると述べており,発達課題と同種のアイデアと考えて差し支えない。エリクソンは,発達課題は,その段階になってはじめて出現するのではなく,最初から存在するのであるが,個人の側で準備が整うことで課題に「出会う」と述べる。エリクソンは危機という表現

第 13 章　青年期の発達

を使う理由として，成長に伴って課題を自覚することが，その時期特有の傷つきやすさ（vulnerability）を引き起こし，「危機」という結果に至るという点を述べる（Erikson, 1959）。また，エリクソンは，各時期の心理社会的危機とされる事項は，その時期以降にも存続するとして，達成事項としてなおざりにしてはならないと注意を喚起している。

II　アイデンティティと心理社会的モラトリアム

1．アイデンティティと心理社会的モラトリアム

　青年期は，子ども時代を終えて成人期への移行という意味で人生の中でも重要な時期である。エリクソンが示す青年期の心理社会的危機がアイデンティティ（自我同一性）の達成 対 役割混乱・アイデンティティ拡散ということになる。アイデンティティは一般には「自分とは何者か」という問いに答えを出すことだと理解されている。エリクソン自身は以下のように述べている。

　　自己評価 self esteem は……自我が確実な集団の中での未来に向かっての有効な歩みを学ぶ途上にあるという確信へと変わっていく。つまりそれは，自我が特定の社会的現実の枠組みの中で定義されている自我へと発達しつつあるという確信である。私はこの感覚を自我同一性とよびたいと思う。（Erikson, 1959）

　　自我同一性の観念は，過去において準備された内的な斉一性と連続性とが，他人に対する自分の存在の意味――「職業」という実体的な契約に明示されているような自分の存在の意味――の斉一性と連続性に一致すると思う自信の積み重ねである。(Erikson, 1963)

　ここでいう連続性（continuity）とは"過去・現在・将来の自分がつながっている"という感覚をさし，斉一性（sameness）とは"いろいろな面をもっているが，自分は 1 つの存在だ"という感覚をさす。これらの定義を見て明らかなように，アイデンティティは個人の主観的感覚が重要なのはもちろんであるが，周囲の人たちとの間に安定的関係が築けるかどうかも同様に重視する。エリクソンの理論が心理社会的発達の理論と呼ばれる所以である。

　エリクソンの心理社会的危機についての考え方で確認したように，青年期がアイデンティティの危機の時期だからといって，アイデンティティの問題を突然青

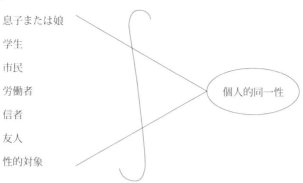

図1　役割が個人的同一性に統合される様子（Newman et al., 1984）

年期になってから発生し，青年期限りで終結する問題と理解してはならない。アイデンティティは幼少期からの，親をはじめとした「そのようになることを望み，かつ，そうなるように強制されてきた対象」への同一化（identification）の積み重ねの総仕上げとして成立するものであり，しかもこれまでの同一化の総和以上の内容を含んでいるとエリクソンは強調する。それはみずからの自由意志で，これまでの同一化を再編成するということである。それにはこれまで同一化してきたものの中から，一部を選択的に拒否することも含む（図1）。

具体的な同一性の領域としては，性，家族，民族，そして身近な仲間集団などの領域が挙げられる。性の問題についていえば，青年期の前半は，まず第二次性徴により身体に関して連続性の感覚が危機に瀕し，「自分が感じる自分の姿よりは，他人の目に映った自分の姿」（Erikson, 1968）に心を奪われる青年にとっては大きな問題となる。また，現代社会では，性的成熟は成人になることを意味しない。青年期の特に後半は恋人と親密になり親となることは社会の側から遅滞させられる心理・性的猶予期間（Erikson, 1959）であると彼は表現する。異性との関係も，本質的にはまだ性愛的関係ではなく，「青年の恋愛というものは，拡散した自己像を恋人に投射することにより，そして，それが反射され，徐々に明確化されるのを見ることによって，自分のアイデンティティを定義づけようという一つの試み」（Erikson, 1963）と述べる。

青年期において，より重要なのが，仲間集団との関係である。これまでの流れを整理すると，幼児期には容認されていた素朴な自己愛や全能感が，児童期には他の児童や教師からたびたび否定される。それが悪い方向に展開すれば児童期においては劣等感の問題となり，青年期においては，社会から蔑まれる存在，「なっ

第 13 章 青年期の発達

てはいけない者」としてこれまでも注意されてきた存在へと同一化していく「否定的同一性」の問題へと至る危険性がある。また，そうならなくても切実に他者からの肯定を求める傾向を誰もがもつ。だが，親からの肯定にだけ頼っては，幼児期の自己愛・全能感への逆戻りになってしまう。そこで親に代わって仲間集団を形成して団結し，相互に肯定し合う。そして過剰なまでに集団に同一化する。しかしながら，このような同一化の過程の負の側面として，しばしば集団外部の者，文化的背景や能力の異なる者などへの不寛容や残酷なまでの排他性が見られたり，非行につながったり，仲間集団から意に沿わないことを行うよう同調を迫られたりすることなどが指摘されている。ニューマンら（Newman et al., 1984）は，集団同一性のプロセスを，個人的同一性の問題と分離し，青年前期の心理社会的危機「集団同一性 対 疎外」として整理し直すことを提唱している。

　このように同一化・同一性をさまざまに整理統合していく過程の中で，最後の難関が職業の選択である。この課題は非常に難易度が高い。そのため，青年期の終盤，この課題を達成するために，若者が社会的義務の免除された状態にいることが重要だと述べる。このような特徴を捉えてエリクソンは青年期を心理社会的モラトリアムと名づけた。モラトリアムとは経済用語で支払い猶予，すなわち借金返済の期限の延期を意味する言葉であるが，そこに心理社会的という形容詞をつけたところに注目してほしい。「一般的に言えば，青年の心を最も強く動揺させるものは，職業的アイデンティティに安住することができないという無力感である」（Erikson, 1968）と表現し，本質的にはこの期間にはある種の後ろめたさを伴うものとしている。

　実りある人生を歩むためにエリクソンは心理社会的モラトリアムの期間の自由な役割実験の経験を重視する。役割実験は幼い頃の社会的遊び（ごっこ遊び）の延長線上にあり，あくまで「実験」なので降りたければいつでも降りることができる。このような数々の実験を通して「このままでこれからも大丈夫」という確信が得られるのだと述べる。エリクソンがこの時期の美徳として忠誠心を挙げる。忠誠心とは山本（1984）によれば「価値体系の避け得ざる矛盾にもかかわらず，自らの意志によって選んだものに深く馴染みこみ，従っていこうとする能力」のことで，たんにイデオロギーを信奉することではなく（Evans, 1967），後述するマーシャ Marcia のコミットメントにも通じる。しかし，うまくいかない場合，例えば，現在行っているいかなる活動も他者からの肯定を得られないような場合や，何らかの事情でこれまで打ち込んできたことを断念せざるをえないような場合には，時間的展望の拡散，すなわち，いまやっていることが将来につながって

いるという確信がもてない，いわば，「空回り感」に苦しみ続けることとなる。

2. マーシャのアイデンティティ・ステイタス理論

　エリクソンの同一性達成と同一性拡散の2類型に独自の観点を加えて，4類型に分類したものがマーシャ（Marcia, 1966）のアイデンティティ・ステイタスという概念である。この概念には自我同一性地位という訳があるが，地位という訳語は誤解を生みやすい。ステイタスはアイデンティティ達成という課題に対する取り組み状況と捉えた方がわかりやすい。その分類基準はコミットメント（commitment：積極的関与，自我関与，傾倒などの訳がある）と危機（crisis）である。コミットメントとは積極的に時間やエネルギーを投入することに決めているかどうかを表す。また，危機は，エリクソンの役割実験の概念に基づき，真剣に意思決定で悩んだ経験があるかどうかを表す。この2つの基準を組み合わせて，アイデンティティ・ステイタスは同一性達成，モラトリアム，早期完了，同一性拡散の4類型に分類される（表2）。

　同一性達成とは，危機を経てコミットする領域を見つけることができたということを表す。同一性達成にはまだ至らない，すなわち，コミットする領域を見つけるには至らないものの，現在危機を経験している（真剣に悩んでいる）最中であるという類型がモラトリアムである。アイデンティティ・ステイタスの類型の1つとしてのモラトリアムは，類似の用語との混同を避けるため「積極的モラトリアム」と呼び分けることも多い（加藤，1983）。

　第3の類型・早期完了（foreclosure：予定アイデンティティ，権威受容，早産などの訳もある）は，危機を経験せずに（真剣に悩まずに）コミットする領域を決めた（決めつけた）という類型である。マーシャは両親の影響を前面に出し，「自分の目標と両親の目標との間に不協和がなく，すべての体験が幼児期以来の自分の信念を補強するだけになっている」（Marcia, 1966）と記述している。また硬さ，融通のきかなさ，権威主義などを特徴として挙げる。

　第4の類型が同一性拡散であり，コミットをしていないということが特徴となる。この類型は危機の経験の有無によってさらに2つの下位類型に分類される。1つは危機前拡散型で，「いままで自分が本当に何者かであった経験がないため，何者かである自分を想像することが困難であるという人」である。もう1つが危機後拡散型で，一時的には意思決定に関して悩んではみたものの，決定を行うということ自体に否定的な態度へと至り「すべてのことが可能であり，可能なままにしておかなければならない」と考える。

表2 アイデンティティ・ステイタス（大山，1992）

自我同一性地位	危機	関与	概略
同一性達成 (identity achevement)	経験した	している	幼児期からのあり方について確信がなくなり，いくつかの可能性について本気で考えた末，自分自身の解決に達して，それに基づいて行動している。
積極的モラトリアム (moratorium)	その最中	しようとしている	いくつかの選択肢について迷っているところで，その不確かさを克服しようと一生懸命努力している。
早期完了 (foreclosure)	経験していない	している	自分の目標と親の目標の間に不協和がない，どんな経験も，幼児期以来の信念を補強するだけになっている。硬さ（融通の利かなさ）が特徴的。
同一性拡散 (identity diffusion)	経験していない	していない	危機前（pre-crisis）：いままで本当に何者かであった経験がないので，何者である自分を想像することが不可能。
	経験した	していない	危機後（post-crisis）：すべてのことが可能だし，可能なままにしておかなければならない。

　マーシャはこのような基準を用いて，職業，宗教，政治の3領域を取り上げ，半構造化面接と文章完成法により，対象者を4類型のいずれかに分類した。この手法は評定者間の一致が75%と高く，比較的客観的であると評価されている。しかしながら，類型の分類はこの4つで網羅されているかどうか，職業，宗教，政治の各領域の間で矛盾する結果が出たらどう判断するか，そして，この類型の判定は安定しているかどうかといった問題が指摘されている。マーシャ自身の6年後の調査（Marcia, 1976）では，同一性拡散や早期完了に判定された者の約8割がその類型に留まり続けた一方で，同一性達成に判定された者がその類型に留まったのは約57%にすぎず，なかには早期完了に移行するなどの不合理な結果も見られた。また，積極的モラトリアムであった者は全員が別の類型に移行した。このようなことから，この類型は固定したものではなく，あくまでもプロセスであると理解するべきであるといえる。

3．小此木啓吾の「モラトリアム人間」

　「心理社会的モラトリアム」である青年期は，本来果たすべきはずの義務を果た

していないという意味でのある種の後ろめたさをまとっていたはずであるが，青年期が確固とした存在として社会の中で認められるにつれ，そのような意識は薄れていった。同一性拡散の者を肯定的に受け取る傾向を明確に指摘したのが小此木（1978）の『モラトリアム人間の時代』である。名前こそ「モラトリアム」ではあるが，マーシャの分類に照らしていえば，積極的モラトリアムではなく同一性拡散である。マーシャの考察の中で，同一性拡散の一部の「プレイボーイ的拡散」と呼ばれるタイプはむしろ適応状態がよいとの指摘があるが，その延長線上にあるといえる。小此木は，1970年代の，「お客様は神様」といったフレーズで生産者であることよりも消費者であることがもてはやされ始めた世相を反映し，社会組織の中の身の置き場を探すのではなく，「根無し草的な自己の存在を肯定し，そのような自己の在り方を公然と主張する」という心理の台頭を，「社会的性格」としてのモラトリアム人間として注目した。エリクソン，マーシャの理論の妥当性や現代日本社会においてアイデンティティの問題をどう位置づけるかについての重要な問題提起である。

III　キャリアの視点から

1．スーパーによる自己概念の強調

　ここで視点を転じて，キャリア発達の文脈から青年期の発達を論じたい。用語こそ違っているが，エリクソンらとほぼ同様の観点から青年期について論じられている。

　キャリアの観点からの第一人者として知られているのは，スーパー Super である。彼の理論の特徴は，①自己概念の発達を進路の問題の中核に据えたこと，②先行する理論を参考に進路選択の問題を発達の問題として位置づけたこと，③個人の中での役割の連鎖としてキャリアを定義したことなどが挙げられる。

　まず，自己概念を中核に据えた意義について述べる。それまでの職業適性検査の多くは能力的側面，とくに時間内にどれだけ多くの仕事ができるかといった側面の測定をおもに行っていた。しかしながら，仕事をできるということと，その仕事をやりたいかどうかということは別である。端的にいえば，個人にとってやれといわれればできるけれど，やりたくないという職業は多数あるはずである。そこで，スーパー（Super, 1949）は一般用語としての「職業に向いているかどうか」（職業適合性；vocational fitness）を能力的側面とパーソナリティ的側面に二分した（図2）。パーソナリティ的側面はキャリアについての中核的な側面で

第 13 章 青年期の発達

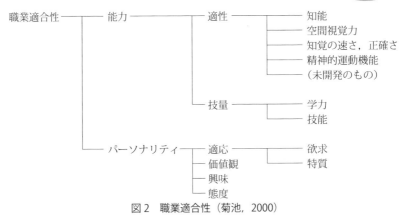

図2 職業適合性（菊池, 2000）

あると論じる。彼は「自己概念は青年期以前から形成されはじめ，青年期において次第に明確になり，かつ青年期において職業の名に翻訳される」(Super et al., 1957)，「人は職業を選択する時，事実上，自己概念の実現の手段を選んでいる」(Super, 1957) と述べた。こうした考えにはアイデンティティを巡る考えとの共通性が見て取れる。そして，現在のキャリア教育にあたる職業指導の再定義として「個人が，自分自身と働く世界における自分の役割について，統合されたかつ妥当な映像を発展させまた受容すること，この概念を現実に照らして吟味すること，および自分自身にとっても満足であり，また社会にとっても有益であるように，自己概念を現実に転ずることを，援助する過程である」と述べた。

2．職業選択における選好（preference）の重要性

後にホランド（Holland, 1997）は，パーソナリティや職業興味の側面からキャリアの問題を取り上げた。彼は「個人は自分のもっている技能や能力が生かされ，価値観や態度を表現でき，自分の納得できる役割や課題を引き受けさせてくれるような環境を求める」「環境は，個人に対し，その環境が示す優勢なタイプに対応した活動の機会や強化を与える」「職業的な満足・安定性・業績は個人のパーソナリティとその働く環境との一致度によって決まる」と仮定した。そして，彼はパーソナリティも職業も対応する6類型に分類が可能で，これらの類型同士は六角形構造をなしていることを見出した（図3）。個人の職業選択はパーソナリティと選んだ職業の類型が一致しているのが最も望ましく，次善の策としては隣の類型から職業を選ぶことが望ましいが，向かい側の類型から職業を選ぶことは望ましくないと論じる。このような理論と調査結果に基づき，彼はVPI（Vocational

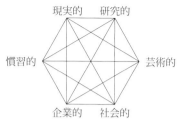

図3 ホランドの職業興味の6類型の関係（Holland, 1997）

Preference Inventory：職業興味検査）を開発した。この検査は職業名のリストを見せて，それぞれやってみたいかどうかを回答させて，それをもとに個人の職業興味の類型を特定することを目的とするものである。

ここで，preference（以下，選好と訳す）という概念が出てきたのでその意義について述べる。スーパーや彼の共同研究者のクライツ（Crites, 1969）は，職業選択を3種類に区分している。現実を考慮に入れている程度の高いものから順に，実際に1つの職業を選ぶというchoice，ほかの職業よりもこの職業が好きというpreference，そして何の制限もないとしたらこの職業に就きたいというaspiration，の3つである。

職業の選択をchoiceの問題と矮小化して考えるならば，それを選ぶチャンスがあるかどうかなど，偶然の占める影響も大きくなり，心理学の出る幕はほとんどないように見える。だがスーパーらは，そうは考えない。彼らは，そもそも職業選択を「就職活動」の，せいぜい1年程度の期間の出来事（event）ととらえるのは不適切であり，児童期以降の少なくとも10年にわたる「プロセス」であるのはほとんど自明のことであると考える。スーパーは個人の好む職業（the occupation preferred）とは「個人が，あるがままの人間として，自分がそのような人となることができ，自分の自己概念と一致しかつ矛盾しない役割を果たすことができる，と自ら期待する職業」（Super, 1957）と述べた。つまり，選好のことを考えるとは，職務の内容と自己の特徴との一致・不一致について考えるということを意味する。職業選択の問題が，「青年期の自己概念の発達の問題」としてクローズアップされるのはひとえにこれが選好の問題ととらえられるからである。

3．キャリア発達の段階

それでは，具体的に選好や自己概念はどのような段階を経て発達していくのか。彼はビューラーBühlerの発達段階区分に従ってキャリア発達の段階を提唱した。

第13章　青年期の発達

表3　スーパーの職業的発達段階（探索段階前後を抜粋）

段階	下位段階	時期	職業的発達上の課題
成長段階 （誕生から14歳）			家族，隣人，学校における主要人物との同一化
探索段階 （15歳から24歳）	暫定期	15〜17歳	選好の結晶化（crystallization of preference）
	移行期	18〜21歳	選好の特定化（specification of preference）
	試行期	22〜24歳	選好の現実化（implementation of preference）
確立段階 （25歳から44歳）			安定化（stabilization）

　日本の学校段階でいうと幼少期から中学生ぐらいまでにあたる成長段階（誕生から14歳まで）は，まだ理想的人物との同一化を中心に空想的にキャリアのことを考える時期である。つまり先の分類でいうと aspiration の段階である。この段階までは職業についての考えが，自分と他人で違うということがあまり意識されていない。せいぜい性別と学業成績の違いに留まる。それが，次の探索段階（15歳から24歳）では，選好がテーマとなり，もう少し実証的根拠に基づいて進路の探索が行われる。この段階は3つの下位段階に区分される（表3）。最初の暫定期（15〜17歳）はほぼ高校の期間に相当し，進路についての仮の決定（暫定的決定）を行う。この時期の発達課題は選好を一貫させること，つまり，結晶化である。ただし，暫定的決定といってもまだ進路の方向性というレベルに留まることも多い。次の移行期（18〜21歳）は大学や専門学校在学の期間に相当する。この段階の発達課題は，特定化，すなわち，選好を特定の職業へと絞ることである。そして，これまでの決定を現実のものとするための専門的訓練を受ける。最後の下位段階である試行期（22〜24歳）では，選好の現実化，すなわち実際の就職が行われる。しかし，これで終わりではない。最初の数年間は，その進路選択で正しかったのかという問い直しが起こる。やっと安定するのは25歳以降であるという。この理論は役割実験を重視したエリクソンの理論とほぼ同じ流れといえる。

4．ライフキャリアの虹と役割概念の重要性

　以上のように，スーパーらは自己概念の問題を自分にふさわしい役割を選ぶという問題へと読み替える。1980年代には「ライフキャリアの虹」と呼ばれる図で職業およびその他の役割との関係を示した（図4）。それぞれの「虹の帯」はほ

第12巻　発達心理学

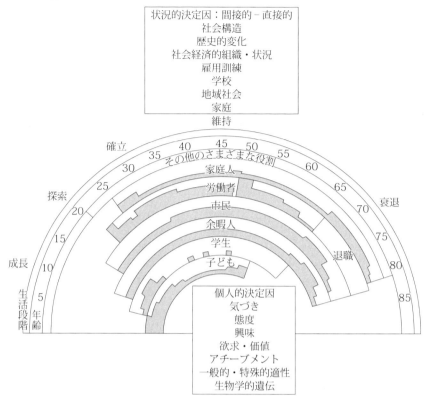

図4　ライフキャリアの虹（中西，1995）

とんどの個人が経験する主要な役割（子ども，学生，労働者，家庭人など）を表す。そして人生の進行とともに，その帯の太さが増減していくが，これは，各時点において，その役割に費やす時間やエネルギーが増減していることを表す。ただし，虹を輪切りにしたときの，帯の太さの総和は変わらない。これはどの時点においても1日の長さは24時間で一定であるからである。

　スーパー（Super, 1980）はキャリアを「生涯過程を通して，個人によって演じられる諸役割の組み合わせとそのつながり」と定義し，この定義が中央教育審議会（2011）におけるキャリア発達の定義「社会の中で，自分の役割を果たしながら，自分らしい生き方を実現していく過程」の起源となっている。この図でスーパーが示したかったことは，人生あるいはライフキャラリアを考えるということは，個人の費やすことのできる時間やエネルギーという限られた資源をどの役割にどう配分するかを考えることと捉えることができるということである。

第 13 章　青年期の発達

■ Ⅳ　まとめ

　ここまで取り上げた理論家たちの意見について，あまりにも「……すべき」という内容に偏っていて，心理学ではないという意見もあるかもしれない。エリクソン自身も自覚していて，「私は心理学を倫理学から区別する境界を踏み越えるところまで来てしまった」（Erikson, 1959）と述べている。ただ，彼は心理学的洞察によって人間関係や生活の諸問題に示唆を与えることを目指しているとも述べている。

　また，現代の日本はハヴィガースト，エリクソン，スーパーらの 1950 年代のアメリカとは時代も文化的背景も大きく違っていることを問題視する人もいるかもしれない。たしかに現代にはアイデンティティの問題には悩まず，職業の選択もアイデンティティの問題とは考えない青年も多いかもしれない。しかしながら，①基本的には同年齢の友人とのつき合いである学校時代と，年齢の大きく違う相手と，しかも金銭のやりとりを伴った仕事上の関係を伴う成人期とでは人間関係の様相が大きく異なるということ，②役割実験は青年期だからこそ許されるのであって成人期に行うことはそう容易ではないこと，以上の 2 点は現在も変わっていない。現状は，エリクソンの当時は青年期の課題であったものが先送りされ，課題の解決がいっそう難しくなったとも考えられる。だからこそ，青年期の発達課題，心理社会的危機，キャリアについて取り上げる意義は今後とも失われることはないであろう。

◆学習チェック
- □ ハヴィガーストが発達課題を記述するにあたって，重視した要素を 3 つ理由を含めて挙げられる。
- □ 「心理社会的モラトリアム」「積極的モラトリアム」「モラトリアム人間」の区別を説明できる。
- □ 児童期における劣等感と青年期における否定的同一性のつながりを説明できる。
- □ 児童期や青年前期において職業選択について考える意義を説明できる。
- □ 「役割」という概念の重要性を説明できる。

より深めるための推薦図書
　藤本喜八（1991）進路指導論．恒星社厚生閣．
　中西信男・水野正憲・古市裕一・佐方哲彦（1985）アイデンティティの心理学．有斐閣．

岡本祐子（1998）成人期における自我同一性の発達過程とその要因に関する研究．風間書房．

鑪幹八郎・山本力・宮下一博編（1984）自我同一性研究の展望．ナカニシヤ出版．

鑪幹八郎・宮下一博・岡本祐子編（1995-1999）アイデンティティ研究の展望Ⅱ，Ⅲ，Ⅳ，Ⅴ-1，Ⅴ-2．ナカニシヤ出版．

文　献

中央教育審議会（2011）今後の学校におけるキャリア教育・職業教育の在り方について（答申）．ぎょうせい．

Crites, J. O. (1969) *Vocational Psychology*. McGraw-Hill.

Erikson, E. H. (1959) *Psychological Issues Identity and The Life Cycle*. International University Press. (小此木啓吾訳編（1973）自我同一性．誠信書房．)

Erikson, E. H. (1963) *Childhood and Society*, 2nd Edition. Norton Company. (仁科弥生訳（1977）幼児期と社会1，仁科弥生訳（1980）幼児期と社会2．みすず書房)

Erikson, E. H. (1968) *Identity: Youth and Crisis*. W. W. Norton Company. (岩瀬庸理訳（1973）アイデンティティ―青年と危機．金沢文庫．)

Evans, R. I. (1967) *Dialog with Erikson*. Harper & Row. (岡堂哲雄・中園正身訳（1981）エリクソンは語る―アイデンティティの心理学．新曜社．)

Havighurst, R. J. (1953) *Human Development and Education*. Longmans & Green Company. (荘司雅子監訳（1995）人間の発達課題と教育．玉川大学出版部．)

Holland, J. L. (1997) *Making Vocational Choices*, 3rd Edition. Psychological Assessment Resources. (渡辺三枝子・松本純平・道谷里英共訳（2013）ホランドの職業選択理論―パーソナリティと働く環境．一般社団法人雇用問題研究会．)

加藤厚（1983）大学生における同一性の構造とその諸相．教育心理学研究，**31**; 292-302．

菊池武剋（2000）進路指導の基礎理論．In：仙崎武・渡辺三枝子・野々村新・菊池武剋編：入門 進路指導・相談．福村出版．

Marcia, J. E. (1966) Development and validation of ego identity status. *Journal of Personality and Social Psychology*, **3**; 551-558. (岡本祐子訳（1998）「アイデンティティ・ステイタス」の開発と確定．In：鑪幹八郎・宮下一博・岡本祐子編：アイデンティティ研究の展望V-1．ナカニシヤ出版，pp. 121-135．)

Marcia, J. E. (1976) Identity six years after: A follow-up study. *Journal of Youth and Adolescence*, **5**; 145-160. (岡本祐子訳（1998）アイデンティティ，その6年後―追跡研究．In：鑪幹八郎・宮下一博・岡本祐子編：アイデンティティ研究の展望V-1．ナカニシヤ出版，pp. 137-154．)

中西信男（1995）ライフ・キャリアの心理学―自己実現と成人期．ナカニシヤ出版．

Newman, B. M. & Newman, P. R. (1984) *Development Through Life*, 3rd Edition. Dorsey. (福富護訳（1988）生涯発達心理学―エリクソンによる人間の一生とその可能性 新版．川島書店．)

小此木啓吾（1978）モラトリアム人間の時代．中央公論社．

大山正樹編（1992）人間への心理学的アプローチ 改訂版．学術図書出版社．

Super, D. E. (1949) *Appraising Vocational Fitness*. Harper & Brothers.

Super, D. E. (1957) *The Psychology of Careers*. Harper & Brothers. (日本職業指導学会訳（1960）職業生活の心理学．誠信書房．)

Super, D. E. & Bachrach, P. B. (1957) *Scientific Careers and Vocational Development Theory*. Columbia University. (藤本喜八抄訳（1957）科学技術者に関する従来の研究成果．職業指

導，30(9).）

Super, D. E.（1980）A life-span, life-space approach to career development. *Journal of Vocational Behavior*, 16; 282-298.

山本力（1984）アイデンティティ理論との対話―Erikson における同一性概念の展望．In：鑪幹八郎・山本力・宮下一博編：自我同一性研究の展望．ナカニシヤ出版，pp. 9-38.

第12巻　発達心理学

第14章

成人期・高齢期の発達

稲垣宏樹

Keywords 前期高齢者，後期高齢者，超高齢者，平均寿命と健康寿命，獲得と喪失，エリクソンの第8段階，標準年齢的要因，標準歴史的要因，非標準的要因，中年期の発達課題と危機，エピソード記憶と意味記憶，選択的注意と分割的注意，結晶性知能と流動性知能，サクセスフル・エイジング，SOC理論

I　成人期・高齢期における「発達」とは

　成人期・高齢期以降の発達的変化は，エイジング（aging）と呼ばれ，過去には機能低下や衰退現象などの発達の下降的変化を意味する「老化」という訳語があてられていたが，近年は，成人期以降に起こるネガティブな変化もポジティブな変化も包含する「加齢」と訳されることが多い。

　年齢的な区分では，青年期以降の20歳代から老年期以前を成人期，またとくに40歳代以降の成人期後期は「中年期」と呼ばれることが多い。また，「65歳以上」の人を高齢者，65歳以降の時期を高齢期という。現在一般的に，65歳から74歳の時期（その時期にある人）を「前期高齢期（者）」，75歳以降を「後期高齢期（者）」と区分し，さらに近年では後期高齢者人口の増加から，85歳以上を「超高齢期（者）」と区分することも多い。

　平均寿命（life expectancy）とは生まれたばかりの人（0歳児）が平均あと何年生きられるかを示した値である。平成27年時点での平均寿命は，男性で80.75歳，女性では86.99歳と発表された。近年，平均寿命に代わる新たな健康状態の指標として注目される「健康寿命」（health life expectancy）は，人生の中で健康で障害のない期間（支援や介護を要しない期間）を指す。平成22年時点で，男性70.42年，女性73.62年で，同じ年の平均寿命と比較すると約9年，12年の差があり，この差を短縮することが日本における健康づくり政策の目標の1つとなっている。

　また，高齢者人口は年々増加しており，平成27年の統計で高齢者人口は3384

第14章 成人期・高齢期の発達

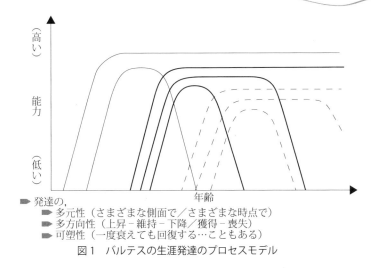

図1 バルテスの生涯発達のプロセスモデル

万人，人口全体に占める65歳以上人口の割合（高齢化率）は26.7％に達している。日本は，高齢化社会（高齢化率7％以上の社会），高齢社会（同14％以上）を経て，超高齢社会（同21％以上）へと移行しており，高齢化率は今後も高くなると推測されている。しかし，近年，65歳以上を高齢者とするという定義が現状と合わなくなっているとして，新たな高齢者の定義が検討されている。

さて，バルテスBaltesは，発達において獲得（成長）と喪失（老化）は表裏一体の現象であると述べた。獲得のみならず喪失も出生時にはすでに生起しているが，幼少期は獲得の比率が圧倒的に高く，上昇的変化の時期と見なされる。中年期以降には喪失の比率が増加し，高齢期には逆転し喪失の増加が顕著になるため下降的変化の時期と見なされるが，それと同時に獲得も高齢期以降にも続く現象である。生涯にわたって起こる発達のプロセスは，さまざまな側面において，ライフサイクルのあらゆる時点で生じるものであり，そのプロセスがどのくらい継続し，どこでピークを迎え，いつ終了するのかもさまざまである（発達の多次元性）。また，その変化の仕方が上昇的であるのか下降的であるのか，直線的であるのか段階的であるのかもさまざまである（発達の多方向性ならびに可塑性；図1）。人は生涯にわたって発達し，高齢期は必ずしも喪失の時期とはいえないのである。

エリクソンEriksonの発達段階説は，生涯発達の理論的モデルとしてよく知られるものの1つであろう。エリクソンは，社会的・対人関係の視点から，発達プロセスを生涯にわたるもの（ライフサイクル）へと拡張し，心理・社会的側面

の発達を第13章にあるような8つの段階にまとめ説明を試みた。各発達段階では，その段階で達成されるべき「発達課題」が設定されており，発達課題がうまく達成されなかった場合，心理社会的危機に陥る。人生の最後期である第8段階「老年期」（成熟期）の発達課題は「統合」である。これまでの自身の人生を振り返り，人生の意味や価値を見出し，自己の統合感や人生への満足感を獲得し，目前に迫った死への準備をする段階とされる。

また，バルテスは，人間の発達を規定する基本的な要因として，「標準年齢的要因」「標準歴史的要因」「非標準的要因」に分けて整理し，それぞれの要因が発達における各年齢にどの程度影響を及ぼすのかを説明した（第1章を参照）。それぞれの要因は，人生の各年代で影響の程度が異なると考えられている。

「標準年齢的要因」（年齢・成熟的要因）は，暦年齢と密接に関連した要因であり，発達初期（幼児期や児童期）の成長や高齢期以降の衰退など遺伝的規定性が強い時期に強い影響力を発揮する生物学的側面と，ライフサイクルや社会生活の中で暦年齢と強く結びついたイベントとして大きな影響を及ぼす環境的側面に分けられる。「標準歴史的要因」（世代・文化的要因）は，特定の文化・社会の中で暮らす人々に同時に影響する社会的・環境的変化による要因で，アイデンティティの形成に強い影響を及ぼすと想定され，青年期から成人期初期にとくに強い影響力をもつと考えられる。「非標準的要因」（個人的要因）は，個人に特有の人生上の重要な出来事，すなわち，ライフイベントを指す。ライフイベントは，大多数の人に共有されず，個人にとっては人生の転機となるような出来事を含んでおり，人生の後半期になるほど影響力が大きくなると想定される。

II　成人期における発達課題

1．家族の形成と発達

中年期以降のライフコースの中で，新しい家族関係の形成と発達的変化は重要な発達課題と捉えることができる。エリクソンは，彼の発達段階説の中で，成人期前期では結婚・家族形成を通した「親密性」の獲得が，また成人期中期は育児・就労を通した「生殖性」の獲得が達成されるべき発達課題であると述べている。

家族形成の第一歩となるのは恋愛のパートナーや配偶者の選択である。マースティン Murstin が対人関係の発達や深化過程を説明した刺激－価値－役割理論は，恋愛関係における進展のプロセスを説明するのに有用であろう。出会いの段階である刺激の段階では身体的な魅力，地位，評判といった表面的な印象や魅力

第 14 章 成人期・高齢期の発達

が重視される。ここで相互によい印象をもち関係が進展していくと，価値の段階，すなわち外見上の魅力の重要性が相対的に小さくなり，相互に興味や関心，価値観，態度を共有できるかが重要な段階に移行する。こうした共有過程がうまく進行した場合，最終的に役割の段階，すなわち相互の関係におけるお互いの役割を意識し，その役割に沿って行動する段階に移行する。

　恋愛関係を経てパートナーが選択され，本人たちの意思と合意の形成，また加えて身体的成熟，社会的条件，経済状況など諸条件が整うことで，新しい家族を形成する道筋ができる。結婚は，その代表的な方法の1つであろう。結婚により，配偶関係にある2人による家族が形成される（新婚期）。子どもが生まれることで家族の成員が増加し，いずれ子は成長し，家族は拡大期を迎える（養育期〜教育期）。

　子の誕生により家族の中で夫婦は親となり，子を育てる過程で親として発達していくと考えられる。親になるための準備は，子が生まれる以前からなされていると考えられる。乳幼児らしい特徴をもつ個体に接することで養護欲求が喚起され，何らかの養育行動をとりうるような生得的なメカニズムが基盤にあるとの考えや，自身の親とのアタッチメント関係や被養育体験（親にどのように育てられたか），親子関係以外の他者との関わりの中で育まれる養護性（相手の健全な発達を促進するために用いられる共感性と技能；小嶋，1989）などが影響すると考えられている。子が生まれて以降には，上記の成育歴に加え，実際に子をもった親が現在どのような心理的状況にあるのかがより重要である。ベルスキーBelskyは，親自身の心理・感情的要因（パーソナリティ，幸福感など），親子を取り巻く社会文脈的要因（夫婦関係，就業状況，経済状況，サポート体制，社会制度など），子どもの特徴（気質，身体的特徴など）によって養育行動が規定されるという理論的モデルを提案した。こうした要因が相互に影響を及ぼしながら，子どもの発達が規定され，また親としての行動も変化していくと考えられる。

　子はやがて就職や結婚のため家族から独立し家族関係は縮小し，再び配偶者との家族に戻る（排出期〜老年期）。子の自立や巣立ちによる喪失感とそれに伴う抑うつ症状は「空の巣症候群」と呼ばれ，後述する中年期危機をもたらす要因となりうる。また，いずれ一方の配偶者が死亡し結婚生活は終結することとなる（弧老期）。

　家族はこうした形成−拡大−縮小−消滅といったライフサイクルをたどる。しかし，家族の形態や形成プロセスは多様である。離婚による配偶関係の破綻や死別で家族が縮小することもあれば，再婚による新しい家族の形成，子が形成した

新しい家族と生活を共にすることで家族がさらに拡大する場合もある。非血縁家族，事実婚，同性婚なども含め，多様性を踏まえた家族形態や発達プロセスの理解が求められる。

2．中年期危機

さて，中年期後期に示される家族関係の縮小的変化は，親や配偶者としての役割喪失や生活のあり方のやむをえない変更をもたらし，健康状態や心身の機能の変化と相まって，心理的に不安定な状態に陥る。ペック（Peck, 1968）は，「中年期危機」として，①身体的活力の危機，②性的能力の危機，③対人関係構造の危機，④思考の柔軟性の危機，の4つの危機を挙げている。中年期に遭遇する心理社会的危機によって，人はあらためて自我同一性に向き合い再体制化する必要に迫られることとなる。岡本（1985）は，中年期における自我同一性の再体制化のプロセスを，①身体感覚の変化の認識に伴う危機期，②自分の再吟味と再方向づけへの模索期，③軌道修正・軌道転換期，④自我同一性再確定期にまとめ，最終段階では危機を脱し安定化すると述べた。このプロセスに乗らずうまく危機を解消できなかった場合，不安定な心理状態のまま老年期へと移行し，老年期の課題と直面せざるをえなくなる。

3．ジェネラティビティ

中年期以降，家庭内における育児や職場での部下の指導を通じて，次世代を担う若い世代への関心が高まると考えられており，エリクソンは，こうした関心の高まりをジェネラティビティ（generativity：生殖性や世代性，生成継承性と訳される）と名づけた。ジェネラティビティは中年期以降の発達課題とされ，「子孫を生み出すこと，生産性，創造性を包含するものであり，自分自身の更なる同一性の開発に関わる一種の自己―生殖も含めて新しい存在や新しい製作物や新しい概念を生み出すこと」と定義される。近年の高齢化を背景に，中年期のみならず高齢期においても重要な発達課題であると考えられるようになってきており，実際中年後期から老年期にかけての年代で世代性が最も高くなることを示す研究結果が報告されている。マックアダムス McAdams とアウビン Aubin は，ジェネラティビティの関心には「次世代の世話と責任」「コミュニティや隣人への貢献」「次世代のための知識や技能の伝達」「永く記憶に残る貢献・遺産」「創造性・生産性」の5つの下位領域があると述べた。その発達には，若い世代との相互作用が重要で，若者からポジティブな反応がなければ継続的に発達しないことが報告されて

第14章　成人期・高齢期の発達

いる。ただし，中高年者の助言や手助けが必ずしも若い世代に好意的に受け取られるとは限らない。スムーズな他世代間交流の在り方を模索すれば，若者にとっては知識や技術の継承，中高年者にとってジェネラティビティの高まりと双方にとって有益であるに違いない。

III　加齢による身体機能の変化

　成人期から高齢期以降，身体的機能の多くは老化現象，すなわち下降的変化を示す。老化には，生活環境が整い，病気や事故に遭わなくても必然的に起こり進行し最終的には死につながる「生理的老化」と，老年期に多い病気によって引き起こされる「病的老化」がある。生理的老化は誰にでも必ず発生する現象であり生きている限り避けようがないが，病的老化は病気に罹った人のみに見られ，また場合によっては治療や予防によって回避することも可能である。

　生理的老化を説明する代表的な理論に，消耗説や老廃物蓄積説，プログラム説がある。消耗説は，人を構成する細胞や臓器，器官が，時間が経つにつれて，機械の部品が擦り切れるかのように消耗し正常に作動しなくなることが老化であると考える説である。老廃物蓄積説は生命活動によって生み出される老廃物（ゴミ）が時間の経過に伴って徐々に細胞内にたまっていき，正常な機能を果たせなくなるとする説である。また，プログラム説は，あらかじめ生物のDNAの中に老化するためのプログラムが組み込まれているとする説である。老化に対する遺伝子の役割については，細胞分裂時のコピーエラーや外的要因（放射線や活性酸素など）による損傷が原因となって正常な動作ができなくなることが確認されているが，老化や寿命を規定するような遺伝子は現在のところ見つかっていない。

　次に，加齢により身体の機能にどのような変化が起こるのかを見ていく。

1．脳の老化

　さまざまな身体部位の中で，心の働きと最も関係が深いのは脳であろう。一般的に，加齢に伴って神経細胞が減少し，脳は萎縮していく。脳の萎縮の度合いには，部位による違いや個人差が見られる。とくに萎縮の度合いが大きいのは，脳の中心部に位置する海馬とその周辺部位，側頭葉下部，前頭葉であることが知られている。こうした脳の形態的変化により認知機能の低下を引き起こされる可能性が高くなるが，脳は残存する機能によって低下した機能を補う能力（補償機能）をもっており，認知テストの結果とは必ずしも一致しないこともある。

2．感覚器官の老化

　外界からの刺激や情報を取り入れるための感覚器官（視覚，聴覚，触覚，嗅覚，味覚。いわゆる五感）も老化に伴って機能が低下する。視覚に関しては，見たいものに焦点を合わせることが困難になる（老眼），目標物を目で追うことが困難になる（動体視力の低下），視野が狭くなる（視野狭窄），明るいところから暗いところ（または暗いところから明るいところ）に移動したときになかなか目が慣れない（明暗順応の低下），レンズの役割を果たす水晶体への白濁の蓄積（進行すると白内障に罹患する），色を見分ける能力の低下などが起こる。

　聴覚に関しては，聴力の低下，いわゆる「耳が遠くなる」ことが起こる。とくに高音域から聞きにくくなり，大きな音でないと聞き取れない，聞き間違いが増える，似た音の聞き分けや音がする方向の判断が困難になる。

　感覚器官の低下は，他者とのコミュニケーションを困難にしたり，危険察知や回避の遅れにつながったりするので，注意が必要である。

3．外見上の老化

　外見上の変化は，時によっては外出や他者と交流する意欲を失ったり，自尊心が傷ついたりといったことにつながり，高齢者にとっては重要な加齢変化の側面である場合がある。

　皮膚は，外界の変化による影響を受けやすく，加齢による変化が目立ちやすい部位である。皮脂の分泌量の低下により，弾力性が低下し，しわやたるみができやすくなる。水分を保てなくなり，発汗機能の低下と相まって肌が乾燥し，かゆみを感じやすくなる（ドライスキン）。毛髪が抜け落ちたり，白髪が増えたりといった変化も加齢に伴って目立ってくる現象である。また，加齢に伴う神経系機能の低下や筋肉，骨の変性によって，姿勢を保つことが困難になったり，徐々に身長の短縮が起こったりする。加齢だけでなく，長年の生活習慣（職業や運動など）や姿勢に対する意識によっても姿勢の変化は影響を受ける。姿勢が悪くなることで，歩き方が不自然になり転倒のリスクが増加する。その結果，歩行が怖くなって歩かなくなることでますます関節の動きづらさが増したり筋力の低下が進んだり，さらに歩行が困難になるという悪循環に陥ることとなる。

4．運動機能の老化

　運動機能の低下も加齢により起こる代表的な老化現象である。筋力は，加齢に

第14章 成人期・高齢期の発達

伴う筋繊維の委縮や筋神経が弱まることで，衰えていく。また，筋肉を支える骨も，骨を作る細胞（骨芽細胞）よりも骨を破壊する細胞（破骨細胞）の働きが活発になり，骨密度が低下し骨の強度が弱くなる。筋力や骨の強度の低下は，歩行や立ち上がり，階段の上り下り，姿勢の保持や制御を困難にする。転倒しやすくなるばかりか，骨がもろくなっているので骨折もしやすい。呼吸器系の機能の低下も運動機能に影響を及ぼす。肺活量が低下することに加え，肺において酸素や二酸化炭素を交換する機能が衰え，軽い運動でも息切れを起こしやすくなる。また，心臓や血管の弾力性の低下，心筋の機能低下により，血圧が上がりやすくなったり，逆に十分な血液を全身に送ることが困難になり，動悸，息切れ，胸痛が起きやすくなる。運動機能が制限されるばかりか，心臓に過度な負担をかけることになる。運動機能の低下は，高齢者の日常生活の制限や自立生活の困難化に直結する重要な問題である。

5．その他の身体機能の老化

ここまで記載した1～4項の機能以外にも，歯や咀嚼（食べ物を噛む機能），嚥下（食べ物を飲み込む機能）などの口腔機能，胃や腸などで食べ物を消化する機能，尿に関する泌尿器の機能，病原体や悪影響を及ぼす物質から体を守る免疫の機能なども加齢により衰える。いずれの機能においても，その低下は高齢者の行動を制限したり，進行すれば疾患となったりして，生活様式や行動様式の変化を高齢者に迫るものである。

6．日常生活動作

日常生活動作（Activities of Daily Living：ADL）とは，自立して生活するための活動や能力全般を指す用語である。ADLは基本的日常生活動作能力（Basic ADL：B-ADL）と手段的日常生活動作能力（Instrumental ADL：I-ADL）に大別される。B-ADLは，起き上がり，歩行や移動，階段の上り下り，着替え，食事，整容，入浴，トイレ動作，排尿・排便など，主に家庭内で日常生活上必要な動作である。I-ADLは，B-ADLよりも高度な認知機能や身体機能が必要とされる，より高次な日常生活動作として定義される。具体的には，食事の準備，買い物，掃除，洗濯，金銭管理，公共交通機関の利用，服薬管理，書類の作成，電話の使用，趣味・余暇活動への参加などである。ADLの維持には，身体機能だけでなく，認知機能や精神的健康，社会的環境が関連し，いずれかが低下することでADLが低下し，自立生活の継続が困難な状態，すなわち要介護状態に移行する。高齢期には，老化，

脳血管障害，生活習慣病（糖尿病など），神経疾患（パーキンソン病など），骨や関節の疾患，認知症，栄養の失調，薬の副作用，引っ越しや道具の買い替えなど生活環境の変化などの複数の原因が考えられる。ADLの評価には代表的な指標がいくつかあるが，介護保険制度における認定調査では「障害高齢者の日常生活自立度（寝たきり度）」や「認知症高齢者の日常生活自立度」が用いられている。

IV　加齢による知的機能の変化

1．記憶機能の変化

もの忘れ，すなわち記憶機能の低下は，加齢と最も結びづけられやすい知的機能の変化であるが，記憶の機能にも加齢の影響を受けやすいものもあれば，あまり影響を受けず年をとっても変化しにくい機能もある。

情報を保持する（憶えておく）時間により，記憶は保持時間が数秒程度の「感覚記憶」，数秒から数十分程度の「短期記憶」，そして半永久的に保持される「長期記憶」に分類される（図2）。このうち，長期記憶は，想起する（思い出す）際に言語化または意識化できる「顕在記憶」と，言語化や意識化ができない「潜在記憶」に分類される。さらに，顕在記憶は，「いつ，どこで，何をした」といった時間・場所の情報と関連づけられた体験や出来事に関する「エピソード記憶」と，文脈の情報を伴わない一般的な知識（たとえば，九九や歴史上の出来事，言葉の意味など）に関する「意味記憶」に分類される。エピソード記憶は加齢の影響を受け低下しやすく，意味記憶は加齢の影響を受けにくく高齢になっても維持される。ただし，エピソード記憶も，想起する（思い出す）際に手がかりや選択肢があるとうまく思い出すことができる。このことは，高齢者に見られるもの忘れが「憶えているけど思い出せない」状態，すなわち，加齢による影響を受けているのは記憶の一側面（想起機能）で，別の機能（保持機能）は影響が受けにくいことを示している。また，エピソード記憶の中でも，自分自身にまつわる記憶（自伝的記憶という）は，最近の記憶と並んで幼少期から青年期にかけての記憶が比較的想起されやすい。

短期記憶は，情報を保持しておく機能以外に，保持した情報を処理する機能をもつと考えられている。その働きのことを作業記憶（ワーキングメモリ：working memory）という。たとえば，数字の羅列（2-4-7）を憶える場合はたんに情報を保持するだけだが，これを反対の順番で言う場合は認知的な操作が行われることになる。他にも繰り上がりのある計算を暗算で行う場面，翻訳作業など，保持

第14章　成人期・高齢期の発達

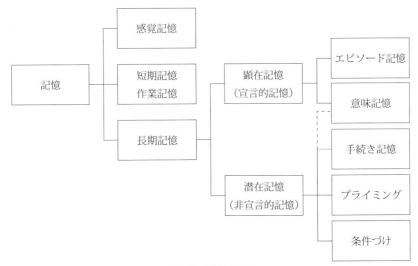

図2　記憶の分類

や想起といった記憶機能と同時にその情報を処理する場面で働いているのが作業記憶である。高齢者では，たんに短期間情報を憶えておくだけの機能については低下しないが，同時に何かを処理しなければならない作業記憶の機能は高齢になるほど低下する。

潜在記憶である「手続き記憶」は，自動車や自転車の運転，楽器の演奏，書字，パソコンのタイピングなどといった「体で憶えている」記憶であり，加齢により衰えにくい。また，先行する刺激や情報によってそれに続く情報の処理が促進されたり抑制されたりする現象である「プライミング」も加齢による影響を受けにくいとされる。手続き記憶やプライミングは，繰り返しの訓練や経験の積み重ねにより技能が効率化し精緻化していく過程につながる。特定の領域において，専門的な訓練や実践的な経験を通して，優れた知識や高度な技能を獲得していくメカニズムを「熟達化」と呼び，熟達化した領域の能力は高齢期においても低下しないことが知られている。

2．注意機能の変化

注意機能は，複数の情報の中から必要な情報を選択する機能（選択的注意），2つ以上の対象や課題を変更して処理する機能（分割的注意），必要のない情報の処理を抑制する機能（抑制機能），注意の切り替えなどのさまざまな機能がある。たとえば，分割的注意は料理の際に必要とされたり，自動車運転には切り替え機

図3　視覚的探索課題の例

能が関連していることが指摘されたりという具合に，注意機能は，記憶機能以上に，日常生活のさまざまな場面で必要とされる能力である。

　選択的注意を調べる代表的な課題に視覚的探索課題がある（図3）。たくさんの文字列（「し」や「あ」）の中から目標となる文字（「お」）を探す課題であるが，「お」と形態的に似ている「あ」の中から探す方が「し」の中から探すよりも時間がかかる。視覚的探索課題では，とくに図3右図のような課題の場合，妨害刺激（この場合「あ」）の数が増えるに比例して，目標（「お」）を見つけ出すまでの時間が増加する。これは高齢者であっても若年者であっても見られる現象であるが，高齢者ではとくに時間がかかるようになる（探索効率の低下）。一方，「し」のように，明確に区別ができる場合には，反応時間は妨害刺激が増えても変化せず，加齢の影響も少ないことが報告されている。

　分割的注意は，同時に2つの課題を実行することを求められる二重課題によって調べられる。たとえば，指で一定のリズムを刻みながら計算を行う，視覚的探索課題を行いながら不規則に提示される刺激音に反応する，文章を読み上げながら特定の文字を探す，などの課題が考えられる。分割的注意も，選択的注意と同様，複雑な課題になると加齢の影響が大きくなることが知られている。逆にいえば，単純な課題であれば，高齢者であってもうまく注意を分割することができる。

　一般的に注意の機能は，抑制機能や切り替え機能の低下，有効視野の縮小などの影響で加齢により低下すると考えられているが，先述したように課題の複雑さの影響を受けるだけでなく，慣れ親しんだ目標や状況であったりよく訓練を積んだ状況であれば加齢の影響が小さくなることも報告されており，加齢以外の影響を考慮に入れて理解する必要がある。

3．知能の変化

　第4章で述べられているように，知能にはさまざまな側面があり，加齢による

変化も一様ではなく，加齢により衰えやすい側面と衰えにくい側面がある。最もよく知られているものは，ホーンら（Horn et al., 1967）によって提示された「結晶性知能」と「流動性知能」における加齢パターンの違いである。彼らは，知識や経験の蓄積を反映する「結晶性知能」は加齢の影響を受けにくく比較的高齢まで維持される一方，できるだけ速く正確かつ柔軟に情報を処理する能力を反映する「流動性知能」は，中年期の前にピークを迎え以降徐々に低下していくことを示した。シャイエSchaieによるシアトル縦断研究（Seattle Longitudinal Study）などで典型的なデータが示されている（Schaie, 2005）。

　加齢による知能低下の原因の1つとして，脳の加齢変化が挙げられる。脳の特定の部位（海馬，前頭葉など）の萎縮は，知能を構成する個々の認知機能（記憶，注意など）の低下と関連があることが知られている（Reuter-Lorenz, 2004）。また，全体に情報を処理するスピードが低下することが原因であるとするジェネラル・スローイング仮説が提案されている（Salthouse, 1996）。その一方で，機能低下を健康な部位で補ったり，若い頃や継続的な知的活動が機能低下を抑制したり補償するといったコグニティブ・リザーブ（cognitive reserve）仮説も知られている（Stern et al., 1994）。

　知能はさまざまな知的機能の総合的能力であり，その加齢変化は複数の要因が複雑に関係し合って起こっているといえる。また，知恵，創造性，日常知能といった，従来の知能検査では測定が困難な知的機能の側面は，高齢期にこそ発達するより成熟した知能と考えられている。

4．疾患による認知機能の変化──認知症

　知能は病気や健康状態によって影響を受ける。たとえば，認知症などの脳の疾患による知能の低下や，死亡する直前の人で急速な知能低下が起こる「終末期低下」（terminal decline）という現象は，その典型的な例であろう。ただし，こうした現象は高齢期に多く見られるとはいえ疾患による機能低下であり，厳密には加齢による低下とは区別されるべきである。

　認知症とは，脳や身体疾患を原因として成人期までに獲得された認知機能に障害が生じ，この認知機能の低下のため日常生活上の困難や障害が引き起こされた状態のことを指す。2013年に改訂されたDSM-5では，dementiaの用語が廃止され，Neurocognitive Disorders（神経認知症候群）に置き換えられた。診断基準（表1）では，6つの認知領域のうち，1つあるいはそれ以上が著しく障害され，日常生活の自立が障害された場合を認知症（Major Neurocognitive Disorders；従

表1 DSM-5による認知症の診断基準 (American Psychiatric Association, 2013)

A. 1つ以上の認知領域（複雑性注意，実行機能，学習および記憶，言語，知覚−運動，社会的認知）において，以前の行為水準から有意な認知の低下があるという証拠が以下に基づいている：
(1) 本人，本人をよく知る情報提供者，または臨床家による，有意な認知機能の低下があったという懸念，および
(2) 標準化された神経心理学的検査によって，それがなければ他の定量化された臨床的評価によって記録された，実質的な認知行為の障害
B. 毎日の活動において，認知欠損が自立を阻害する（すなわち，最低限，請求書を支払う，内服薬を管理するなどの，複雑な手段的日常生活動作に援助を必要とする）。
C. その認知欠損は，せん妄の状況でのみ起こるものではない。
D. その認知欠損は，他の精神疾患によってうまく説明されない（例：うつ病，統合失調症）。

(出典) 日本精神神経学会（日本語版用語監修），髙橋三郎・大野裕（監訳）：DSM-5 精神疾患の診断・統計マニュアル．p.594，医学書院，2014より許諾を得て転載．

来のdementiaとほぼ同義），認知領域の障害が軽く，日常生活の自立が障害されていない場合を軽度認知障害（Mild Neurocognitive Disorders）と区別している（池田ら，2014）。

　上記のような認知機能障害や生活障害は，脳の障害により直接生じる症状であり「中核症状」と呼ばれる。一方，認知機能障害による環境への不適応が原因となって生じる行動障害や心理精神症状を，周辺症状またはBPSD（Behavioral and Psychological Symptoms of Dementia）と呼ぶ。不安・焦燥，抑うつ，意欲低下，睡眠障害，せん妄，幻覚，妄想，食行動異常（異食・過食・拒食），不潔行為，暴言・暴行，徘徊などの症状が当てはまるが，個人差が大きく生活環境や人間関係により出現または消失したり，症状が重くなったり軽くなったりする。

　日本での認知症有病者数は約439万人，65歳以上人口に占める有病率は約15%と推計される（朝田，2013）。有病率は，年齢が上がるほど高くなり，85歳を超えると男性35%，女性44%，95歳以上では男性50%，女性84%と推計されている。認知症高齢者は今後も増加して2025年には700万人を突破し，高齢者の5人に1人が認知症になるものと予測されている（二宮，2015）。

　認知症は原因疾患や病態により，アルツハイマー型認知症，血管性認知症，レビー小体型認知症，前頭側頭型認知症などのサブタイプに鑑別診断される。アルツハイマー型認知症が最も多く，ついで血管性認知症，レビー小体型認知症（パーキンソン病を含む）が多い。2つ以上の疾患が合併し，そのうち少なくとも1つが認知症の原因疾患である混合型認知症を発症する場合もある。

　認知症への対応には，服薬による薬物療法や医学的処置により治療が可能な場

合に適用される医学的対応と，回想法や音楽療法などの非薬物療法による対応が用いられる。それらに加えて，認知症高齢者の症状の背景には，彼らが記憶障害による混乱や不安感を抱え，自尊感情が傷つきやすい状況におかれていることを理解し，本人の気持ちに寄り添い，安心感を与える対応をとることが大事である。パーソン・センタード・ケア（person centered care）という考え方においては，たとえ認知症になっても「その人らしさ」は損なわれておらず，「その人らしさ」を尊重しながら，本人の希望や思い，個人差や残っている能力を中心に据えて対応やケアにあたることが最も重視される。

V 社会的環境・社会的関係の変化

1．高齢者の社会的活動——就業とボランティア

　定年退職による職業的引退は，多くの高齢者にとって役割喪失の大きなきっかけ1つであろう。日本では97.5％の企業が定年制を採用し，そのうち81.2％の企業では60歳を定年年齢と定めている。職業的引退は，時には食事や睡眠などの生活リズムの変化，生きがいの喪失，人間関係や社会的関係の縮小，精神的健康の悪化や生活の質（QOL）の低下をもたらすと考えられてきた。しかし，いくつかの実証研究は，職業的引退が精神的健康とは関連しないことを報告している。

　一方で，定年退職が役割の喪失となるとは限らない。現在日本では多くの企業が定年後の継続雇用制度を定めており，継続雇用を希望している高齢者も多い。実際の高齢者の就業率も，65〜69歳では男性50.5％，女性30.5％，65歳以上全体でも男性29.3％，女性14.3％で，主要国の中では最も高い水準である。また，職業以外の別の役割や生きがいを獲得することで，職業的引退に伴う喪失を補償し，適応することが可能になる場合もある。たとえば，高齢者のボランティア活動への参加率は男性28.7％，女性22.7％で，男性では中年期に比べ高齢期に参加率がやや上がり，女性では逆にやや下がる傾向がある。また，内閣府による国際比較調査では，日本では他国に比べ，ボランティア活動に「全く参加したことがない」とする回答がやや高くなっている。不参加の理由として，「時間的・精神的ゆとりがない」「健康上の理由・体力に自信がない」「適当な場が見つからない」との回答が多く，「関心がない」「やりたい活動が見つからない」が少ないことが特徴である（大上，2015）。

　就労の継続が主観的健康感の維持というポジティブな影響を示すこと（中田，2008）や，ボランティア活動への参加が心身機能にポジティブな影響を及ぼす

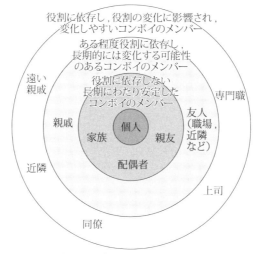

図4 コンボイ・モデル（Kahn et al., 1980より作成）

（中原, 2005）といった報告があり, 高齢者の活動の場や機会の提供など参加を促す方法を考える必要があるだろう。

2. 社会的関係の変化──ソーシャル・ネットワークとソーシャル・サポート

ソーシャル・ネットワークは, 社会的関係の構造的側面を指す概念で, どのような人と, また何人くらいの人と, どのような結びつきがあって, どの程度の接触頻度があるのかなどによって評価される。カーンら（Kahn et al., 1980）は, 社会的関係の構造を説明するモデルとしてコンボイ・モデル（convoy model）を提唱した（図4）。

コンボイ・モデルでは, 個人を中心とした同心円によって対人関係を表し, 最も親密でかつ生涯にわたり安定的な関係にあるメンバーは中心近くに, 一方親密さが低く社会的役割により影響されやすい不安定な関係にあるメンバーは外縁に配置される。高齢期には, 社会的役割の喪失や生活圏の縮小により, 同心円の中心付近にある親密で安定的な社会的関係の比重が相対的に増し, 重要性が高まると考えられる。多くの高齢者は「心の支えとなっている人」として配偶者や子どもを挙げるが, 近年では子どもや孫と同居する高齢者が減少し, 高齢者単独または高齢夫婦のみ世帯が増加している。世帯構造の変化を反映するように, 子どもや孫とのつき合い方も変化し「同居希望」が減少する反面「ときどき会って食事や会話がしたい」の割合が増加している。

第14章　成人期・高齢期の発達

表2　ソーシャル・サポートの分類と内容

情緒的サポート	励ましや応援，悩みを聞くなど，共感や愛情の提供
道具的サポート	形ある物や労力など，物理的なサービスの提供
情報的サポート	問題の解決に必要なアドバイスや情報の提供
評価的サポート	仕事や行動に対する肯定的な評価やフィードバックの提供

　友人関係・近所づき合いでは，回答者（60歳以上）の73％が「親しくしている友人・仲間」がいると回答しているが，年齢が高い人や健康状態が悪い人ではこの割合が低くなる。また，遠方より近所の人である割合が高かったり，配偶者がいない人では友人との接触頻度が高くなるなど，友人関係は，年齢，健康状態，地理的距離に影響を受ける。

　一方，社会的関係の機能的側面に注目した概念がソーシャル・サポートである。ある個人に対し他者や社会から提供されるさまざまな支援や援助を指す。ソーシャル・サポートは，表2に示した通り，提供される支援の内容によって，情緒的，道具的（手段的），情報的，評価的サポートに分類される（Leavy, 1983）。また，サポートの提供者が誰であるかによって，公的機関や専門職によって提供されるフォーマル・サポートと，家族や親族，友人などによって提供されるインフォーマル・サポートに区別される。

　ソーシャル・サポートには，心理的ストレスの影響を和らげる（緩衝する）効果があり，それにより心身の健康に影響を及ぼすと考えられている（稲葉，1998）。ただし，だれがどのようなタイミングでどのようなサポートを提供するのがよいのかは，個人が直面した問題やおかれている状況に依存し一概にはいえない。配偶者や子どもが提供者になる方がよいこともあれば，公的機関のサービスを利用することがよい場合もある。状況に応じた多様なサポートを受けるにはソーシャル・ネットワークの規模を可能な限り維持することが望ましいが，社会的関係が縮小する高齢者を支えるためには，社会的な制度や体制を整備することで個人的なネットワークの縮小を補償するような取り組みが必要である。

VI　老いへの心理的適応

　多くの人が長寿を享受できるようになった日本において，高齢期をいかに幸福に生きるかは高齢者のみならず社会全体の大きな課題である。
　高齢期以降の心身や環境の変化にうまく適応した状態やプロセスを表す概念と

して「サクセスフル・エイジング」(successful aging) がある。ロウら (Rowe et al., 1997) は、サクセスフル・エイジングの医学的モデルを提示し、達成のための条件として、①病気や障害が少ないこと、②身体機能や認知機能が高く維持されること、③積極的に社会活動や生産活動に参加すること、を挙げている。このモデルでは、長寿であることや健康・機能状態が良好であることとともに、良好な機能状態に支えられた社会的活動性の維持が重視される。

とはいえ、健康状態や機能状態、社会的活動性を若い頃と同じように維持することは多くの高齢者にとって容易ではない。それではそうした高齢者が幸福感を感じられないのかというとけっしてそうではない。高齢者は、若者に比べ、健康状態や心身機能、社会的役割や関係の喪失を多く体験しているにもかかわらず、幸福感や心理的安定感が維持されることがままある。一見矛盾したこの現象は、エイジング・パラドクス (aging paradox) と呼ばれる。機能状態の維持が重視される医学モデルにおいては説明が難しい現象であるが、心理学的なモデルでは、主観的・心理学的な充足感（ウェルビーイング：subjective well-being または psychological well-being）が重視され、エイジング・パラドクスを含む、加齢変化や喪失体験への適応を説明するメカニズムが提案される。

バルテスらが提唱した選択最適化補償理論（SOC 理論：Theory of Selective Optimization with Compensation；Baltes et al., 1990) は、高齢期に経験する喪失に対する適応方略を説明している。SOC 理論では、①選択 (Selection)：自分の行動や目標、また活動場面を新たに選択したり限定したりする、②最適化 (Optimization)：その選択された機会の中でよりうまくいくようやり方を工夫したり、時間や労力の分配を変えたりする、③補償 (Compensation)：自身の力だけでは達成が困難な場合には、機能低下を補ってくれる道具や新しい方法を用いる、という 3 つの方略によって、喪失への適応やウェルビーイングの獲得を達成すると説明される。

超高齢期における適応的な発達的変化としてトレンスタム Tornstam は「老年的超越」(gerotranscendance) 理論を提唱した (Tornstam, 1989)。ジョアン・エリクソン J. M. Erikson は、E. H. エリクソンの発達段階を超高齢期にあたる第 9 段階まで拡張し、著しく身体機能が低下し自律性が失われた超高齢期において、第 1 段階で獲得された基本的信頼が喪失体験を克服し超高齢期を生き抜く希望となること、また人は老年的超越に向かい発達し続けると論じた (Erikson et al., 1997)。老年的超越とは、物質主義的で合理的な世界観から宇宙的で超越的な世界観への高次の見方の変化と定義される発達的変化である。老年的超越は人生満

第14章 成人期・高齢期の発達

表3 WHOQOL-OLD で測定される6領域

領域	下位項目
身体的領域	日常生活動作，医薬品と医療への依存，活力と疲労，移動能力，痛みと不快，睡眠と休養，仕事の能力
心理的領域	ボディ・イメージ，否定的感情，肯定的感情，自己評価，スピリチュアリティ，思考・学習・記憶・集中力
社会的関係	人間関係，社会的支援，性的活動
環境領域	金銭関係，自由・安全と治安，健康と社会的ケア，居住環境，新しい情報獲得の機会，余暇活動への参加と機会，生活圏の環境，交通手段
高齢者特有の領域	感覚能力，威厳，過去・現在・未来の活動，社会参加，死と死にゆくこと，他者との親密さ
全体	生活の質全体，健康状態への満足全体

足感や生きる意味の獲得といった心理的ウェルビーイングの側面との関連が示され，老年的超越はこれまで主流だった活動理論的なサクセスフル・エイジング論ではなく，離脱理論的視点に立脚した適応理論である点で注目されている。

エイジング・パラドクスを説明する理論に，社会情動的選択理論（socioemotional selectivity theory）がある（Carstensen, 2006）。高齢者は自分の人生の残り時間が限られていると認識した結果，自分にとって肯定的な感情経験を起こしやすい行動や社会的接触を選択し，逆に否定的な感情を伴う行動や接触が避けるように動機づけされる。こうした動機づけの変化により，高齢者は感情のコントロールや感情的な充足感を重視し，それらを得るために認知的・社会的資源を投資するようになる。この理論では，「活動的か離脱的か」の二者択一ではなく，高齢者自身が個人差に応じてより適応的な活動性のあり方を選択する，と考えられる。

ここまでの述べた機能状態や主観的なウェルビーイングの高さをも包含し，人生や生活の全体像を評価する概念に，生活の質（Quality of Life：QOL）がある。世界保健機関（World Health Organization：WHO）は，QOL を「個人が生活する文化や価値観の中で，目標や期待，基準および関心に関わる自分自身の人生の状況についての認識」と定義づけて，高齢者の QOL を6領域から測定する尺度 WHOQOL-OLD を開発している（表3）。サクセスフル・エイジング・モデルで述べられた心身機能や社会参加のみならず，日常生活動作（ADL），感情のあり方，自己評価，宗教や信仰に関連する精神性（スピリチュアリティ：spirituality），社会的支援（ソーシャル・サポート）など，多岐にわたる内容を含んでいることがわかる。

211

環境領域においては,物理的な生活環境(住まい,地域の環境など)について述べられているが,生活の安全を確保したり社会参加を促進したりする要素を含み,住民が利用可能な社会的資源の側面も強調されている。

また,高齢期に特徴的に示される状態や変化に関する領域や QOL 全体に対する主観的認知(主観的健康感,物理的環境や人間関係への感じ方など)が評価される。

◆学習チェック
- □ 成人期・高齢期における「発達」と生涯発達の理論的モデルについて理解した。
- □ 中年期の発達課題について理解した。
- □ 加齢により,身体機能がどのように変化するかを理解した。
- □ 加齢により,どのような知的機能が変化し,また変化しないかを理解した。
- □ 高齢期における社会的環境や社会的関係の変化について理解した。
- □ 老いに対する心理的適応について理解した。

より深めるための推薦図書

ディアリ Deary, I. J.(繁桝算男訳)(2004)知能(1冊でわかる).岩波書店.
エリクソン Erikson, E. H・エリクソン Erikson, J. M.(村瀬孝雄・近藤邦夫訳)(2001)ライフサイクル,その完結 増補版.みすず書房.
権藤恭之編(2008)高齢者心理学(朝倉心理学講座).朝倉書店.
日本心理学会監修,長田久雄・箱田裕司編(2016)超高齢社会を生きる—老いに寄り添う心理学.誠信書房.
パーク Park, D. C.・シュワルツ Schwarz, N. 編(ロノ町康夫・坂田陽子・川口潤監訳)(2004)認知のエイジング—入門編.北大路書房.
佐藤眞一・権藤恭之編(2016)よくわかる高齢者心理学.ミネルヴァ書房.
山本多喜司・ワップナー,S. 編(1991)人生移行の発達心理学.北大路書房.

文献

American Psychiatric Association (2013) *Diagnostic and Statistical Manual of Mental Disorder*, 5th Edition (DSM-5). American Psychiatric Association.(日本精神経学会日本語版用語監修,髙橋三郎・大野裕監訳(2014)DSM-5 精神疾患の診断・統計マニュアル.医学書院.)
朝田隆(2013)都市部における認知症有病率と認知症の生活機能障害への対応.平成 23-24 年度厚生労働科学研究費補助金認知症対策総合研究事業報告書.
Baltes, P. B. & Baltes, M. M. (1990) Psychological perspectives on successful aging: The model of selective optimization with compensation. In: P. B. Baltes & M. M. Baltes (Eds.): *Successful Aging: Perspectives from the Behavioral Science*. Cambridge University Press, pp. 1-34.
Carstensen, L. L. (2006) The influence of a sense of time on human development. *Science*, 315(5782); 1913-1915.
Erikson, E. H. & Erikson. J. M. (1997) *The Life Cycle*, Completed Expanded Edition. W. W. Norton

& Company.（村瀬孝雄・近藤邦夫訳（2001）ライフサイクル，その完結 増補版．みすず書房．）

Horn, J. L. & Cattell, R. B.（1967）Age differences in fluid and crystallized intelligence. *Acta Psychologica*, 26(2); 107-129.

池田学・神庭重信編（2014）神経認知障害群，パーソナリティ障害群，性別違和，パラフィリア障害群，性機能不全群（DSM-5 を読み解く—伝統的精神病理，DSM-IV, ICD-10 をふまえた新時代の精神科診断 5）．中山書店．

稲葉昭英（1998）ソーシャル・サポートの理論モデル．In：松井豊・浦光博編：人を支えるこころの科学（対人行動研究シリーズ 7）．誠信書房，pp. 151-175.

Kahn, R. & Antonucci, T. C.（1980）Convoys over the life course : Attachment, roles, and social support. In: P. B. Baltes & O. G. Brim (Eds.): *Life-Span Development and Behavior*, Vol.3. Academic Press, pp. 253-268.

小嶋秀夫（1989）養護性の発達とその意味．In：小嶋秀夫編：乳幼児の社会的世界．有斐閣，pp. 187-204.

Leavy, R. L.（1983）Social support and psychological disorder: A review. *Journal of Community Psychology*, 11(1); 3-21.

中原純（2005）高齢者のボランティア活動に関する研究の動向—シニアボランティアの現状と課題．生老病死の行動科学，10; 147-155.

中田知生（2008）高齢期における主観的健康悪化と退職の過程—潜在成長曲線モデルを用いて．理論と方法，23(1); 57-72.

二宮利治（2015）日本における認知症の高齢者人口の将来推計に関する研究．平成 26 年度厚生労働科学研究費補助金特別研究事業報告書．

岡本祐子（1985）中年期の自我同一性に関する研究．教育心理学研究，33; 295-306.

大上真一（2015）「第 8 回高齢者の生活と意識に関する国際比較調査」からみた高齢者の社会参加・社会貢献—日本，アメリカ，ドイツ，スウェーデンの特徴について．http://www8.cao.go.jp/kourei/ishiki/h27/zentai/pdf/kourei_4_ooue.pdf

Peck, R. C.（1968）Psychological developments in the second half of life. In: B. L. Neugarden (Ed.): *Middle Age and Aging*. University of Chicago Press, pp. 82-92.

Reuter-Lorenz, P. A.（2004）脳のエイジングの認知神経心理学．In：D. C. パーク・N. シュワルツ編（ロノ町康夫・坂田陽子・川口潤監訳）：認知のエイジング—入門編．北大路書房，pp. 89-105.

Rowe, J. W. & Kahn, R. L.（1997）Successful aging. *The Gerontologist*, 37; 433-440.

Salthouse, T. A.（1996）The processing-speed theory of adult age difference in cognition. *Psychological Review*, 103; 403-428.

Schaie, K. W.（2005）Developmental influences on adult intelligence. In: K. W. Schaie: *The Seattle Longitudinal Study*. Oxford University Press, pp. 62-157.

Stern, Y., Gurland, B., Tatemichi, T. K. et al.（1994）Influence of education and occupation on the incidence of Alzheimer's disease. *The Journal of the American Medical Association*, 271; 1004-1010.

Tornstam, L.（1989）Gero-transcendence: A meta-theoretical reformulation of the disengagement theory. *Aging: Clinical and Experimental Research*, 1(1); 55-63.

索　引

アルファベット

BPSD 206
CHC 理論 55
DOHaD 18
LGBT 137
Movement ABC-2 76
Vineland II 適応行動尺度 77
WHOQOL-OLD 211

あ行

愛着 →アタッチメント
アイデンティティ 181
アイデンティティ・ステイタス 184
アスペルガー症候群 164
遊び 106
アタッチメント 120
アタッチメント Q ソート法 125
アダルト・アタッチメント・インタビュー 125
安全基地 120, 123
異性関係 137
1 語文 47
一次的感情 83, 151
一次的言葉 51
遺伝論 13
意味記憶 202
インプリンティング 17, 119
ヴィゴツキーの理論 22, 35, 51
ウェルビーイング 210
運動のぎこちなさ 74
運動発達 67
　知覚と—— 71
運動発達支援 76
エイジング 194
エイジング・パラドクス 210
エピジェネティックス 16
エピソード記憶 202
エントレインメント 129

横断的研究法 19
親としての発達 197
親の障害受容 142
親の養育態度 127

か行

介護 201
獲得 13, 195
家族形成 197
活動理論 211
空の巣症候群 197
加齢 194
　——による身体機能の変化 199
　——による知的機能の変化 59, 202
感覚運動期 33
感覚モダリティ間知覚 29
環境閾値説 14
環境論 13
関係性攻撃 138
観察法 20, 29
間主観性 149
感情 80
感情コンピテンス 84
感情制御 85
感情知性 84
感情表出 87
記憶 202
疑似縦断的研究法 20
気質 93
　——の安定性 99
期待はずれのプレゼント 87
「気になる」子ども 138
機能的磁気共鳴画像（fMRI）31
規範意識 90, 116
規範的研究法 21
基本感情 81
客我（Me）147
虐待 174

索引

――と発達障害 174
客観的自己覚知 151
キャリア発達 186
ギャングエイジ 135
ギャング集団 135
嗅覚 28
吸啜法 31
共感 90
叫喚 41
きょうだい関係 140
　障害児の―― 142
協調性 89
共同注意 129, 134, 150
共鳴動作 129
近赤外線分光法（NIRS）31
クーイング 42
具体的操作期 33
クロスバッテリー・アプローチ 56
クロニンジャーの考え方と測定方法 98
形式的操作期 33
継時的安定性 93
系統発生 108
結婚 197
結晶性知能 205
限局性学習症 166
健康寿命 194
言語獲得援助システム 44
言語獲得装置 44
言語的コミュニケーション 41
検査法 21
語彙爆発 48
後期高齢者 194
合計特殊出生率 129
向社会的動機 88
行動遺伝学 15, 95
刻印づけ 119
国際障害分類（ICIDH）158
国際生活機能分類（ICF）158
心の理論 36
個性化 155
個体発生 108
コホート研究法 19
コミュニケーション 41
コミュニケーション症 163
コンピテンス 154

コンボイ・モデル 208

さ行

サクセスフル・エイジング 210
サリー・アン課題 36
三項関係 44, 134, 150
3歳児神話 126
シアトル縦断研究 59, 205
ジェネラティビティ 198
シェマ 22
ジェンダー 137
視覚 26
自我同一性 181
刺激‐価値‐役割理論 196
自己 147
自己意識 150
自己意識的感情 83, 152
自己概念 147, 186
自己価値 152
自己感 148
自己肯定感 153
自己効力 154
自己参照行動 151
自己実現 187
自己調整 117
自己評価的感情 83, 152
自己防衛の動機 88
事前‐事後法 20
自尊感情 150, 152
自尊心 134
実験法 20, 30
実行機能 38
質的研究法 21
質問紙法 21, 103
児童期 11
自閉スペクトラム症（ASD）165
社会化 116, 143, 156
社会参加 211
社会情動的選択理論 211
社会性
　――と運動発達 72
　――の発達 116, 138
社会的参照 86, 150
社会的領域理論 89
縦断的研究法 19

索　引

終末期低下 205
就労の継続 207
主我（I）147
馴化‐脱馴化法 20, 30
生涯発達心理学 11
条件づけ法 32
象徴遊び 109, 113
象徴機能 45, 114
初期環境 18
職業興味検査（VPI）188
職業選択 187
職業適合性 186
触覚 28
事例的研究法 21
進化発達心理学 12, 108
新奇選好法 30
神経発達症群 161
新生児期 26
新生児行動評価（NBAS）96
新生児模倣 129
身体発育曲線 159, 170
心理社会的危機 180, 196
心理社会的モラトリアム 183
スクールカースト 135
ストレンジ・シチュエーション法（SSP）123
刷り込み 17
性格 92
生活年齢（CA）62
生活の質（QOL）207, 211
性自認 137
生殖性 198
成人期 194
精神年齢（MA）61
生成継承性 198
生態学的システム理論 23
成長障害（FTT）170
性的指向 137
性同一性障害 137
青年期 11, 178
性別違和 137
生理的早産 119
生理的微笑 129
セクシュアリティ 137
世代性 198
積極的モラトリアム 184

前期高齢者 194
前言語的コミュニケーション 41
選好 188
選好注視法 30
漸成的発達理論 178
前操作期 33
選択最適化補償理論（SOC 理論）210
選択的注意 203
早期完了 184
相互依存的自己観 155
相互規定的作用モデル 16
相互作用説 14
相互独立的自己観 155
早産児 169
喪失 13, 195
ソーシャル・サポート 209
ソーシャル・ネットワーク 208
素朴理論 38

た行

胎児期 11
体制化 33
第二次反抗期 131
対乳児発話（ベビー・トーク）45
多因子説 54
多語文 50
多重知能理論 57
脱抑制型対人交流障害（DSED）175
知覚の測定法 29
知覚の発達 26
知的能力障害 162
知能 54, 204
　　——の相対的安定性 58
　　——の鼎立理論 57
知能検査 60
知能構造モデル 54
知能指数（IQ）62
知能偏差値（ISS）62
チャムグループ 135
注意 203
注意欠如・多動症（ADHD）165
中年期 194
中年期危機 198
聴覚 27
超高齢者 194

索 引

調査法 21
調節 22
通状況的一貫性 93
低出生体重児 18, 169
適応 33
適合の良さ 101
典型発達 159
同一性拡散 184
同一性達成 184
投影法 102
同化 22
道具 36, 51
道徳性 89
特性論 101
トマスとチェスの考え方と測定方法 94

な行

内的作業モデル（IWM）122
仲間関係 133
　　——と親子関係 140
喃語 42
2因子説 54
二項関係 42
2語文 49
二次的感情 83, 151
二次的言葉 51
日常生活動作（ADL）201
乳児期 11, 26
乳児行動質問表（IBQ-R）96
ニューヨーク縦断研究 94, 99
認知症 205
認知発達 111
ネグレクト 174
脳波（EEG）31

は行

バスとプロミンの考え方と測定方法 95
パーソナリティ 92
発達 11
　　——の機能間連関 70, 113
発達課題 179, 196
発達検査 63
発達支援 173
発達指数（DQ）63
発達障害 160

発達心理学的アセスメント 172
発達性協調運動症（DCD）75, 167
発達段階 179, 195
発達年齢（DA）63
発達の最近接領域 22, 35
反抗期 130, 151
反応性アタッチメント障害（RAD）175
ピアグループ 136
ピアジェの理論 22, 32, 51, 107, 110
非言語的コミュニケーション 41
ビッグファイブ 102
非典型発達 159
　　——に対する介入 172
非標準的要因 196
表示規則 87
標準年齢的要因 196
標準歴史的要因 196
表象機能 113
敏感期 17
ブカレスト早期介入プロジェクト 17
複指向型運動発達モデル 68
輻輳説 14
父子関係 127
ブラゼルトンの考え方と測定方法 96
ふり遊び 109, 114
フリン効果 60
ブロンフェンブレンナーの理論 23
分割的注意 203
平均寿命 194
偏差知能指数（DIQ）62
母子関係 126
ホスピタリズム（施設病）120

ま行

マターナル・デプリベーション（母性的養育
　の剥奪）120
味覚 28
面接法 21
メンタライゼーション 36
物の永続性の理解 113
モラトリアム 184
モラトリアム人間 186

や行

役割実験 183

友人関係 135
有能感 154
幼児期 11
幼児図式 128

ら行
ライフキャリアの虹 189
ライフコース 12
ライフサイクル 12
離脱理論 211
流動性知能 205
量的研究法 21
臨界期 17
類型論 101
ルール 115
レディネス 141
老年期 11, 194
老年的超越 210
ロスバートとデリベリの考え方と測定方
　法 96

付 録

付録
大学及び大学院における必要な科目

○大学における必要な科目
A．心理学基礎科目
①公認心理師の職責
②心理学概論
③臨床心理学概論
④心理学研究法
⑤心理学統計法
⑥心理学実験
B．心理学発展科目
（基礎心理学）
⑦知覚・認知心理学
⑧学習・言語心理学
⑨感情・人格心理学
⑩神経・生理心理学
⑪社会・集団・家族心理学
⑫発達心理学
⑬障害者（児）心理学
⑭心理的アセスメント
⑮心理学的支援法
（実践心理学）
⑯健康・医療心理学
⑰福祉心理学
⑱教育・学校心理学
⑲司法・犯罪心理学
⑳産業・組織心理学
（心理学関連科目）
㉑人体の構造と機能及び疾病
㉒精神疾患とその治療
㉓関係行政論
C．実習演習科目
㉔心理演習
㉕心理実習（80時間以上）

○大学院における必要な科目
A．心理実践科目
①保健医療分野に関する理論と支援の展開
②福祉分野に関する理論と支援の展開
③教育分野に関する理論と支援の展開
④司法・犯罪分野に関する理論と支援の展開
⑤産業・労働分野に関する理論と支援の展開
⑥心理的アセスメントに関する理論と実践
⑦心理支援に関する理論と実践
⑧家族関係・集団・地域社会における心理支援に関する理論と実践
⑨心の健康教育に関する理論と実践
B．実習科目
⑩心理実践実習（450時間以上）
※「A．心理学基礎科目」，「B．心理学発展科目」，「基礎心理学」，「実践心理学」，「心理学関連科目」の分類方法については，上記とは異なる分類の仕方もありうる。

○大学における必要な科目に含まれる事項
A．心理学基礎科目
①「公認心理師の職責」に含まれる事項
 1．公認心理師の役割
 2．公認心理師の法的義務及び倫理
 3．心理に関する支援を要する者等の安全の確保
 4．情報の適切な取扱い
 5．保健医療，福祉，教育その他の分野における公認心理師の具体的な業務
 6．自己課題発見・解決能力
 7．生涯学習への準備
 8．多職種連携及び地域連携
②「心理学概論」に含まれる事項
 1．心理学の成り立ち
 2．人の心の基本的な仕組み及び働き
③「臨床心理学概論」に含まれる事項
 1．臨床心理学の成り立ち
 2．臨床心理学の代表的な理論
④「心理学研究法」に含まれる事項
 1．心理学における実証的研究法（量的研究及び質的研究）
 2．データを用いた実証的な思考方法
 3．研究における倫理
⑤「心理学統計法」に含まれる事項
 1．心理学で用いられる統計手法
 2．統計に関する基礎的な知識
⑥「心理学実験」に含まれる事項
 1．実験の計画立案
 2．統計に関する基礎的な知識
B．心理学発展科目
（基礎心理学）
⑦「知覚・認知心理学」に含まれる事項
 1．人の感覚・知覚等の機序及びその障害
 2．人の認知・思考等の機序及びその障害
⑧「学習・言語心理学」に含まれる事項
 1．人の行動が変化する過程
 2．言語の習得における機序
⑨「感情・人格心理学」に含まれる事項

1. 感情に関する理論及び感情喚起の機序
2. 感情が行動に及ぼす影響
3. 人格の概念及び形成過程
4. 人格の類型，特性等
⑩「神経・生理心理学」に含まれる事項
1. 脳神経系の構造及び機能
2. 記憶，感情等の生理学的反応の機序
3. 高次脳機能障害の概要
⑪「社会・集団・家族心理学」に含まれる事項
1. 対人関係並びに集団における人の意識及び行動についての心の過程
2. 人の態度及び行動
3. 家族，集団及び文化が個人に及ぼす影響
⑫「発達心理学」に含まれる事項
1. 認知機能の発達及び感情・社会性の発達
2. 自己と他者の関係の在り方と心理的発達
3. 誕生から死に至るまでの生涯における心身の発達
4. 発達障害等非定型発達についての基礎的な知識及び考え方
5. 高齢者の心理
⑬「障害者（児）心理学」に含まれる事項
1. 身体障害，知的障害及び精神障害の概要
2. 障害者（児）の心理社会的課題及び必要な支援
⑭「心理的アセスメント」に含まれる事項
1. 心理的アセスメントの目的及び倫理
2. 心理的アセスメントの観点及び展開
3. 心理的アセスメントの方法（観察，面接及び心理検査）
4. 適切な記録及び報告
⑮「心理学的支援法」に含まれる事項
1. 代表的な心理療法並びにカウンセリングの歴史，概念，意義，適応及び限界
2. 訪問による支援や地域支援の意義
3. 良好な人間関係を築くためのコミュニケーションの方法
4. プライバシーへの配慮
5. 心理に関する支援を要する者の関係者に対する支援
6. 心の健康教育

（実践心理学）
⑯「健康・医療心理学」に含まれる事項
1. ストレスと心身の疾病との関係
2. 医療現場における心理社会的課題及び必要な支援
3. 保健活動が行われている現場における心理社会的課題及び必要な支援

4. 災害時等に必要な心理に関する支援
⑰「福祉心理学」に含まれる事項
1. 福祉現場において生じる問題及びその背景
2. 福祉現場における心理社会的課題及び必要な支援
3. 虐待についての基本的知識
⑱「教育・学校心理学」に含まれる事項
1. 教育現場において生じる問題及びその背景
2. 教育現場における心理社会的課題及び必要な支援
⑲「司法・犯罪心理学」に含まれる事項
1. 犯罪・非行，犯罪被害及び家事事件についての基本的知識
2. 司法・犯罪分野における問題に対して必要な心理に関する支援
⑳「産業・組織心理学」に含まれる事項
1. 職場における問題（キャリア形成に関することを含む。）に対して必要な心理に関する支援
2. 組織における人の行動

（心理学関連科目）
㉑「人体の構造と機能及び疾病」に含まれる事項
1. 心身機能と身体構造及びさまざまな疾病や障害
2. がん，難病等の心理に関する支援が必要な主な疾病
㉒「精神疾患とその治療」に含まれる事項
1. 精神疾患総論（代表的な精神疾患についての成因，症状，診断法，治療法，経過，本人や家族への支援を含む。）
2. 向精神薬をはじめとする薬剤による心身の変化
3. 医療機関との連携
㉓「関係行政論」に含まれる事項
1. 保健医療分野に関係する法律，制度
2. 福祉分野に関係する法律，制度
3. 教育分野に関係する法律，制度
4. 司法・犯罪分野に関係する法律，制度
5. 産業・労働分野に関係する法律，制度
㉔「心理演習」に含まれる事項
（略）
㉕「心理実習」に含まれる事項
（略）

執筆者一覧

本郷一夫（ほんごうかずお：東北大学名誉教授，AFL 発達支援研究所）＝編者

進藤将敏（しんどうまさとし：北海学園大学経営学部）

小泉嘉子（こいずみよしこ：尚絅学院大学心理・教育学群心理学類）

平川昌宏（ひらかわまさひろ：東北福祉大学総合福祉学部）

澤江幸則（さわえゆきのり：筑波大学体育系）

増田貴人（ますだたかひと：弘前大学教育学部）

平川久美子（ひらかわくみこ：宮城学院女子大学教育学部）

糠野亜紀（こうのあき：常磐会短期大学幼児教育科）

飯島典子（いいじまのりこ：宮城教育大学教育学部）

八木成和（やぎしげかず：桃山学院大学人間教育学部）

高橋千枝（たかはしちえ：東北学院大学文学部）

鈴木智子（すずきともこ：仁愛大学人間生活学部）

相澤雅文（あいざわまさふみ：京都教育大学総合教育臨床センター）

吉中　淳（よしなかあつし：弘前大学教育学部）

稲垣宏樹（いながきひろき：東京都健康長寿医療センター研究所　自立促進と精神保健研究チーム）

監修　野島一彦（のじまかずひこ：九州大学名誉教授・跡見学園女子大学名誉教授）
　　　繁桝算男（しげますかずお：東京大学名誉教授）

編者略歴
本郷　一夫（ほんごうかずお）
1955年生まれ。
東北大学名誉教授，AFL発達支援研究所代表。
1984年，東北大学大学院教育学研究科博士課程退学。

主な著書：『実践研究の理論と方法』（編集，金子書房，2018），『「気になる」子どもの社会性発達の理解と支援—チェックリストを活用した保育の支援計画の立案』（編集，北大路書房，2018），『子どもの理解と支援のための発達アセスメント』（編集，有斐閣，2008）ほか

公認心理師の基礎と実践⑫［第12巻］
発達心理学

2018年9月1日　第1刷
2025年4月1日　第6刷

監修者　野島一彦・繁桝算男
編　者　本郷一夫
発行人　山内俊介
発行所　遠見書房
製作協力　ちとせプレス（http://chitosepress.com）

〒181-0001 東京都三鷹市井の頭2-28-16
株式会社 遠見書房
TEL 0422-26-6711　FAX 050-3488-3894
tomi@tomishobo.com　https://tomishobo.com
遠見書房の書店　https://tomishobo.stores.jp

印刷　太平印刷社・製本　井上製本所

ISBN978-4-86616-062-7　C3011

©Nojima, K., Shigemasu, K., & Tomi Shobo, Inc.　2018
Printed in Japan

※心と社会の学術出版　遠見書房の本※

遠見書房

心理アセスメントの常識
心構えからフィードバックまで基礎と実践の手引き
（東海学院大学教授）内田裕之 著
心構えから行動観察，ロールシャッハ，バウム，SCT，知能検査，質問紙等のアセスメント手法のコツ，解釈，バッテリー，フィードバックまで，心理アセスメントの教科書です。2,200円，四六並

発達支援につながる臨床心理アセスメント
ロールシャッハ・テストと発達障害の理解
（中京大学教授）明翫光宜著
本書は，発達障害特性のあるクライエントを理解し，さらにその支援につなげるための心理アセスメント，発達検査，ロールシャッハ・テストについて詳しく解説し尽くした論文集。3,080円，A5並

AIはどこまで脳になれるのか
心の治療者のための脳科学
（京都大学名誉教授）岡野憲一郎 著
AIと意識と心の問題に，精神分析と脳科学の分野を横断する臨床家・岡野憲一郎が挑む。不思議な症例や最新の脳科学研究から脳と心のメカニズムを明らかにし人間存在に迫る。2,420円，四六並

公認心理師基礎用語集　改訂第3版
よくわかる国試対策キーワード
松本真理子・永田雅子編
試験範囲であるブループリントに準拠したキーワードを138に厳選。多くの研究者・実践家が執筆。名古屋大教授の2人が編んだ必携，必読の国試対策用語集です。2,420円，四六並

公認心理師の基礎と実践　全23巻
野島一彦・繁桝算男 監修
公認心理師養成カリキュラム23単位のコンセプトを醸成したテキスト・シリーズ。本邦心理学界の最高の研究者・実践家が執筆。①公認心理師の職責～㉓関係行政論 まで心理職に必須の知識が身に着く。各2,200円～3,080円，A5並

思春期心性とサブカルチャー
現代の臨床現場から見えてくるもの
（島根大学教授）岩宮恵子 著
子どもたちとの心理カウンセリングを重ねる中，話題に出てくる「サブカル」とその背景から見えてきた，いまどきの子どもたちの真の姿を思春期臨床の第一人者が読み解く一冊。1,980円，四六並

天才の臨床心理学研究──発達障害の青年と創造性を伸ばすための大学教育
名古屋大学創造性研究会（代表 松本真理子）編
ノーベル賞級の「天才」研究者たちの創造性の原点とは？ 才能をつぶすのも，広げさせるのも大学教育にかかっている現在，天才たちの個性と周囲のあり方を考えた1冊です。2,200円，四六並

クラスで使える！　（DLデータつき）
アサーション授業プログラム
『ハッキリンで互いの気持ちをキャッチしよう』改訂版
竹田伸也・松尾理沙・大塚美菜子著
プレゼンソフト対応のダウンロードデータでだれでもアサーション・トレーニングが出来る！ 2,970円，A5並

臨床心理学中事典
（九州大学名誉教授）野島一彦監修
650超の項目，260人超の執筆者，3万超の索引項目からなる臨床心理学と学際領域の中項目主義の用語事典。臨床家必携！（編集：森岡正芳・岡村達也・坂井誠・黒木俊秀・津川律子・遠藤利彦・岩壁茂）7,480円，A5上製

ナラティヴがキーワードの臨床・支援者向け雑誌。第16号：ナラティヴの政治学──対人支援実践のために（安達映子編）年1刊行，1,980円

価格は税込です